EINFÜHRUNG IN DIE WESTLICHE ESOTERIK, FÜR FREIMAURER

Jan A.M. Snoek

salierverlag

EINFÜHRUNG IN DIE WESTLICHE ESOTERIK, FÜR FREIMAURER

Jan A.M. Snoek

Salier Verlag

ISBN 978-3-96285-068-5

Mit freundlicher Genehmigung der Loge Modestia cum Libertate, Zürich

Autor: Jan A.M. Snoek
Gestaltung: unit38 communications
Herstellung: SalierGroup GmbH . Eichberg 21 . D-98673 Eisfeld
Printed in the E. U.

www.salierverlag.de

INHALT

ABKÜRZUNGEN

A.·.A.·. — Astrum Argentinum
AMORC — Antiquus Mysticus Ordo Rosae Crucis / Ancient Mystical Order Rosae Crucis
ES — Esoteric Section / Eastern School of Theosophy (des Theosophischen Vereins)
EXESESO — Exeter Centre for the Study of Esotericism
FRC — Fraternitas Rosae Crucis
Golden Dawn — Hermetic Order of the Golden Dawn / Hermetischer Orden der goldenen Morgendämmerung
H.R.D.M. of K.L.W.N.N.G. — Heredom / Harodim of Kilwining
Liber M. / Book M — Liber Mundi / Buch der Welt
LR — Lectorium Rosicrucianum
ORA — Ordo Rosae Aureae
OSCE — Ordre Sublime des Chevaliers Elus
OTO — Ordo Templi Orientis
RF — Rosicrucian Fellowship
R.Y.C.S. — Rosy-Cross
S*I* — Superieur Inconnu
SRIA — Societas Rosicruciana in Anglia

VORWORT DES VERFASSERS

Am 24. November 2010 wurde die Welt erschüttert durch eine schockierende Nachricht: Es droht die *Bibliotheca Philosophica Hermetica* (BPH, Amsterdam) bei Sotheby in London versteigert zu werden. Um zu verstehen, was dies bedeutet, muss man realisieren, dass es in der Welt vielleicht nur ein Dutzend grosse, auf Freimaurerei spezialisierte Bibliotheken gibt, aber nur eine einzige auf dem Gebiet der Westlichen Esoterik im Allgemeinen und der hermetischen und gnostischen Tradition im Besonderen, eben diese BPH. Eine Versteigerung dieser Bibliothek würde der Erforschung der historischen Entwicklung der westlichen Kultur einen enormen Schlag versetzen. Denn wer in den letzten Jahren eine derartige Forschung durchführen wollte, brauchte nur nach Amsterdam zu reisen und da einige Monate in dieser Bibliothek zu verbringen, um bei weitem das meiste Material, das er brauchte, gesehen zu haben. Sollte es wirklich zu dieser Versteigerung kommen, wobei die Sammlung auseinander gerissen würde, dann müsste man in Zukunft Jahre in der ganzen Welt herumreisen, um wenigstens einen Teil dieses Materials erforschen zu können.

Dies wäre eine noch grössere Katastrophe, als die Versteigerung von Newtons alchemistischen Manuskripten (mehr als zwei Dritteln seiner Werke) aus der Universität von Cambridge, 1936, auch bei Sotheby, für kaum mehr als £9000. Ein halbes Jahrhundert später fing man erst richtig an zu realisieren, wie wichtig diese Werke von Newton für das Verständnis einer bestimmten Phase der Entwicklung des Weltbilds in der westlichen Kultur sind. Die BPH deckt aber eine viel grössere Zeitspanne ab und enthält das Material, das diese Entwicklung während eines halben Millenniums dokumentiert.

Die Instanzen, die heute unsere Kultur steuern sollten (Regierungen, die Deutsche Forschungsgemeinschaft, u.s.w.), scheinen, einerseits, sich hauptsächlich auf die Entwicklung von Technologie und Naturwissenschaft zu richten, und, anderseits, einseitig daran zu glauben, dass nur die Jugend die Zukunft hat. Was sie offensichtlich vergessen haben, ist, dass die Grenzen solcher Entwicklungen durch wissenschaftsphilosophische Paradigmen gesetzt sind, die selbst wiederum vom herrschenden Weltbild bestimmt werden. Letztendlich ist also jede Entwicklung, von der Entwicklung unseres Weltbildes abhängig. Und gerade für das Verständnis der Entwicklung unseres Weltbildes (und damit – vielleicht – für die Möglichkeit diese voranzutreiben) sind Bibliotheken wie die BPH, diejenige von Newtons Werken, und auch diejenige bezüglich der Freimaurerei, eine unentbehrliche Ergänzung der üblichen Universitätsbibliotheken. Selbstverständlich werden nur wenige der Meistерfahrenen unter den Kulturwissenschaftlern sich an Forschungen auf dieser höchsten Abstraktionsebene der Kulturgeschichte wagen, aber das macht sie nicht weniger wichtig.

Solche Überlegungen geben, meiner Meinung nach, der Initiative der Loge «Modestia cum Libertate», dieses Büchlein schreiben zu lassen, eine bemerkenswerte Aktualität und Brisanz. Ich möchte daher hier meinen Dank aussprechen, dass sie mir hierzu die Gelegenheit gegeben hat. Mein persönlicher Dank geht dabei vor allem an Christoph Meister, der mich während des Prozesses des Schreibens nicht nur immer unterstützt, aber vor allem auch stimuliert hat. Weiter danke ich Klaus Bettag für die, über das Sprachliche hinausgehende, Korrektur des Manuskriptes, und meiner Lebenspartnerin Petra für ihre Geduld.

Heidelberg, im Dezember 2010
Jan Snoek

VORWORT DES MEISTERS VOM STUHL DER LOGE MODESTIA CUM LIBERTATE NR. 38 I.O. ZÜRICH

Das Adjektiv «esoterisch» ist ein gefährliches Wort. Im allgemeinen Sprachgebrauch besitzt es selten eine genaue, rational abgesicherte Bedeutung, sondern wird als ein Deckwort für allerlei Diffuses, sich dem Nachvollzug durch die Vernunft Entziehendes verwendet und ist dem Denkenden deshalb suspekt. Interessanterweise besitzen die Wörter «esoterisch» und «Esoterik» nach meiner Einschätzung auch im Gebrauch von uns Freimaurern oft eine eher vage Bedeutung – obwohl wir, aufgrund der geistesgeschichtlichen Zusammenhänge, in denen die Freimaurerei steht, damit eigentlich einen bewussteren Umgang pflegen sollten.

Vor diesem Hintergrund ist das vorliegende Buch ein richtiger Glücksfall. Br. Jan Snoek, Professor am Institut für Religionswissenschaft der Universität Heidelberg, bringt uns darin die Westliche Esoterik als eine alte geistige Strömung in ihren verschiedenen Formen auf äusserst sachkundige, luzide und wissenschaftliche Weise nahe. Er vermag die weitverzweigten Bewegungen, die die Westliche Esoterik ausmachen, in ihrer Substanz und in ihren Zusammenhängen überschaubar darzustellen. Br. Jan zeigt uns in seinem Buch nichts weniger als den Umstand auf, dass die Freimaurerei ohne Kenntnis ihrer Verknüpfungen mit der Westlichen Esoterik unverständlich bleibt und unser Selbstverständnis als Freimaurer ohne diesen Bezug ein äusserst lückenhaftes ist.

Ich möchte Br. Jan Snoek ganz herzlich dafür danken, dass er sich meiner Bitte, über die Westliche Esoterik und ihre Bedeutung für die Freimaurerei ein Buch zu schreiben, nicht verschlossen und sich auf die grosse Arbeit, an deren Ende dieses Werk steht, eingelassen hat. Ich danke auch dem Beamtencollegium und allen Brüdern der Modestia cum Libertate, die bereit waren, die Niederschrift und Publikation der «Einführung in die Westliche Esoterik, für Freimaurer» zu unterstützen.

Die Tätigkeit der Loge Modestia cum Libertate i.O. von Zürich, gegründet 1771, ruhte in den Jahren 1786 bis 1811. Am 26. März 2011 feiern wir deshalb das zweihundertjährige Jubiläum der Wiederaufnahme der Arbeiten. Es ist uns eine grosse Freude, dass wir in diesem Zusammenhang dieses Buch auf der Basis eines Unkostenbeitrags den Brüdern Freimaurern im In- und Ausland zur Verfügung stellen können. Ich bin davon überzeugt, dass die Freimaurerei in der geistigen Situation von heute einen bedeutenden Beitrag zur Orientierung leisten kann. Der Blick zurück unter dem Aspekt unserer Teilhabe an der grossen, Jahrhunderte umspannenden Tradition der Westlichen Esoterik möge uns dazu verhelfen, den geistigen Problemen, die auf uns zukommen, noch besser gerecht zu werden.

Zürich, im März 2011
Christoph Meister

1
EINFÜHRUNG

Freimaurerei

Dieses Büchlein wurde in erster Linie geschrieben für Freimaurer, die sich für die westlich-esoterischen Wurzeln der Freimaurerei interessieren. Das bedeutet, dass hier kein Anspruch gestellt wird, alle Strömungen innerhalb der Westlichen Esoterik zu behandeln, sondern nur einige davon, welche ausgesucht wurden, eben weil sie die Freimaurerei mehr oder weniger ausgesprochen beeinflusst haben. Die Formen der Freimaurerei, welche diese Einflüsse am stärksten zeigen, sind natürlich vor allem die älteren. Vor etwa 1800 ist die aristokratische Freimaurerei – so zeigen es ihre Rituale – primär darauf ausgerichtet, in den Kandidaten eine mystische Erfahrung hervorzurufen. Zwischen etwa 1780 und 1820 vollzieht sich in fast allen westlichen Staaten eine gravierende Änderung der Rituale, wonach die nun bürgerliche Freimaurerei, vor allem in den ersten drei Graden, eher auf eine Einübungsethik orientiert ist.[1] Wenn moderne Freimaurer ihre heutige Freimaurerei aus Erfahrung kennen, heisst dies nicht unbedingt, dass sie sich auch mit diesen älteren Formen auskennen. Deshalb beschreibe ich hier zuerst die kontinental-europäische Freimaurerei des 18. Jahrhunderts.

Diese Freimaurerei ist also in erster Instanz eine Methode, um in ihren Kandidaten eine bestimmte Art von Erfahrung zu erzeugen. Diese Methode ist zusammengesetzt aus zwei Methoden im strikteren Sinn und drei Symboliken: der initiatischen Methode, der allusiven Methode, der Bau-, der Licht- und der Mittelpunktsymbolik.

Die initiatische Methode beinhaltet die Verwendung von Ritualen, welche die Merkmale einer Initiation aufweisen.[2] Solche Rituale gehören zu der Klasse von Übergangsritualen, die immer drei Phasen haben: Separation, Übergang und Integration.[3] Dem Kandidaten wird zuerst

---

[1] Siehe über die Entstehung der Einübungsethik Hasselmann 2009.

[2] Siehe Snoek 1987

[3] Siehe Van Gennep 1909.

sein existierender Status genommen (Separation), was ihn in eine Übergangssituation bringt, worin er überhaupt keinen Status hat, woraufhin er seinen neuen Status empfängt (Integration). In Initiationsritualen werden diese Phasen gewöhnlich symbolisch gestaltet als ein Sterbensprozess, ein Verbleiben in der metaphysischen Welt und letztendlich eine Wiedergeburt oder Auferstehung. Solche Rituale gibt es in fast allen Kulturen. Die christliche Kultur z.B. kennt ihre Rituale der Taufe, der Diakons-, Priester- und Bischofsweihe, rituelle Aufnahme-Zeremonien von Ordens-Mönchen, und so weiter.

Die allusive Methode ähnelt der Symbolik, aber sie verwendet Texte statt Bilder.[4] In einem Text – z.B. dem Text, der während der Durchführung eines Rituals gesprochen wird – werden Texte aus einer oder mehreren anderen Quellen (dem referenziellen Korpus) zitiert, aber so, dass jemand, der diese Quellen nicht gut kennt, nicht bemerkt, dass etwas zitiert wird. Wenn man die Quelle aber gut kennt, erkennt man es gleich. Ausserdem ist der zitierte Text wiederum irgendwie verknüpft mit einem oder mehreren weiteren Texten in dem referenziellen Korpus. Wenn z.B. die Bibel als referenzielles Korpus verwendet wird – was in diesen freimaurerischen Ritualen oft der Fall ist – verknüpfen die Fussnoten, die seit dem Mittelalter standardisiert sind, durch Verweise bestimmte Verse miteinander, manchmal in Ketten von beträchtlicher Länge. Wenn dann, in einem freimaurerischen Ritual, der Text ausgesprochen wird: «Noch… sehet ihr… den flammenden Stern, der vor uns hergeht, und sich auf diejenige Feuer-Säule bezieht, die vor dem Volk [Israels] in der Wüste herzog, um es zu erleuchten»[5], dann sollte man nicht nur sehen, dass hier Exodus 13:21-22 zitiert wird, sondern auch die Verweise auf Jesaja 4:5-6, von da auf Matthäus 2:1-12 und Lukas 2:1-20, und schliesslich auf Offenbarung 22:16 erkennen. Keine dieser biblischen Stellen repräsentiert die wahre Bedeutung dieses Ritualtextes, aber jede von ihnen kann Bedeutung hinzufügen, wenn der Zuhörer die Verknüpfung sieht. Auf diese Weise kann (für jemanden, für den dies Sinn macht) auch eine spezifisch christliche Bedeutung mit einem alttestamentlichen Text verbunden werden, ohne dass diese einem z.B. jüdischen Bruder aufgedrängt wird.

[4] Siehe Snoek 1999. Das Wort ‹allusiv› ist abgeleitet von lat. *alludere*: (auf etwas) anspielen, (etwas) andeuten.

[5] Zitat aus Wolson 1751, in der Übersetzung aus der zweisprachigen Edition (Französisch links und Deutsch rechts): *Der entdeckte Maurer*, Leipzig und Frankfurt 1786, S. 89/91.

Das zentrale Symbol in der Freimaurerei ist der Tempel von Salomo, dessen Bau beschrieben wird im 1. Könige 5-9 und 2. Chronik 2-7. Einerseits gibt es hier allusive Verknüpfungen mit weiteren biblischen Baugeschichten, wodurch er ein Symbol für unter anderem die Welt (Genesis 1, weil Gott der Architekt von beiden ist) und das *Corpus Christi* wird.[6] Dieser Tempel, welcher die Welt symbolisiert, wird in der Freimaurerei als noch unvollendet angesehen, was bedeutet, dass jeder Mensch aufgefordert ist, mitzuarbeiten an seiner Vollendung. Die Loge wird auch «Tempel der lebendigen Bausteine» genannt.[7] Ausserdem werden die Werkzeuge der Steinmetze (eigentlich Bildhauer) – wie Zirkel, Winkelmass, Wasserwaage, Senkblei, Meissel und Hammer – symbolisch interpretiert. «Wie müssen Freimaurer zusammenkommen, handeln und auseinander gehen? Gemäss den Grundsätzen der Wasserwaage, des Senkbleis und des Winkelmasses. Was sind diese Grundsätze? Das Zusammenkommen in Harmonie, das Handeln nach dem höchsten Gesetz und das Auseinandergehen im rechten Verhältnis.»

In der Lichtsymbolik wird der Gegensatz zwischen Licht und Finsternis benützt, um mehrere ähnliche Oppositionen zu repräsentieren: neben derjenigen von Licht und Finsternis auch diejenigen von Gut und Böse, Freude und Leid usw. Weiter bewegen sich die natürlichen Lichtquellen, die Himmelskörper, alle von Osten nach Westen, wodurch der Osten Symbol für die Quelle des Lichtes wird. Da nun Gott als die Quelle des Lichts gedacht wird, wird unterstellt, dass auch er sich im Osten befinde. Diese Symbolik finden wir z.B. in der Orientierung des Logenraums: der Meister, der Gott – der der ‹Grosse Baumeister des Universums› genannt wird – repräsentiert, sitzt im symbolischen Osten, ihm gegenüber sitzen die zwei Aufseher im Westen, die Lehrlinge sitzen im Norden, die Gesellen im Süden und die Meister sowohl im Norden als auch im Süden. Dies gilt unabhängig von der realen Orientierung im Raum. Es heisst, Lehrlinge und Gesellen reisen vom Westen zum Osten, um das Licht zu suchen, während die Meister vom Osten zum Westen reisen, um das Licht in die Welt zu verbreiten. Weiter war es früher so, dass die Rituale als die drei Grossen Lichter der Freimaurerei Sonne, Mond und Meister kannten. Zweifelsohne meinte man ursprünglich mit dem Meister als Grosses Licht: Gott,

[6] Siehe 1 Chronik 28:19 resp. Johannes 2:19-21.

[7] Siehe Epheser 2:19-22 und 1 Petrus 2:4-6.

den Grossen Baumeister des Universums. Aber später verstanden die Freimaurer das nicht mehr und dachten, dass es sich hier um den Stuhlmeister der Loge handelte. Und für ihn fanden sie dies übertrieben. Deshalb finden wir in Ritualen ab 1760, dass jetzt als die drei Grossen Lichter der Freimaurerei die Bibel, der Zirkel und das Winkelmass – die vorher zu den Möbeln der Loge gerechnet wurden – genannt werden. Gleichzeitig muss sich jemand gefragt haben, warum es drei *Grosse* Lichter der Freimaurerei gab, aber keine *Kleinen* Lichter.[8] Daher wurden Weisheit, Stärke und Schönheit, die vorher die drei Säulen waren worauf die Loge ruht, jetzt die drei Kleinen Lichter genannt.

In der Mittelpunktsymbolik ist nicht der Osten, sondern das Zentrum der Ort, wo Gott wohnt. Das Zentrum der Loge ist markiert durch eine Zeichnung mit Symbolen auf dem Fussboden, der ‹Teppich› oder, auf Französisch, das ‹*Tableau*›. Im 18. Jahrhundert sass der Stuhlmeister direkt an der Ostseite des Teppichs, wodurch er seinen Platz im Osten mit einem im Zentrum kombinierte. Der Kandidat ‹reist› um das Zentrum herum, wobei sein Weg ursprünglich die Form eines Labyrinthes hatte. Am Ende dieser ‹Reise› wird er in die Loge (das heisst, in den Kreis der Freimaurer, die um den Teppich stehen) und damit auf den Teppich (das heisst, ins Zentrum und von Angesicht zu Angesicht mit dem Stuhlmeister) gebracht. An diesem Ort leistete er ursprünglich dann seinen Eid.

Jede dieser fünf Komponenten der freimaurerischen Methode findet sich auch ausserhalb der Freimaurerei. Wenn man sie aber alle fünf zusammen findet, kann man ziemlich sicher sein, dass man es hier entweder mit Freimaurerei zu tun hat, oder mit etwas, das davon abgeleitet worden ist.

Bisher sind wir zwei der wichtigsten Wurzeln der Freimaurerei begegnet: der Christlichen Tradition (wovon unter Anderem die Bibel – als referenziellem Korpus der allusiven Methode – und die Idee der Verwendung von Initiationsritualen entliehen wurden) und dem Handwerk der Steinmetzen (welches die Bausymbolik lieferte). Die dritte ist die Westliche Esoterik, wovon viele Spuren in den freimaurerischen Ritualen zu finden sind. Dies ist das Thema dieses Büchleins.

[8] Selbstverständlich war dies so, weil die Sonne und der Mond im ersten Kapitel der Bibel so genannt werden (Genesis 1:16). Biblische Texte, die Gott als ein Licht, mindestens vergleichbar mit Sonne und Mond, beschreiben, sind z.B. Jesaja 60:19-20; Johannes 1:10, 8:12, 9:5, 12:46; Offenbarung 21:23 & 22:5.

Westliche Esoterik

Der Ausdruck ‹Westliche Esoterik› wurde 1992 von Antoine Faivre zum ersten Mal wissenschaftlich definiert.[9] Dies war notwendig geworden, weil das Konzept ‹Esoterik› selbst kaum eine scharfe Begrenzung hat, seine populäre Verwendung sich immer mehr ausdehnte, und es seit 1965 Gegenstand eines eigenständigen Fachgebietes geworden war. In diesem Jahr wurde an der *École pratique des Hautes Études* (Sorbonne), Fachbereich Religionswissenschaften, ein Lehrstuhl für ‹Geschichte der Christlichen Esoterik› geschaffen, welche 1979, als Antoine Faivre Lehrstuhlinhaber wurde, neu definiert wurde als ‹Geschichte der esoterischen und mystischen Strömungen im Europa der Neuzeit und der Gegenwart›. Als Faivre emeritierte, wurde Jean-Pierre Brach sein Nachfolger. Seit 1999 gibt es auch einen derartigen Lehrstuhl an der Universität von Amsterdam mit Wouter J. Hanegraaff als Inhaber. Inzwischen wurde auch an der Universität von Exeter das *Exeter Centre for the Study of Esotericism* (EXESESO) eingerichtet mit Nicholas Goodrick-Clarke als Direktor und Lehrstuhlinhaber. Professor Monika Neugebauer-Wölk vom Institut für Geschichte der Martin-Luther Universität Halle-Wittenberg richtet ausserdem ihre Forschung auf Esoterik und Aufklärung aus. Neben den Lehrstühlen gibt es einige wichtige Bibliotheken auf dem Fachgebiet. In Amsterdam befindet sich die wohl wichtigste, die *Bibliotheca Philosophica Hermetica*, zusammengetragen von Joseph A. Ritman. Die möglicherweise zweitwichtigste ist die *Oskar R. Schlag Bibliothek* in Zürich. Als dritte wäre zu erwähnen die Bibliothek des CESNURs, das *Centro Studi sulle Nuove Religioni* (Zentrum für das Studium von Neuen Religionen), Via Confienza 19, Turin, Italien, gesammelt von Massimo Introvigne.

Was Faivre in seiner Definition der Westlichen Esoterik abzugrenzen versucht, ist eine spezifische Denkform, die in unterschiedlichen Strömungen zutage tritt. Seine Definition umfasst vier ‹wesentliche› und zwei ‹sekundäre› Eigenschaften. Die ersten vier sind sowohl not-

[9] Alle Zitate in diesen Abschnitt aus Faivre 1992.

Abb. 1: «Quod est Superius, est Sicut id quod est inferius»

wendig als auch ausreichend, um eine Strömung als ‹esoterisch› zu betrachten. Die Sammlung von Strömungen, die so definiert wird, zeigt aber in den meisten Fällen auch die übrigen zwei auf. Diese Eigenschaften sind folgende:

1. Die Entsprechungen. Esoterische Strömungen gehen von der Existenz unterschiedlicher Schichten innerhalb des Universums aus. Eine davon ist sichtbar, mindestens eine – aber meistens mehrere – sind unsichtbar. Zwischen diesen Schichten bestehen symbolische und reale Entsprechungen: das Verhältnis zwischen Mikrokosmos und Makrokosmos, oder «Wie oben, so unten» (siehe Abb. 1) sind nur die bekanntesten Beispiele. Die sichtbare Welt gilt dabei als Symbol für die unsichtbaren Welten: sie muss also entschlüsselt werden, um das Universum zu verstehen. Ebenso gelten offenbarte heilige Texte als symbolhaft bezogen auf weitere Elemente des Universums. Kurz: alles Sichtbare gilt als Symbol und Verschlüsselung von Geheimnissen, welche es zu entdecken gilt.

2. Die lebende Natur. Die ganze Biosphäre wird als ein lebendiger Organismus verstanden (im 20. Jahrhundert auch Gaia genannt),[10] aber auch oft als ein Buch, «in dem man beliebig blättern kann und das voller Enthüllungen der verschiedensten Art steckt». Dies ist der Bereich der *magia naturalis*, «ein komplexer Begriff an der Schwelle von Magie und Wissenschaft». Es gilt, die Verhältnisse zwischen Gott, Mensch und Natur zu erforschen.

3. Imagination und Mediation. «Die beiden Begriffe sind miteinander verbunden; sie ergänzen sich gegenseitig. Die Idee der Entsprechung setzt bereits eine Form von Imagination voraus, die dazu tendiert, Vermittlungen aller Art aufzuspüren und anzuwenden, wie z.B. Rituale, symbolische Bilder, Mandalas, vermittelnde Geister. Hieraus ergibt sich die Bedeutung der Lehre von den Engeln, aber auch der Gestalt des ‹Mittlers› im Sinne von ‹Initiator›, von ‹Guru›. ... Es ist die Imagination oder Einbildungskraft, die es erlaubt, diese Mittler, Symbole und Bilder zum Zwecke der Erkenntnis (Gnosis) zu verwenden, die Hieroglyphen der Natur zu entschlüsseln, die Theorie der Entsprechungen in konkrete Praxis umzusetzen und die zwischen der göttlichen Welt und der Natur vermittelnden Wesenheiten zu entdecken, zu schauen und zu erkennen.» Es geht hier nicht um irreführende Fantasie, sondern die Einbil-

[10] Siehe Lovelock 1979. Über den Gaia-Hypothese siehe Hanegraaff 1996, 155-158.

dungskraft «ist das Werkzeug zur Erkenntnis seiner selbst, der Welt und des Mythos, wobei das Feuerauge die Hülle des äusseren Scheins durchdringt, um Bedeutungen und ‹Bezüge› aufscheinen zu lassen, um das Unsichtbare sichtbar zu machen, jenen *mundus imaginalis*, zu dem das körperliche Auge allein keinen Zugang zu erhalten weiss, um von dort einen Schatz einzuholen, der zur Erweiterung unser prosaischen Anschauung beiträgt. Die Betonung liegt dabei eher auf der Vision und der Gewissheit als auf der Zuversicht und dem Glauben.» Auch die offenbarte Schrift (Bibel) kann Ausgangspunkt für die Imagination sein. Wir stossen hier auf die Lehre der zwei Bücher. Gott hat sich offenbart in zwei Büchern: der Bibel und der Natur. Er ist Autor von beiden; daher kann, was man darin liest, einander nicht widersprechen.

4. Die Erfahrung der Transmutation. Das Konzept ‹Transmutation› ist der Alchemie, besonders derjenigen seit dem Beginn des 17. Jahrhunderts, entliehen. Es geht um eine ‹zweite Geburt› im Kontext einer Initiation. Während dieser Initiation soll ausserdem eine erleuchtende Erkenntnis (‹Gnosis›) erworben werden. Der alchemistische Prozess führt durch die Phase der *nigredo* (Schwärzung, ein Sterbensprozess) zu der Phase der *albedo* (Weissung, ein Übergangszustand), um letztendlich in der Phase der *rubedo* (Rötung, eine Neugeburt) den Stein der Weisen zu erwerben.

Diese vier Merkmale betrachtet Faivre als unbedingt notwendig und ausreichend, um eine Strömung zu der Westlichen Esoterik rechnen zu dürfen. Ein sehr grosser Teil dieser Strömungen zeigt aber noch zwei weitere Merkmale auf.

5. Die Konkordanzbildung. Es geht hier um die Annahme, dass alle Religionen und esoterischen Traditionen nicht mehr sind als Variationen von einem archetypischen Modell – oder sogar einer Ur-Form, die historisch existiert hat – die es durch Vergleiche aus allen diesen Formen abzuleiten gilt. Diese Überzeugung wird Traditionalismus oder auch Perennialismus genannt. Sie schätzt die vergleichende Religionswissenschaft sehr hoch ein, strebt damit aber keine wissenschaftlichen, sondern esoterische Ziele an, denn die Ur-Form wird allen anderen als weit überlegen angesehen, und sie zu kennen gilt als ein wichtiger Schlüssel zu höheren Einsichten.

6. Die Transmission. «Mit Transmission oder Übermittlung ist gemeint, dass eine esoterische Lehre auf einem von vornherein vorgezeichneten Weg und unter Einhaltung bestimmter vorgeschriebener Stadien vom Meister an den Schüler weitergegeben werden kann oder muss. Die ‹zweite Geburt› ist ohne diese Übermittlung nicht zu erlangen. Damit verbunden sind zwei Begriffe: a) die Gültigkeit der Erkenntnisse, garantiert durch einen Weg der Weitergabe, dessen Authentizität verbürgt und dessen ‹Rechtmässigkeit› ausser Frage steht... ; b) die Initiation, die im allgemeinen auf dem Weg von einem Meister zu einem Schüler verläuft (man initiiert sich nicht selbst, und auf jeden Fall kommt man ohne einen Initiator oder einen Guru nicht aus).»

Diese Definition von Faivre wurde durch seine Kollegen ausführlich diskutiert. Bemerkenswert ist aber, dass sie sich über die Sammlung der Strömungen, die durch eine solche Definition eingeschlossen werden sollten, weitgehend einig sind. Dabei wird unterschieden in Westliche Esoterik *sensu stricto* und *sensu lato*. Faivre beschränkt seinen Anspruch der Nützlichkeit dieser Definition auf die Strömungen, die seit der Renaissance entstanden sind (*sensu stricto*). In diesem Sinne ist Westliche Esoterik eine Sammlung von Ideen, welche die westliche Kultur seit dem Altertum begleitet hat und sich in unterschiedlichen Strömungen manifestiert. Ihre Komponenten sind u.a. Mystik, Gnosis, Theosophie, Theurgie, Astrologie, Alchemie und Neuplatonismus. Ab dem 14. Jahrhundert ist in der westlichen Kultur ein Säkularisierungsprozess beobachtbar – beeinflusst von der aristotelischen Scholastik – der zur Ablehnung der Überzeugung der lebendigen Verbindung zwischen Gott (bzw. dem Göttlichen), dem Menschen und der Natur (bzw. dem Universum) führt. Als Reaktion wird die Esoterik jetzt explizit. Zu den Wurzeln der Westlichen Esoterik *sensu stricto* gehören vor der Renaissance (1471) dann: a) die Buchreligionen Judentum, Christentum und Islam, b) die «traditionellen Wissenschaften» Astrologie, Alchemie und Magie, und c) ältere Strömungen wie Neupythagorismus, Neuplatonismus, Gnostizismus, Alexandrinischer Hermetismus, Stoa, Orphik, Philos Lehre und Kabbalismus. Und als westlich-esoterische Strömungen *sensu stricto* gelten dann z.B.: Hermetismus, Christlicher Kabbalismus, Paracelsismus, Astrea-Kult, Rosenkreuzer, Theosophie

(Jakob Boehme), Freimaurerei, Illuminismus, Swedenborgianismus, Martinismus, Deutsche Naturphilosophie und der Okkultismus des 19. Jahrhunderts. Weiter gehören dazu ab dem Ende des 19. Jahrhunderts: Neo-Theosophie, Anthroposophie und Perennialismus, und in der zweiten Hälfte des 20. Jahrhundert die *Human Potential*-Bewegung, Neo-Paganismus, Wicca und New Age. Andere meinen aber, dass es durchaus legitim und sinnvoll ist, auch frühere Strömungen in der Westlichen Esoterik mit einzubeziehen (*sensu lato*). Ich schliesse mich hier letzterer Gruppe von Forschern an und werde in den nächsten Kapiteln folgende Strömungen besprechen: Astrologie, Neuplatonismus, Gnostizismus, Alchemie, Kabbalismus, Hermetismus, Astrea-Kult, Rosenkreuzer, Freimaurerei und den Okkultismus des 19. Jahrhunderts. Obwohl fast keine der westlich-esoterischen Strömungen direkt aus einer anderen entstand, haben alle Texte produziert, und diese wurden von den Gründern der späteren Strömungen oft intensiv gelesen. Auf diese Weise ist jede spätere Strömung beeinflusst durch die älteren. Der Ansatz ihrer Erforschung muss daher ein ideengeschichtlicher sein.

Drei Arten von Sicherheit

Die Westliche Esoterik wird manchmal präsentiert als die dritte Säule der Westlichen Kultur. Die Wissenschaft – basierend auf dem griechischen Denken – und die Kirche – als Trägerin der jüdisch-christlichen religiösen Tradition – werden dann als die anderen zwei Säulen gesehen. Das könnte den Eindruck erwecken, als habe jeder, der in unserer Kultur lebt, die Wahl aus diesen drei. Mir scheint es hilfreicher für das Verstehen des Charakters dieser Sachlage, diese drei ‹Säulen› als Repräsentanten von drei Arten von Sicherheit zu betrachten: rationale-, traditionelle- und Erfahrungs-Sicherheit.

Die rationale Sicherheit ist universell gültig, in allen Kulturen der Welt, in jeder Epoche der Geschichte, ja, es handelt sich um Wahrheiten, die sogar unabhängig von der Existenz der biologischen Spezies *Homo Sapiens*, des Menschen, sind. Traditionelle Sicherheit ist die Sicherheit, die jeder Mensch von seinen Eltern, Lehrern, Priestern und Repräsentanten des Gesetzes des Staates, in dem er lebt, lernt. Sie ist kulturell bedingt, daher unterschiedlich für Menschen in unterschiedlichen Kulturen und geschichtlichen Epochen. Erfahrungssicherheit ist höchst persönlich. Sie beruht auf dem, was der individuelle Mensch persönlich erfahren, erlebt hat. Niemand kann einem erzählen wie eine Orange schmeckt; man muss einfach eine Orange essen um es zu wissen. Eine Mutter kann ihrer Tochter so oft sie will erzählen wie es ist, ein Kind zu gebären; aber die Tochter wird erst verstehen was ihre Mutter sagt, wenn sie es selbst erlebt hat.

Traditionelle Sicherheit ist stärker als rationale Sicherheit. Wenn also Galileo Galilei die Theorie von Kopernikus verteidigte, dass die Erde sich um die Sonne dreht, statt umgekehrt, konnte der Papst Paulus V ihn 1633 dazu zwingen, seine Theorie zu widerrufen.[11] Erfahrungssicherheit ist wiederum noch stärker als traditionelle Sicherheit. Es ist die höchste Form von Sicherheit, die wir haben können. Wenn, z.B., jemandem seine verstorbene Grossmutter in einer Vision erschienen ist und sie mit ihm gesprochen hat, kann meistens keiner ihn mehr davon überzeugen, dass es kein Leben nach dem Tod geben würde. Niemand kann auch nur eine dieser drei Formen von Sicherheit völlig ausklammern. Der Entscheid für Wissenschaft, Religion oder Esoterik bedeutet nur eine relativ grössere Bewertung von einer der drei. Tatsächlich ist es so, dass in der Wissenschaft der rationalen Sicherheit die höchste Stelle zugemessen wird. Das bedeutet noch längst nicht, dass die grossen wissenschaftlichen Entdeckungen nur durch die Anwendung von rationalem Denken zustande kommen. Intuition spielt oft gerade da eine sehr wichtige Rolle. Aber wenn die Idee einmal da ist, muss sie rational untermauert werden, bevor sie als wissenschaftlich gelten darf. Im religiösen Bereich des Glaubens geht es auch wirklich primär um traditionelle Sicherheit. Die Formen einer Religion sind völlig kulturell bestimmt, auch wenn manche Inhalte in vielen Religionen vorkommen. Was man zu glauben hat, lernt man von seinen Eltern, Priestern, usw. Gleichzeitig erkennen Religionen in der Regel aber vieles aus dem

[11] Inzwischen ist klar geworden, dass beide ‹Theorien› ebenbürtige Beschreibungsmodelle sind, deren Unterschied nur ist, wo das – frei zu bestimmende – Zentrum der räumlichen Koordinaten gewählt wird. Es ist daher etwas merkwürdig zu sehen, dass der Papst vor einigen Jahren anerkannt hat, dass Galileo doch recht hatte.

Bereich der rationalen Sicherheit ohne Widerspruch an. Ausserdem spielen historische persönliche mystische Erfahrungen in vielen institutionalisierten Religionen eine wichtige Rolle: Im Christentum bildet die Berufungsvision von Paulus ein schönes Beispiel. In der Westlichen Esoterik steht aber eindeutig die Erfahrungssicherheit im Mittelpunkt. Hier werden absichtlich ganz persönliche mystische Erfahrungen für jedes Mitglied angestrebt. Die Strömungen, die wir dazu rechnen, sind aber durchaus in der sie umgebenden Kultur eingebettet. Sie kennen auch ihre traditionellen Techniken (wie Rituale oder Meditationstechniken), um diese Erfahrungen zu induzieren, und ihre traditionellen Interpretationsmuster (wie Mythen und Symbole), um die persönlichen Erfahrungen in einer Sprache, die für die anderen Mitglieder verständlich ist, wenigstens annähernd zu formulieren.

Bibliographie

a) Erwähnte Literatur

Faivre, Antoine, 1992, *L'ésotérisme* (Que sais-je ? 1031), Presses Universitaires de France: Paris. Deutsche Übersetzung von Peter Schmidt und Rolf Wintermeyer: *Esoterik im Überblick* (Herder spektrum 4961), Herder: Freiburg, Basel & Wien 2001.

Hasselmann, Kristiane, 2009, *Die Rituale der Freimaurer. Zur Konstitution eines bürgerlichen Habitus im England des 18. Jahrhunderts*, Transcript: Bielefeld.

Lovelock, James, 1979, *Gaia: A New Look at Life on Earth.* Reprint: Oxford University Press: Oxford & New York 1987.

Snoek, Jan A.M., 1987, *Initiations. A Methodological Approach to the Application of Classification and Definition Theory in the Study of Rituals* (PhD thesis, Leiden University), Dutch Efficiency Bureau: Pijnacker.

——, 1999, «De allusieve methode / The Allusive Method / La méthode allusive» in *Acta Macionica* 9, 47-70.

Van Gennep, Arnold, 1909, *Les Rites de Passage*, Nourry: Paris. Neue Edition: Picard: Paris 1981. Englische Übersetzung von M.B. Vizedom & G.L. Caffee: *The Rites of Passage*, University of Chicago Press: Chicago 1960. Deutsche sehr freie Überarbeitung von Klaus Schomburg und Sylvia M. Schomburg-Scherff (nur zu empfehlen für die, die weder Französisch noch Englisch lesen können): *Übergangsriten*, Campus Verlag: Frankfurt & New York 1986, Studienausgabe 1999.

Wolson, Thomas [= George Smith], 1751, *Le Maçon démasqué ou le vrai secret des Francs Maçons*, Owen [= Jacob Nyhoff]: Londres [= Arnhem, Niederlande].

b) Zusätzlich zur weiteren Information

Faivre, Antoine, 1986, *Accès de l'ésotérisme occidental*, 2 Bände, Éditions Gallimard: [Paris]. Nouvelle édition revue: 1996. Englische Übersetzung von Christine Rhone der erste Ausgabe: *Acces to Western Esotericism* und *Theosophy, Imagination, Tradition. Studies in Western Esotericism* (SUNY Series in Western Esoteric Traditions), State University of New York, Albany 1994/2000.

——, 1998, «Préface» in Moritz Bassler & Hildegard Châtellier (Hg.): *Mystik, Mystizismus und Moderne in Deutschland um 1900*, Presses Universitaires de Strasbourg: Strasbourg.

Faivre, Antoine, & Karen-Claire Voss, 1995, «Western Esotericism and the Science of Religions», *Numen* 42, 48-77.

Goodrick-Clarke, Nicholas, 1985, *The Occult Roots of Nazism. Secret Aryan Cults and Their Influence on Nazi Ideology*, Aquarian Press: Wellingborough, Northamptonshire, UK. Deutsche Übersetzung von Susanne Mörth: *Die okkulten Wurzeln des National-Sozialismus*, Leopold Stocker Verlag: Graz 1997.

Hanegraaff, Wouter J., 1995, «Empirical Method in the Study of Esotericism», *Method and Theory in the Study of Religion* 7.2, 99-129.

——, 1996, *New Age Religion and Western Culture. Esotericism in the Mirror of Secular Thought*, Brill: Leiden, New York & Köln.

—— (Hg.), 2005, *Dictionary of Gnosis & Western Esotericism*, 2 Bände, Brill: Leiden & Boston.

Neugebauer-Wölk, Monika, 1995, *Esoterische Bünde und Bürgerliche Gesellschaft. Entwicklungslinien zur modernen Welt im Geheimbundwesen des 18. Jahrhunderts* (Kleine Schriften zur Aufklärung 8), Wallstein Verlag: Göttingen.

—— (Hg.), 1999, *Aufklärung und Esoterik* (Studien zum achtzehnten Jahrhundert 24), Felix Meiner Verlag: Hamburg.

—— (Hg.), 2003, *Themenschwerpunkt: Arkanwelten im politischen Kontext* (Aufklärung 15), Felix Meiner Verlag: Hamburg.

—— (Hg.), 2008, *Aufklärung und Esoterik. Rezeption – Integration – Konfrontation* (Hallesche Beiträge zur Europäischen Aufklärung 37), Max Niemeyer Verlag: Tübingen.

2
ASTROLOGIE

Mesopotamien

Die Astrologie hat ihren Anfang im zweiten Jahrtausend vor Christus in Mesopotamien. Von Anfang an umfasst sie zwei Aktivitäten: astronomische Wahrnehmung und religiöse Vorhersage. Ihr Ziel ist vorherzusagen, wann es der richtige oder der falsche Moment für eine spezifische Entscheidung des Königs bezüglich des Staates sei. Daher wird die Astrologie die ‹Königliche Kunst› genannt. Die gewünschte Information ‹liest› man in der sorgfältig beobachteten Konstellation der Himmelskörper. Dass dies möglich sei, unterstellt irgendeine Beziehung zwischen ‹oben› (den ‹Sternen›, die man als Götter betrachtet) und ‹unten› (die von den Göttern beeinflussten Menschen und Welt). Man kennt neben Sonne und Mond die Planeten Merkur, Venus, Mars, Jupiter und Saturn, sowie eine Reihe von Sternen, teils als Sternzeichen (siehe Abb. 2 mit oben Sonne, Mond und Venus und in der Mitte u.a. das Sternzeichen Skorpion).

Griechenland und Hellenismus

Im 6. bis 5. Jahrhundert finden wir die aus Mesopotamien importierte Astrologie in Griechenland, wo sie von Pythagoras (ca. 530 v. Chr.) und seinen Schülern, den Pythagoräern, mit Geometrie und mit Numerologie verbunden wird. Aus dieser Verbindung geht die Einteilung des Tierkreises in 12 gleich grosse Sternzeichen hervor. Die Astrologie hat ihrerseits Einfluss auf Platon (428-347 v. Chr.), namentlich in seiner ‹astralen Theologie›, welche er in seinem Buch *Timaios* beschreibt. Im dritten Jahrhundert vor Christus (also während des Hellenismus) wird

Abb. 2: Grenzstein, babylonisch, ca. 1120 vor Chr.

in Griechenland aus Mesopotamien die Technik der astrologischen Vorhersage bekannt. Im hellenistischen Zeitalter erfinden die griechischen Astrologen das System der ‹Häuser›, entdecken die Präzession der Äquinoktien, entwickeln das heliozentrische Weltbild und berechnen den Umfang der Erde. Erst jetzt finden wir die ersten persönlichen Geburtshoroskope für andere Menschen als den König.

In der Stoa, mit ihren Konzepten eines harmonischen Weltordens, universaler Sympathie alles Existierenden und Nachdruck auf der Korrespondenz zwischen Mikrokosmos und Makrokosmos, entwickelt sich dann die medizinische Astrologie (siehe Abb. 3 für eine mittelalterliche Abbildung der unterstellten Korrespondenzen zwischen den Sternzeichen und den Körperteilen des Menschen). Ab ca. 100 vor Christus ist das heute noch verwendete System praktisch ausgebildet. Im zweiten Jahrhundert nach Christus schrieb Claudius Ptolemäus zwei berühmt gewordene Bücher: den *Almagest* (über die Astronomie, worin er das geozentrische Weltbild (Abb. 4) beschreibt) und den *Tetrabiblos* (über die Astrologie). Das Ptolemäische System ist die Astrologie, wie sie im Mittelalter und der Renaissance populär wird (Abb. 5 zeigt ein Horoskop aus dem 15. Jahrhundert).

Korrespondenz

Für die Korrespondenz zwischen dem Lauf der ‹Sterne› und dem Leben des Menschen geben Astrologen zwei unterschiedliche Erklärungen: entweder die ‹Sterne› *beeinflussen* uns (die traditionelle Auffassung), oder es handelt sich um zwei parallel ablaufende, *synchronisierte* Prozesse (ab dem 19. Jahrhundert hinzugekommen). Aber immer unterstellen sie eine Korrespondenz zwischen dem Mikrokosmos (dem Menschen) und dem Makrokosmos (den ‹Sternen› / Göttern). Traditionell wird diese Annahme nicht reflektiert, sondern als selbstverständlich empfunden, also nicht als ein irrationaler Glaube. Erst ab dem Zeitalter von Johannes Kepler (1571-1630) wird Astrologie mehr und mehr als Pseudo-Wissenschaft gesehen.

Abb. 3: Seite aus Les Très Riches Heures du Duc de Berry, Französisch, Anfang 15. Jahrhundert

Abb. 4: Atlas trägt die Erdkugel. Holzschnitt, 1559.

Abb. 5: Seite eines Manuskriptes von Nortons Ordinale, Englisch, 15. Jahrhundert

Die Astrologie selbst hat keinen sehr grossen Einfluss auf die Freimaurerei gehabt. Zwar sind in vielen Logenräumen (heute oft zu unrecht freimaurerische ‹Tempel› genannt) die Sternzeichen rund herum abgebildet, um einerseits anzugeben, wo der symbolische Osten ist, und anderseits auszudrücken, dass – nach dem alten Ritualtext – für die Freimaurer die ganze Welt eine Loge ist.[1] Der wichtigste Grund, um hier die Astrologie, sei es auch nur kurz, zu erwähnen, ist aber, dass sie wohl die Quelle ist, aus der sich das Konzept des mehrschichtigen Universums (Abb. 4) entwickelt hat, so wie wir es vor allem im Neuplatonismus finden. Deshalb brauchen wir hier auch nicht näher auf die weitere Geschichte der Astrologie einzugehen.

[1] Trahi 1745, 156; Régulateur 1801, Grade de Compagnon 22.

Bibliographie

Enzyklopädieaufsätze

Hanegraaff, Wouter J. (Hg.), 2005, *Dictionary of Gnosis & Western Esotericism*, 2 Bände, Brill: Leiden & Boston. Hierin die Lemmata zu Astrologie (Band I: 109-141).

Weitere Literatur

Kenton, Warren, 1976, *Astrologie – Eine Bilddokumentation*, Umschau Verlag: Frankfurt am Main. Übersetzung der Englische Ausgabe von 1973, bei Thames and Hudson Ltd: London.

Régulateur, 1801, *Le Régulateur du Maçon*, [kein Verlag]: Hérédon [= Paris].

Trahi, 1745, [Anon.:] *L'Ordre des Francs-Maçons Trahi, et le secret des Mopses relevé*, [kein Verlag]: Amsterdam.

Von Stuckrad, Kocku, 2003, *Geschichte der Astrologie: Von den Anfänge bis zur Gegenwart*, Beck: München.

3
NEUPLATONISMUS

Platonismus

Der Neuplatonismus ist eine Weiterentwicklung des Platonismus, die Lehre, die Platon (428-347 v. Chr.) in seiner Schule in Athen lehrte und welche er in seinen Dialogen (namentlich dem *Timaios* und dem *Parmenides*) formulierte. Der Grundgedanke ist der Gegensatz zwischen der Welt des Ewigen (Formen, Ideen) und der Welt des Zeitlichen, mit der Seele als Vermittlerin zwischen diesen beiden. Z.B., es gibt nur eine Form oder Idee ‹Kreis›, aber viele ‹Kreise›, die dann letztendlich mit kreisförmigen Phänomenen in der materiellen Welt korrespondieren. Die Welt des Ewigen basiert auf unveränderlichen, ewigen Prinzipien und Werten, die unabhängig sind von der sinnlich wahrnehmbaren und sich immer ändernden Welt des Zeitlichen. Der Ausgangspunkt einer absoluten Realität, ausserhalb der wahrnehmbaren Welt, unterscheidet den Platonismus von den anderen philosophischen Lehren seiner Zeit, die entweder ihren Ausgangspunkt nur monistisch in der Natur nahmen (wie die Lehre seines Schülers Aristoteles), oder absolut relativistisch waren (wie der Sophismus). Freimaurer kennen Platon meistens primär, weil er der erste war, der Gott den Baumeister der Welt / des Weltalls (d.h. des Universums) nannte:

> Den Schöpfer und Vater dieses Alls nun zu finden ist freilich schwierig, und wenn man ihn gefunden hat, ist es unmöglich, sich für alle verständlich über ihn auszusprechen; doch muss man in Betreff seiner wiederum dies untersuchen, nach welchem von beiderlei Urbildern er als Baumeister die Welt gebildet hat, ob nach demjenigen, welches stets dasselbe und unverändert bleibt, oder aber nach dem Entstandenen.[1]

[1] *Timaios 5* ([28c/29a]), Übersetzung von Franz Susemihl in Platon: *Sämtliche Werke*, Band 3, Berlin [1940], S. 91-192, http://www.zeno.org/Philosophie/M/Platon/Timaios. Ähnliche Übersetzung von Thomas Paulsen & Rudolf Rehn in Platon: *Timaios*, Reclam: Stuttgart 2003/2009, 37. Andere Übersetzung von Hans Zimmermann, http://12koerbe.de/pan/platon.htm.

> In dieser Erwägung bildete er [= der Gott] die Vernunft in eine Seele und die Seele in einen Körper ein und fügte so aus ihnen den Bau des Weltalls zusammen, um so naturgemäss das möglichst schönste und beste Werk vollendet zu sehen. Und so darf man es denn mit Wahrscheinlichkeit aussprechen, dass diese Welt als ein wirklich beseeltes und vernünftiges Wesen durch Gottes Vorsehung entstanden ist.[2]
> Aus diesem Grunde und in dieser Erwägung erbaute er [= der Gott] denn diese Welt als ein einziges Ganzes, welches selbst wieder aus lauter Ganzen besteht und eben deshalb frei ist von Alter und Krankheit. Sodann gab er ihr auch eine Gestalt, wie sie ihr angemessen und ihrer Natur verwandt ist. Demjenigen lebendigen Wesen, welches alles andere Lebendige in sich fassen soll, dürfte nun wohl auch eine Gestalt angemessen sein, welche alle anderen Gestalten in sich fasst. Deshalb drehte er sie denn auch kugelförmig, so dass sie von der Mitte aus überall gleich weit von ihren Endpunkten entfernt war, nach Massgabe der Kreisform, welche von allen Gestalten die vollkommenste und am meisten sich selber gleiche ist, indem er das Gleiche für tausendmal schöner als das Ungleiche hielt…[3]

Plotins Neuplatonismus

Nach Platons Tod wurde die Akademie in Athen von seinen Schülern weitergeführt. Diese entwickelten auch seine Philosophie weiter (Mittel-Platonismus). Der Neuplatonismus ist auch so eine Weiterentwicklung, namentlich die, welche zum ersten Mal in Alexandria von Ammonius Saccas (175-242) gelehrt wurde. Diese Lehre wurde aufgeschrieben (und wohl auch wieder weiterentwickelt) von dem in Ägypten geborenen Plotin (205-270), der 232 Saccas Schüler wurde. Die

[2] *Timaios 6* ([30b]), *idem.* Ähnliche Übersetzung von Hans Zimmermann, *idem.* Andere Übersetzung von Thomas Paulsen & Rudolf Rehn in Platon: *Timaios*, Reclam: Stuttgart 2003/2009, 41.

[3] *Timaios 7* ([33a/b]), *idem.* Andere Übersetzung von Hans Zimmermann, *idem.* Andere Übersetzung von Thomas Paulsen & Rudolf Rehn in Platon: *Timaios*, Reclam: Stuttgart 2003/2009, 45/47.

54 Schriften von Plotin wurden dann von seinem Schüler Porphyrius ediert in sechs ‹Büchern› von je neun Texten, den sogenannten *Enneaden*. Plotin eröffnete eine Akademie in Rom, wo Kaiser Gallienus ihm gut gesinnt war. Seine Lehre, die auch von der des Philo von Alexandria (ca. 15 vor - 40 n. Chr.) beeinflusst ist, kann folgendermassen zusammengefasst werden:

Alles Individuelle kommt stufenweise hervor aus einem einzigen letzten Urgrund und kehrt auch wieder dahin zurück. Dies ist das Eine, Ewige, Höchste, Gute, Schöne, Nicht-Seiende. Ausserhalb des Einen kann nichts existieren; gleichzeitig ist es über alle Existenz erhaben und daher unkennbar. Das Eine ist in sich selbst vollkommen und in ewiger Ruhe, und es ist daher völlig unvorstellbar, dass es jemals etwas begehren oder tun würde. Aber es strömt sozusagen über und schafft dadurch drei Emanationen, Hypostasen, ‹Welten›, oder ‹Seins-Niveaus›. In absteigender Nähe zum Einen (Gott) sind diese: der *Nous*, die Weltseele und die Materie. Der *Nous* ist der Göttliche Geist, das ist: das Ganze der Platonischen Formen oder Ideen; seine Aktivität ist das *Verstehen*. Die Weltseele ist die Welt des Psychischen, des Lebens, der Zeit, auch die Summe der individuellen Seelen, die teilnehmen an dem Kreislauf der ewigen Reinkarnation; die Aktivität der Weltseele ist das *Denken*. Die Materie umfasst das wahrnehmbare Universum, die Welt von Raum und Zeit, also: die Theophanie; der Leib gilt als Seelenwagen; hier sind *Wahrnehmen*, *Begehren* und *Handeln* angesiedelt.

Alle ‹Welten› fallen zusammen in Raum und Zeit, obschon Raum und Zeit nur in der ‹untersten› Welt real sind. Jede ‹Welt› geht aus der ‹darüber› hervor und hat eine eingeborene Sehnsucht, zu dieser zurückzukehren. Das ‹Eine› ist so radikal unterschiedlich von allem anderen, dass es nicht mit dem Denken zu fassen ist und nur durch eine mystische Vereinigung (*Unio Mystica*) damit erkannt werden kann. Das Ziel des Menschen ist die Vereinigung mit seinem göttlichen Ursprung. Daher ist tugendhaft leben (wie Plato es lehrte) zwar gut, aber der ‹Weg nach innen› (*via contemplativa*) ist besser; philosophisches Denken ist gut, ekstatisches ‹Eins-Sein› mit Gott, mit dem Göttlichen in uns selbst, ist besser. Plotin soll in seinem Leben vier Mal eine solche Erfahrung gehabt haben. Plotins Lehre einer mystischen, selbstverneinenden Übergabe und unmittelbaren Vereinigung mit dem Göttlichen, hatte es in der griechischen Philosophie vor ihm noch nicht gegeben. Die Lehre von Plotin unterscheidet sich weiter noch von der Platons dadurch, dass alles Individuelle stufenweise aus einem einzigen letzten Urgrund hervorgeht und auch wieder dahin zurückkehrt.

Die Weltseele schafft, als der *Demiurg* oder Schöpfer, ständig das wahrnehmbare Universum, nach dem Muster des *Nous*. Dabei beseelt sie die Materie. Die individuellen Seelen stehen als Mittler zwischen der Weltseele und der Materie. In jeder von ihnen ist die ganze Weltseele repräsentiert; jeder trägt sozusagen das ganze Universum in sich. Obwohl das materielle Universum die niedrigste Stufe des Seins ist, war Plotin überzeugt von ihrer Güte und Schönheit als das Beste, was die Weltseele schaffen kann. Sie wird erst zum Gefängnis der Seele, wenn die Seele ihre Sehnsucht nach Wiedervereinigung mit dem Einen vergisst. Es gibt nach Plotin drei Wege zu dieser Wiedervereinigung: die zur Wahrheit, zur Güte oder Harmonie und zur Schönheit. Dem Weg zur Wahrheit wird durch den menschlichen Geist nachgestrebt, demjenigen zur Güte durch seinen Willen und demjenigen zur Schönheit durch sein Herz. Jeder Mensch tendiert nach einem dieser drei Wege. Plotin nennt den Menschen, je nachdem zu welchem Weg er neigt, den Philosophen, den Musiker oder den Liebhaber (*Enneade* I 3.1). Aus freimaurerischer Perspektive ist – wie wir noch sehen werden – vor allem von Bedeutung, was Plotin über den dritten Weg, denjenigen zur Schönheit, sagt:[4]

> … Kehre ein zu dir selbst und sieh dich an; und wenn du siehst dass du noch nicht schön bist, so tu wie der Bildhauer, der von einer Büste, welche schön werden soll, hier etwas fortmeisselt, hier etwas ebnet, dies glättet, das klärt, bis er das schöne Antlitz an der Büste vollbracht hat: so meissle auch du fort was unnütz und richte was krumm ist, das Dunkle säubere und mach es hell und lass nicht ab an deinem Bild zu handwerken bis dir hervorstrahlt der göttliche Glanz der Tugend … Bist du das geworden und hast es erschaut, bist du rein und allein mit dir selbst zusammen, … ganz und gar reines, wahres Licht, … wenn du so geworden dich selbst erblickst, dann bist du selber Sehkraft … allein ein solches Auge

[4] Die Schönheit war auch schon Gegenstand einer von Platons Dialogen, dem *Phaidros oder vom Schönen.*

> schaut die grosse Schönheit. Wer aber die Schau unternimmt mit einem durch Schlechtigkeit getrübten Auge, nicht gereinigt, oder kraftlos, der ist nicht Manns genug das ganz Helle zu sehen, und sieht auch dann nichts wenn einer ihm das was man sehen kann als anwesend zeigt. Man muss nämlich das Sehende dem Gesehenen verwandt und ähnlich machen, wenn man sich auf die Schau richtet; kein Auge könnte je die Sonne sehen, wäre es nicht sonnenhaft;[5] so sieht auch keine Seele das Schöne, welche nicht schön geworden ist. Es werde also einer zuerst ganz gottähnlich und ganz schön, wer Gott und das Schöne schauen will. ... (*Enneade* I, 6.9)[6]

Halten wir hieraus vorläufig vor allem die Prominenz der Ausdrücke: das *Schöne*, der göttliche *Glanz*, das wahre *Licht*, und das ganz *Helle*, sowie den Vergleich des suchenden Menschen mit einem *Bildhauer* fest.

Von Plotin bis zum Mittelalter

Nach Plotin gab es noch unterschiedliche philosophische Akademien. In Rom lehrte Plotins Schüler Porphyrius (ca. 232 - ca. 305) die Drei-Einheit von Sein, Leben und Verstehen. In den Schulen in Syrien und Pergamum folgte man der Lehre von Jamblichus (ca. 250-326), der viel mehr Schichten des Seienden unterschieden hatte als Plotin (Abb. 6). In diesen Schulen wurde auch Theurgie praktiziert, das heisst, die Ausführung von Ritualen, welche – durch Verstärkung der göttlichen Komponenten in der Welt – die Seele in Resonanz mit bestimmten Elementen der Welt bringen und dadurch die Transformation sowohl der Seele als der Welt realisieren sollten. Kaiser Julianus ‹Apostata› (331-363) war ein Anhänger dieser Form des Neuplatonismus. Die durch Plato in Athen gegründete Schule, welche noch im 5. Jahrhundert unter Leitung von Proclus (410?-485) stand, wurde von der christlichen Kir-

[5] Vergleich: «Wär nicht das Auge sonnenhaft, / Wie könnten wir das Licht erblicken? / Lebt nicht in uns des Gottes eigne Kraft, / Wie könnt uns Göttliches entzücken?» Respektive: «Wär nicht das Auge sonnenhaft, / Die Sonne könnt es nie erblicken; / Läg nicht in uns des Gottes eigne Kraft, / Wie könnt uns Göttliches entzücken?» (Johann Wolfgang von Goethe: *Zur Farbenlehre*, Cotta: Tübingen 1810, respektive die eigenständige separate Ausgabe des Gedichtes).

[6] Plotin: *Enneade* I, 6.9, zitiert aus Plotin 1956-1967, Band 1 (1956) 23/25.

Abb. 6: Griechisch-Römisches Universum, aus Catharis' Immagini degli Antichi

che schärfstens bekämpft und schliesslich 529 unter Kaiser Justinianus (482-565) geschlossen. Ihre sieben letzten Dozenten gingen in Verbannung im Fernen Orient. Das war das Ende der Platonischen Tradition im oströmischen Reich. Vier Jahre vorher war im weströmischen Reich Boëthius (480-525) als letzter grosser platonischer Philosoph von Theodorich, König der Goten (455-526), aus politischen Gründen hingerichtet worden. Die Schule in Alexandria wurde von Stephanus im 7. Jahrhundert nach Konstantinopel verlegt, und die Akademie in Antiochia 720 nach Bagdad, wo sie noch bis ca. 900 weiter existierte.

Mittelalter

In seiner Etablierungsphase bekämpfte das Christentum jede andere Religion und da der Neuplatonismus das Eine auch Gott (*Theos*) nannte, bekämpfte es auch diesen. Dies führte zu polemischen Schriften auf beiden Seiten, z.B. den 15 Büchern *Gegen die Christen* von Porphyrius, welche im 5. Jahrhundert durch die christlichen Autoritäten vernichtet wurden. Trotzdem verschwand der Neuplatonismus nicht völlig. Er hatte nicht nur grossen Einfluss auf den Gnostizismus,[7] sondern auch auf jüdisch-kabbalistische Denker im Mittelalter (Spanien) und später, auch via islamische Quellen.[8] Grosse Beispiele sind Maimonides (1135/8-1204) und Baruch de Spinoza (1632-1672). Es gab aber nicht nur im frühen Christentum (namentlich Augustin, 354-430), sondern auch noch im Mittelalter, christliche Neuplatoniker. Ein für die Freimaurerei besonders interessanter war der, welcher seine Werke um 500 unter dem Pseudonym Dionysius Areopagita schrieb, weshalb er jetzt Pseudo-Dionysius Areopagita, oder auch Dionysius der Syrier genannt wird.[9] Er stand in der Tradition von Proclus. Im 9. Jahrhundert wurden seine, auf Griechisch geschriebenen, Werke von Johann[es] Scot[t]us Eri[u]gena (815-877) am französischen Hof von Karl dem Kahlen ins Latein übersetzt, wodurch sie für Westeuropa zugänglich wurden. Johann Scotus fügte aber auch zahlreiche eigene, aber anonyme, Kom-

[7] Siehe dazu das nächste Kapitel: Gnostizismus.
[8] Siehe dazu Kapitel 6: Kabbalismus.
[9] Siehe über ihn weiter Kapitel 10: Freimaurerei.

mentare in seine Übersetzungen ein. Diese Texte des Pseudo-Dionysius mit Glossen von Johann Scotus wurden bald zur Basis, sowohl der christlichen mittelalterlichen Mystik, als auch, ab dem 13. Jahrhundert, der Scholastik. Es finden sich hier Texte wie diese:

> … es ist unserm Geiste gar nicht möglich, zu jener immateriellen Nachahmung und Beschauung der himmlischen Hierarchien sich zu erheben, wofern er sich nicht der ihm entsprechenden handgreiflichen Führung bedienen wollte. Und diese findet er darin, dass er die in die äussere Sichtbarkeit tretenden Schönheiten als Abbilder der unsichtbaren Herrlichkeit studiert, darin dass er die sinnlichwahrnehmbaren Wohlgerüche als Typen der geistigen Ausstrahlung und die materiellen Lichter als ein Sinnbild der immateriellen Lichtergiessung betrachtet … Und das Gleiche gilt von allen übrigen Dingen, welche den himmlischen Naturen auf eine überweltliche, uns aber auf eine symbolische Weise gewährt sind. Um dieses uns entsprechenden Weges der Vergöttlichung willen offenbart uns die menschenfreundliche Urquelle aller Weihe die himmlischen Hierarchien … Das also ist der Grund, weshalb sie uns die überhimmlischen Geister in sinnlich wahrnehmbaren Bildern durch die mit heiligem Griffel in den heiligen Schriften gezeichneten Umrisse dargestellt hat, um uns so vermittels des Sinnlichen zum Geistigen und von den heilig umrissenen Sinnbildern aus zu den einfachen Höhenspitzen der himmlischen Hierarchien empor zu führen. …[10]
>
> … auch die Materie hat ihr Dasein von dem wahrhaft Schönen und besitzt durch alle Reiche ihrer Stoffwelt hindurch gewisse Nachklänge der geistigen Schönheit. Vermittels derselben vermag man sich zu den immateriellen Urbildern zu erheben …[11]
>
> … alles, was ist, ist aus dem Schönen und Guten und in dem Schönen und Guten und kehrt sich hin zum Schönen und Guten. Alles, was ist und wird, ist und wird wegen des Schönen und Guten. Alles schaut nach ihm und wird von ihm bewegt und zusammengehalten. Um seinetwillen und durch dasselbe und in

[10] Pseudo-Dionysius Areopagita 1911, *Himmlische Hierarchie* I, 3.

[11] Pseudo-Dionysius Areopagita 1911, *Himmlische Hierarchie* II, 4.

> ihm ist jedes vorbildliche, vollendete, bewirkende, gestaltende, elementare Prinzip und einfachhin jedes Prinzip, jeder Zusammenhalt, jeder Endabschluss.[12]
> ... [Wir sind] Bildhauern gleich, die aus einem gewachsenen Steinblock eine Statue meisseln: Sie hauen alles heraus, was dem reinen Anblick des verborgenen Bildes im Wege steht, und (allein dadurch), durch blosses Weghauen, bringen sie die in ihm selbst verborgene Schönheit zum Vorschein.
> ... Wir steigen von den niedersten zu den ursprünglichsten (Seinsformen) auf und streifen alles ab, um unverhüllt jenes Nichtwissen zu erkennen, das von allem Erkennbaren in der gesamten Seinswelt rings umhüllt ist, und jenes überseiende Dunkel zu schauen, das von der Gesamtheit des Lichts inmitten der Seinswelt verborgen wird.[13]
> ... In (meinem) Buch *Über die göttlichen Namen* ... (finden sich Betrachtungen darüber), in welchem Sinne er [= Gott] als gut, als seiend, als Leben und Weisheit und Kraft bezeichnet wird ...[14]
> Das göttliche Dunkel [vgl. Ex. 20:21] ist gleichbedeutend mit jenem «unzugänglichen Licht», in welchem, wie geschrieben steht, «Gott wohnt» [1. Tim. 6:16]: unsichtbar um der Überfülle seines Glanzes und als dasselbe unzugänglich um des Übermasses seiner überwesentlichen Lichtflut willen. ...[15]

Wiederum sind einige Begriffe festzuhalten, nämlich: der *Schöne* und *Gute*, der *Glanz*, das *Licht*, die *Schönheit*, und wiederum das Gleichnis des *Bildhauers*. Wir sehen hier, wie Pseudo-Dionysius Areopagita die Gedanken von Plotin zwar überarbeitet, aber trotzdem weiterreicht.

[12] Pseudo-Dionysius Areopagita 1933, *De divinis nominibus* IV, 10.

[13] Pseudo-Dionysius Areopagita 1994, 76/77: *Über die Mystische Theologie* II.

[14] Pseudo-Dionysius Areopagita 1994, 77: *Über die Mystische Theologie* III. Neben Licht, Güte und Schönheit sind wohl Weisheit und Kraft (Stärke) die von Dionysius am meisten erwähnten Attribute Gottes.

[15] Pseudo-Dionysius Areopagita 1994, 92: *Brief V. An den Diakon Dorotheus.*

Abb. 7: Marsilio Ficino auf einem Gemälde von Domenico Ghirlandaio

Renaissance

Georgios Gemistos Plethon bewegte 1438/1439 Cosimo de' Medici, in Florenz eine neue Platonische Akademie zu gründen. Die wichtigsten Dozenten waren Marsilio Ficino (1433–1498, Abb. 7) und Giovanni Pico della Mirandola (1463–1494, Abb. 8).[16] Am Ende des 17. Jahrhundert formierten sich dann noch die *Cambridge Platonists*, eine Gruppe anti-dogmatisch-kirchlicher philosophischer Christen.

Abb. 8: Prinz Giovanni Pico della Mirandola auf einer Münze von Niccolò Fiorentino

[16] Siehe über diese weiter Kapitel 7: Hermetismus.

Bibliographie

Quellentexte

Plotin, 1956-1967, *Plotins Schriften, übersetzt von Richard Harder*, 6 Bände, Felix Meiner: Hamburg.

Pseudo-Dionysius Areopagita, 1911, *Himmlische Hierarchie*, aus dem Griechischen übersetzt von Josef Stiglmayr Sj. (Bibliothek der Kirchenväter, Dionysius Areopagita), Kösel: Kempten und München 1911. (http://www.himmelsboten.de/Engel/KirchL/KVschrtn/Himhier.htm).

——, 1933, *De divinis nominibus* (Schriften über «Göttliche Namen»), aus dem Griechischen übersetzt von Josef Stiglmayr. (Des heiligen Dionysus Areopagita ausgewählte Schriften Bd. 2; Bibliothek der Kirchenväter, 2. Reihe, Band 2) Kösel: Kempten und München. (http://www.unifr.ch/bkv/kapitel3730.htm)

——, 1994, *Über die Mystische Theologie und Briefe, eingeleitet, übersetzt und mit Anmerkungen versehen von Adolf Martin Ritter*, Hiersemann: Stuttgart.

Enzyklopädieaufsätze

Anon. 1996, «Neoplatonism», in J. Gordon Melton (Hg.): *Encyclopedia of Occultism & Parapsychology*, 4th edition, II 918-920.

Armstrong, A.H., 1964, «Neoplatonism», *Encyclopaedia Britannica*, ed. 1964, XVI 216-219.

——, 1984, «Platonism and Neoplatonism», *Encyclopaedia Britannica*, ed. 1984, XIV 539-545.

Clark, M.T., 1987, «Neoplatonism», in M. Eliade (Hg.): *Encyclopedia of Religion*, X 365-367.

Dörrie, H., 1960, «Neuplatonismus», in K. Galling (Hg.): *Die Religion in Geschichte und Gegenwart*, IV 1427-1430.

Leijenhorst, Cees, 2005, «Neoplatonism II: Middle Ages» & «Neoplatonism III: Since the Renaissance», in Wouter J. Hanegraaff (Hg.): *Dictionary of Gnosis & Western Esotericism*, Brill: Leiden & Boston, II 837-841 & 841-846.

Shaw, Gregory, 2005, «Neoplatonism I: Antiquity», in Wouter J. Hanegraaff (Hg.): *Dictionary of Gnosis & Western Esotericism*, Brill: Leiden & Boston, II 834-837.

Trouillard, Jean, 1968-1973, «Néoplatonisme», *Encyclopedia Universalis* XI 681-683.

Weitere Literatur

Gerson, Lloyd P., 1994, *Plotinus*, Routledge: London.

Hadot, Pierre, 1993, *Plotinus, or the Simplicity of Vision*, University of Chicago Press: Chicago.

4
GNOSTIZISMUS

Den Gnostizismus gibt es eigentlich nicht, eher eine Vielzahl von Gnostizismen. Manche sind jüdisch, manche christlich und wieder andere ‹heidnisch›, also neuplatonistisch. Manche sind monistisch, weltbejahend, aber die meisten sind eher dualistisch, wobei die materielle Welt als böse, einer höheren guten Realität gegenübergestellt wird. Zentral in allen steht das Konzept der ‹Gnosis›, womit verwiesen wird auf eine bestimmte Art von esoterischem Wissen, ein Wissen der göttlichen Mysterien, das nicht mit unseren normalen Sinnen in dieser Welt erworben werden, sondern nur durch eine ekstatische religiöse Erfahrung entstehen kann. Dieses Wissen ist in der Regel einer auserkorenen Elite vorbehalten, welche Zugang hat zu den Techniken, um dieses Erfahrungswissen zu erwerben. Die zentrale Unterstellung im Gnostizismus ist, dass in jedem Menschen ein göttlicher Funken schläft, welcher erweckt werden muss, damit er den Weg zurück zur Reintegration in Gott finden kann. Oft wird davon ausgegangen, dass die Welt, worin die göttlichen Lichtfunken gefangen gehalten werden, vom bösen Demiurg, dem biblischen Gott JHVH geschaffen wurde. Gnosis ist dann das Wissen, das zur Erlösung aus dieser Welt führt. Im 2. Jahrhundert haben Gnostizismus und Christentum einander in ihren Auseinandersetzungen gezwungen, sich als Gegensätze zu definieren, wobei *Gnosis* (Wissen) dem kirchlichen Konzept *Pistis* (Glaube) gegenübergesetzt wurde. Der hier folgende Überblick beansprucht in keinerlei Hinsicht Vollständigkeit.

Altertum

Die nicht-biblischen Schriften der Gemeinschaft von Qumran am Toten-Meer (ca. 250 vor bis 40 nach Chr.) werden oft als prägnostisch beschrieben. Zentrales Thema ist Kenntnis von Gott zu bekommen, während auch der Gegensatz zwischen (den Söhnen vom) Licht und (denen der) Finsternis typisch dualistisch gnostisch anmutet.[1]

Der Enkratismus ist eine christlich monotheistische Strömung aus dem 2. Jahrhundert um den syrischen Theologen Tatian, der Ähnlichkeiten mit bestimmten Formen des Gnostizismus zeigt. Schon hier finden wir die Zurückweisung von Ehe und Sexualität, weil sie verantwortlich sind für die Fortsetzung der Gefangenschaft der Lichtfunken in der Materie. Weiter lehrt der Enkratismus den himmlischen Ursprung der Seele und des ‹Wissens› (der Gnosis). Zu den wichtigsten enkratischen Schriften zählen die Oden von Salomo, das *Thomas-Evangelium* und die *Thomasakten*.[2] Das in zwei Manuskripten[3] der *Thomasakten* zitierte *Perlenlied* (*Thomasakten* 108-113) ist selbst nicht unbedingt enkratisch, sondern einer der schönsten und typischsten gnostischen Texte:

> *108* Als ich ein kleines Kind war / Und im <Reiche>, dem Hause meines Vaters wohnte
> Und am Reichtum und der <Pracht> / Meiner Erzieher mich ergötzte,
> Sandten mich meine Eltern aus dem Osten, unserer Heimat, / Mit einer Wegzehrung fort;
> Und aus dem Reichtum unseres Schatzhauses / Hatten sie mir schon längst eine Traglast zusammengebunden.
> Sie war gross, aber (so) leicht, / Dass ich sie allein zu tragen vermochte:
> Gold vom Hause der Hohen / Und Silber vom grossen Ga(n)zak
> Und <Chalcedone aus> Indien / Und <Opale des> Kûšanreiches.
> Und sie gürteten mich mit Diamant, / Der Eisen ritzt.

---

1 Siehe García Martínez (Hg.) 1994.

2 Siehe für die *Oden von Salomo* Weidinger 1988, 548-554; das *Thomas-Evangelium* Van Unnik 1960, 161-173; Robinson 1996, 117-130; für die *Thomasakten* (Auswahl) Michaelis 1956, 410-438.

3 Eins in Griechisch aus dem 11. Jahrhundert und eins in Syrisch von 936 (Layton (Hg.) 1987, 370).

Und sie zogen mir das <Strahlen(kleid)> aus, / Das sie in ihrer Liebe mir gemacht hatten,
Und meine scharlachfarbene Toga, / Die meiner Gestalt angemessen gewebt war,
Und machten mit mir einen Vertrag / Und schrieben ihn mir in mein Herz, dass ich (ihn) nicht vergessen sollte:
«Wenn du nach Ägypten hinabsteigst / Und die eine Perle <bringst>,
Die im Meere ist, / Das der schnaubende Drachen umringt,
Sollst du dein Strahlen(kleid) (wieder)anziehen / Und deine Toga, die darüber liegt,
Und mit deinem Bruder, unserm Zweiten, / <Erbe> in unserem Reiche <werden>».
109 Ich verliess den Osten und stieg hinab, / Geleitet von zwei <Kurieren>,
Da der Weg gefahrvoll und schwierig / Und ich (noch zu) jung war, ihn (allein) zu gehen.
Ich schritt über die Grenzen von Maišân (Mesene), /<Dem Sammelpunkt der Kaufleute> des Ostens,
Und gelangte ins Land Babel / Und trat ein in die Mauern von Sarbûg,
Ich stieg herab nach Ägypten, / Und meine Begleiter verliessen mich.
Ich ging geradewegs zum Drachen, / Liess mich nahe bei seiner Herberge nieder,
Bis dass er schlummern und schlafen würde, / Um (dann) von ihm meine Perle zu nehmen.
Und da ich einer und einsam war, / War ich den Mitbewohnern meines Rasthauses fremd.
<Aber> einen Stammesgenossen, einen Edelmann / Aus <dem Osten>, sah ich dort,
Einen schönen (und) lieblichen Jüngling,
Einen <Gesalbten>, / Und er kam, mir <.> anzuhangen,
Und ich machte ihn zu meinem Gesprächspartner, / Dem Genossen, dem ich mein Geschäft (Sendung) mitteilte.

Ich warnte ihn vor den Ägyptern / Und dem Verkehr mit den Unreinen.
Ich aber kleidete mich gleich ihren Gewändern, / Damit <sie mich> nicht <beargwöhnten>, dass ich von aussen gekommen wäre,
Um die Perle zu nehmen, / Und <sie> (nicht) gegen mich den Drachen <weckten>.
Aber aus irgendeiner Ursache / Merkten sie <.>, dass ich nicht ihr Landsmann war,
Und sie mischten (sich) mit mir durch ihre Listen, / Auch gaben sie mir zu kosten ihre Speise,
Ich vergass, dass ich ein Königssohn war, / Und diente ihrem König.
Und ich vergass sie, die Perle, / Um derentwillen mich meine Eltern geschickt hatten.
Und durch die Schwere ihrer <Nahrung> / Sank ich in tiefen Schlaf.
110 <Und alles dieses>, das mir zustiess, / Bemerkten meine Eltern und betrübten sich um mich.
Und eine Botschaft erging in unserem Reich, / Jedermann sollte zu unserem Tor reisen,
Die Könige und Häupter Parthiens / Und alle Grossen des Ostens.
Und sie fassten einen Beschluss über mich, / Dass ich nicht in Ägypten gelassen werde,
Und sie schrieben mir einen Brief, / Und jeder <Grosse> setzte seinen Namen darauf:
«Von deinem Vater, dem König der Könige, / Und deiner Mutter, der Herrscherin des Ostens,
Und von deinem Bruder, unserem Zweiten, / Dir, unserem Sohn in Ägypten, Gruss!
<Erwach> und steh auf von deinem Schlaf, / Und vernimm die Worte unseres Briefes.
Erinnere dich, dass du ein Königssohn bist. / Sieh die Knechtschaft: wem du dienst.

Gedenke der Perle, / Derentwegen du nach Ägypten gegangen bist.
Erinnere dich deines Strahlen(kleides), / Gedenke deiner herrlichen Toga,
Damit du sie anlegst und <dich damit schmückst>, / <Auf dass> im Buch der Helden dein Name <gelesen werde>
Und du mit deinem Bruder, unserem Stellvertreter, / <Erbe> in unserem Reiche <werdest>.
111 Und mein Brief war ein Brief, / Den der König mit seiner Rechten <versiegelt hatte>,
Vor den Bösen, den Leuten aus Babel / Und den <aufrührerischen> Dämonen von Sarbûg.
Er flog in Gestalt des Adlers, / Des Königs (alles) Gefieders,
Er flog und liess sich nieder neben mir / Und wurde ganz Rede.
Bei seiner Stimme und der Stimme <seines Rauschens> / Erwachte ich und stand auf von meinem Schlaf,
Nahm ihn und küsste ihn, / Und ich löste <sein Siegel> und las.
Und ganz wie (es) in meinem Herzen stand, / Waren die Worte meines Briefes geschrieben.
Ich gedachte, dass ich ein Königssohn sei / und meine Freiheit nach ihrer Natur verlange.
Ich gedachte der Perle, / Derentwegen ich nach Ägypten gesandt ward,
Und ich begann zu bezaubern / Den schrecklichen und schnaubenden Drachen.
Ich brachte ihn in Schlummer und Schlaf, / Indem <.> ich den Namen meines Vaters über ihm nannte
Und den Namen unseres Zweiten / Und den meiner Mutter, der Königin des Ostens,
Und ich erhaschte die Perle / Und kehrte um, um mich nach meinem Vaterhaus zu wenden.
Und ihr schmutziges und unreines Kleid / Zog ich aus und liess es in ihrem Lande
Und rechtete meinen Weg, <dass ich käme> / Zum Licht unserer Heimat, dem Osten.

Und meinen Brief, meinen Erwecker, / Fand ich vor mir auf dem Wege;
Wie er mit seiner Stimme <mich> geweckt hatte, / (So) leitete er mich ferner mit seinem Licht,
Auf chinesischem Gewebe mit Rötel (geschrieben), / Vor mir mit seinem Aussehen glänzend
Und durch seine Stimme und durch seine Führung / Wiederum mein Eilen ermutigend
Und mich mit seiner Liebe <ziehend>.
Ich zog hinaus, kam durch Sarbûg, / Liess Babel zu meiner Linken
Und gelangte zur grossen (Stadt) Maišân (Mesene), / Dem Hafen der Kaufleute,
<Das> am Ufer des Meeres <liegt>.
Und mein Strahlen(kleid), das ich ausgezogen hatte, / Und meine Toga, mit der es umhüllt war,
Sandten von den Höhen <von> Warkan (Hyrkanien) / meine Eltern dorthin
Durch ihre Schatzmeister, / Die wegen ihrer Wahrhaftigkeit damit betraut waren.
112 Wohl erinnerte ich mich nicht mehr seiner Würde, / Weil ich es in meiner Kindheit in meinem Vaterhaus gelassen hatte,
(Doch) plötzlich, als ich es mir gegenüber sah, / Wurde das <Strahlen(kleid)> (ähnlich) meinem Spiegelbild mir gleich;
Ich sah es <ganz> in mir, / Und in ihm sah ich (mich) auch <mir ganz> gegenüber,
So dass wir Zwei waren in Geschiedenheit / Und wieder Eins in einer Gestalt.
Und auch die Schatzmeister, / Die es mir gebracht hatten, sah ich ebenso,
Dass sie zwei waren von einer Gestalt, / Denn ein Zeichen des Königs war ihnen eingezeichnet,
(Dessen), der mir die <Ehre>, / Mein Pfand und meinen Reichtum durch sie zurückgab,
Mein Strahlen(kleid), geschmückt / <.> In herrlichen Farben <erglänzend>.

Mit Gold und mit Beryllen, / Mit Chalcedonen und <Opalen>
Und verschieden <farbigen> <Sardonen>, / Auch dies in seiner Erhabenheit gefertigt,
Und mit Steinen von Diamant / (Waren) all seine (Gürtel-?) Gelenke festgesteckt.
Und das Bild des Königs der Könige / War ihm <vollständig> überall aufgemalt
<Und wie> Steine von Saphir / Wiederum seine Farben blau gemalt.
113 Ich sah ferner überall an ihm / Die Bewegungen der <Erkenntnis> zucken.
Und ferner sah ich, / Dass es sich wie zum Reden anschickte.
Den Klang seiner Lieder vernahm ich, / Die es bei <seinem Herabkommen> lispelte:
«Ich gehöre dem tapfersten Diener an, / Für den sie mich vor meinem Vater grosszogen,
Und ich <nahm> auch an mir selbst <wahr>, / Dass meine Gestalt entsprechend seinen Werken wuchs».
Und mit seinen königlichen Bewegungen / Ergoss es sich ganz zu mir hin,
Und an der Hand seiner Überbringer / Eilte es, dass ich es nehmen sollte;
Und auch mich stachelte meine Liebe, / Ihm entgegenzulaufen und es zu empfangen,
Und ich streckte mich hin und empfing es. / Mit der Schönheit seiner Farben schmückte ich mich.
Und meine glänzendfarbige Toga / Zog ich <vollständig> über mich ganzen.
Ich bekleidete mich damit und stieg empor / Zum Tore der Begrüssung und der Anbetung.
Ich neigte mein Haupt und betete an / Den Glanz des Vaters, <der> mir es (das Kleid) gesandt hatte,
Dessen Gebote ich ausgeführt hatte, / Wie auch er getan, was er verheissen hatte.
Am Tore seiner Satrapen / Mischte ich mich unter seine Grossen.

> Denn er freute sich über mich und empfing mich, / Und ich war mit ihm in seinem Reich.
> Und mit <Orgel>klang / Priesen ihn alle seine Diener.
> Und er verhiess mir, dass ich wieder zum Tore / Des Königs der Könige mit ihm reisen
> Und mit meiner Gabe und mit meiner Perle / Mit ihm vor unserem König erscheinen sollte.[4]

Die erste Strömung des spätantiken Gnostizismus (1. – 3. Jahrhundert) bilden die Merkabah-Mystiker aus dem jüdischen Palästina.[5] Sie sind jüdisch und monotheistisch. Sie tradieren ein esoterisches Wissen für Auserwählte. Die meist verwendeten Metaphern sind die des Aufsteigens durch die Himmel, und die des Messens vom ‹Leib› (Glorie, Herrlichkeit) Gottes. Ihre Terminologie und Konzepte findet man auch im späteren Gnostizismus wieder.

Der erste namentlich bekannte gnostische Lehrer war Simon Magus von Gitta in Samaria im 1. Jahrhundert nach Chr. Auch seine Lehre war jüdisch und monotheistisch. Er betrachtete sich selbst als Repräsentant der Kraft Gottes (Apostelgeschichte 8:9-10). Seine Gesellin, Helena, wurde verehrt als die Inkorporation von Sophia. Sophia, die «erste Idee Gottes», schuf die Welt und fiel. Neu in Simons Lehre ist, dass das Böse Folge eines Bruches in der Gottheit ist.

Die populäre hellenistische Form des Gnostizismus ist dualistisch. Sie wurde beeinflusst von Platons *Timaios*. Nach dieser Lehre wurde die Welt geschaffen von einem niedrigen Gott: dem *Demiurg*. Die wichtigsten Texte, welche diese Strömung repräsentieren, wurden gefunden in Nag' Hammadi in Ägypten (Abb. 9), unter anderem das *Johannes-Apokryphon* (2. Jahrhundert) und die *Pistis Sophia* (3. Jahrhundert).[6]

Die grössten, detailliertesten gnostischen Systeme finden wir im christlich dualistischen Gnostizismus. Die bekanntesten Lehrer waren Valentinus, Basilides und Marcion (2. Jahrhundert). In ihren Systemen finden wir eine ausgearbeitete Lehre mit Mythen, Mystik und Ritualen. Die Lehre dieses «dualistischen Gnostizismus» kann folgendermassen

---

[4] Der Übersetzung von Günter Bornkamm, zitiert in Quispel 1967 39-45. Andere Übersetzungen in Michaelis 1956, 426-431 und auf http://12koerbe.de/euangeleion/perle.htm

[5] Siehe Kapitel 6.

[6] Siehe für das *Johannes-Apokryphon* Van Unnik 1960, 185-214; Robinson (Hg.) 1996, 98-116 und für die *Pistis Sophia* Weidinger 1988, 422-426.

Abb. 9: Codex II aus Nag' Hammadi

beschrieben werden: Gott ist gut, Tiefe, Stille, nicht zu benennen, absolut, die Quelle von guten Geistern, die zusammen das *Pleroma*, das Lichtreich, ausmachen. Das unbewusste Selbst des Menschen ist Teil der Gottheit. Durch den Fall (von Sophia, aus Leidenschaft für die Materie, Bythos) wird dieses Selbst gefangen in der Materie und vergisst seinen Ursprung. Die Materie ist teuflisch und von Dämonen besessen. Die Welt ist nicht geschaffen vom guten Gott, sondern vom bösen Demiurg Yahweh, dem Sohn von Sophia und Bythos. Nicht durch rationales oder Glaubenswissen, sondern durch Erfahrungswissen (Gnosis) wird der Mensch sich seines Ursprungs, seiner Essenz und Bestimmung bewusst; dadurch wird er erlöst aus seiner Gefangenschaft. Durch diese Erfahrung wird man von einem ‹Kind der Finsternis› zu einem ‹Kind des Lichts›. Diese Erfahrung kann eine individuelle sein oder auch induziert werden durch eine Einweihung in die Gnosis. Auch Christus kann diese Erfahrung erteilen. Christus ist rein göttlich, also, nicht menschlich. Christus' Versöhnung ist nicht real und unnötig. Nach dem Tod kehrt der ‹Lichtfunke› durch die Himmel / Planetensphären zurück zu seinem Ursprung.

Frances Yates unterscheidet, in Nachfolge von André-Jean Festugière, neben diesem dualistischen Gnostizismus eine gleichzeitige Lehre des ‹optimistischen Gnostizismus›:[7] Es kann nichts existieren ausserhalb von Gott (Pantheismus). Es ist undenkbar, dass Gott nicht gut sein könnte. Also ist alles gut. Wenn wir denken, dass etwas böse ist, kommt das dadurch, dass unser Verständnis (Gnosis) von Gottes Plan mit der Welt unzulänglich ist. Normalerweise wird diese neuplatonische Strömung aber eher zum Hermetismus als zum Gnostizismus gerechnet.[8]

Valentinus lebte und lehrte in Alexandria und Rom. Er versuchte innerhalb der Kirche zu bleiben. Das *Evangelium der Wahrheit* ist wohl die bekannteste Schrift, welche ihm oder seiner direkten Umgebung zuzuschreiben ist.[9] Spezifisch für seine Variante der Lehre des christlich dualistischen Gnostizismus sind folgende Punkte: Chrystos ist ein Sohn von Sophia und Bythos. Die Erlösung ist Folge der Ehe von Chrystos (der *Soter*) mit der gefallenen Sophia. Die (weibliche) Seele des Erleuchteten heiratet seinen (männlichen) Engel, der vor Gott ist (das Sakra-

[7] Yates 1964, 22 ff., 128/129.

[8] Siehe Kapitel 3: Neuplatonismus und Kapitel 7: Hermetismus.

[9] Siehe für das *Evangelium der Wahrheit* Van Unnik 1960, 174-185; Robinson (Hg.) 1996, 37-49.

Abb. 10: Montségur. Die Gralsburg mit dem Scheiterhaufenacker

ment des Brautzimmers). Zwischen 140 und 150 wurden Valentinus, Cerdo und Marcion von Papst Pius I exkommuniziert und im 4. Jahrhundert machte die westliche / römische Kirche, mit Hilfe des Staates, den letzten gnostischen Gruppierungen in ihrem Bereich ein Ende.

Die wohl erfolgreichste aller gnostischen Religionen war der Manichäismus, welcher eine Weltreligion wurde. Sein Lehrer war Mani (216-277) aus dem Iran. Der Manichäismus war eine absolut dualistische Mischung von iranischen, hellenistischen und christlich-gnostischen Elementen. Während seiner grössten Blütezeit breitete er sich aus in Nordafrika, dem Vorderen Orient, Südasien, und letztendlich vom Atlantischen bis zum Stillen Ozean. In Nordafrika wurde der Manichäismus Anfang des 5. Jahrhunderts durch die Vandalen bis zum Untergang verfolgt; in China blieb er aber bis in das 14. Jahrhundert blühend.[10]

Mittelalter

Im ganzen Mittelalter gab es sowohl jüdische, christliche als auch muslimische gnostische Strömungen.[11] In Syrien gab es noch sehr lange gnostische Gruppierungen und in Irak und Iran gibt es noch immer die Mandäer. Die Paulicianer waren Nachfolger von u.a. dem Manichäer Paulus von Samosata. Diese Bewegung wurde gegründet von Constantin von Mananalis am Ende des 7. Jahrhunderts und breitete sich aus in Kleinasien, Armenien und Bulgarien. Die Bogomilen, die sich möglicherweise in Bulgarien aus den Paulicianern entwickelten, finden wir vom 10. - 15. Jahrhundert im Balkan (Medio-Gnostizismus). Aus dem 11. Jahrhundert sind Beschwerden über und Verurteilungen wegen Manichäismus in Mitteleuropa (Norditalien, Frankreich und Deutschland) bekannt.

Die Katharer und Albigenser tauchen im 12. und 13. Jahrhundert auf. Albi ist ein Ort in Südfrankreich; das Wort ‹*katharoi*› heisst ‹rein›, aber aus dem Wort ‹Katar› entstand ‹Ketzer›. Sie lebten in Norditalien und Südfrankreich, aber ihre zwei Mutterkirchen waren in Bulgarien und Thrakien, was darauf hinweist, dass sie sich aus den Bogomilen ent-

[10] Siehe für den Manichäismus Quispel 1951.
[11] Siehe für diesen Abschnitt Culianu 1987 und Lambert 1976.

wickelten. Ihre Lehre war extrem dualistisch: das Gute existiert nur in der geistlichen Welt des guten Gottes; die materielle Welt ist schlecht und von Satan geschaffen. Sie unterschieden zwei Stufen unter ihren Anhängern, einerseits die *Credentes* oder normalen Mitglieder und anderseits die *Perfecti*, welche allen ihren sehr strengen Lebensregeln nachfolgen sollten. Die meisten *Credentes* empfingen die Weihe der *Perfecti* erst kurz vor ihrem Tod. Es gab zwei Kreuzzüge gegen die Katharer in 1208 und 1227; 1244 fiel ihr letzter Zufluchtsort, die Burg Montségur. Alle wurden auf dem Scheiterhaufen verbrannt (Abb. 10). Trotzdem fanden die Inquisitoren noch ein Jahrhundert lang weitere Katharer.

Die Waldenser wurden 1170 von Petrus Waldes (ca. 1140 – ca. 1218), einem reichen Kaufmann aus Lyon, gegründet. Er verkaufte seinen ganzen Besitz und verteilte ihn unter den Armen. Als *Vaudois* gab es sie noch bis zum 19. Jahrhundert im Tal von Piemont. Die Waldenser kannten keine Priester und waren gegen Askese, dies im Gegensatz zu den Katharern, mit denen es weiter viele Übereinstimmungen gab. Im 13. Jahrhundert wurden sie verfolgt, worauf sie sich in den Alpen verbargen. 1487 rief Innozenz VIII in einer Bulle auf sie auszurotten und es wurde ein Kreuzzug gegen sie organisiert. Ihre Gedanken hatten Einfluss auf die Hussiten und die Böhmischen Brüder. 1532 wurden sie formell eine schweizerisch-protestantische Kirche.

Moderne

Im 16. Jahrhundert wurden aus Schriften von Kirchenvätern grosse Extrakte von Schriften der Gnostiker bekannt. Im 17. Jahrhundert verfasste der deutsche protestantische Theologe Gottfried Arnold (1666-1714) seine *Unpartheyische Kirchen- und Ketzer-Historien* (3 Bände: 1699-1700) über die Gnostiker auf Basis dieser Information. Rund 1600 schrieb Jakob Boehme (1575-1624) seine sowohl theosophischen als auch gnostischen Werke. Arnold hatte wiederum Einfluss auf solche deutsche Autoren wie Goethe (1749-1832, *Faust*), und Boehme auf Novalis (Georg Philipp Friedrich von Hardenberg, 1772-1801) und

Georg Wilhelm Friedrich Hegel (1770-1831). Durch sie wurde wieder die Neo-Theosophie beeinflusst, wie auch Carl Gustav Jung (1875-1961), der sich für die hellenistischen gnostischen Texte begeisterte.

1890 gründete Jules-Benoît Doinel (1842-1902) in Paris die *Nouvelle Église Gnostique Universelle*, meistens einfach die *Église Gnostique* genannt, eine Mischung aus Freimaurerei, Martinismus, Spiritismus, Neu-Theosophie, Kabbala und alt-gnostischem Gedankengut. Einer seiner Bischöfe war Papus (Gérard Analect Vincent Encausse, 1865-1916); eines der bekanntesten Mitglieder René Guénon (1886-1951). Als Robert Ambelain (1907-1997) 1960 Führer der *Église Gnostique* geworden war, integrierte er sie mit der *Église Gnostique Apostolique*, welche er 1958 gegründet hatte.[12]

[12] Siehe über die *Église Gnostique* Toth 2005, Ariëns-Volker 2004, 38-44.

Bibliographie

Quellentexte

Foerster, W. (Übers.), 1969 & 1971, *Die Gnosis, Band I: Zeugnisse der Kirchenväter, Band II: Koptische und mandäische Quellen*, 2. Ed. 1995, Artemis: Zürich.

García Martínez, Florentino (Hg.) & Wilfred G.E. Watson (Übers.), 1994, *The Dead Sea Scrols Translated. The Qumran Texts in English*, Brill: Leiden etc.

Layton, B. (Hg.), 1987, *The Gnostic Scriptures*, Doubleday: Garden City (NY).

Michaelis, Wilhelm (Übers.), 1956, *Die Apokryphen Schriften zum Neuen Testament*, Schünemann: Bremen.

Robinson, J.M. (Hg.), 1996, *The Nag Hammadi Library in English*, 4. Ed., Brill: Leiden.

Schultz, Wolfgang, 2000, *Dokumente der Gnosis*, Bechtermünz: Augsburg.

Van Unnik, Willem Cornelis, 1960, *Evangelien aus dem Nilsand*, Scheffler: Frankfurt a/M.

Weidinger, Erich, 1988, *Die Apokryphen. Verborgene Bücher der Bibel*, Pattloch: Augsburg.

Enzyklopädieaufsätze

Colpe, C., 1960, «Gnosis: I. Religionsgeschichtlich», in K. Galling (Hg.): *Die Religion in Geschichte und Gegenwart*, II 1648-1652.

Culianu, Ioan Petru, 1987, «Gnosticism from the Middle Ages to the Present», in M. Eliade (Hg.): *Encyclopedia of Religion*, V 574-578.

Grant, R.M., 1984, «Gnosticism», *Encyclopaedia Britannica*, ed. 1984, VIII 214-219.

Haenchen, E., 1960, «Gnosis: II. Gnosis und NT», in K. Galling (Hg.): *Die Religion in Geschichte und Gegenwart*, II 1652-1656.

Kretschmar, G., 1960, «Gnosis: III. Christlicher Gnostizismus, dogmengeschichtlich», in K. Galling (Hg.): *Die Religion in Geschichte und Gegenwart*, II 1656-1661.

Leicht, Reimund, 2005, «Jewish Influences I: Antiquity», in Wouter J. Hanegraaff (Hg.): *Dictionary of Gnosis & Western Esotericism*, Brill: Leiden & Boston, II 633-637.

Perkins, P., 1987, «Gnosticism as a Christian Heresy», in M. Eliade (Hg.): *Encyclopedia of Religion*, V 578-580.

Quispel, Gilles, 1964, «Gnosticism», *Encyclopaedia Britannica*, ed. 1964, X 505-507.

——, 1987, «Gnosticism from Its Origins to the Middle Ages», in M. Eliade (Hg.): *Encyclopedia of Religion*, V 566-574.

Toth, Ladislaus, 2005, «Gnostic Church», in Wouter J. Hanegraaff (Hg.): *Dictionary of Gnosis & Western Esotericism*, Brill: Leiden & Boston, I 400-403.

Van den Broek, Roelof, 2005, «Gnosticism I: Gnostic Religion» & «Gnosticism II: Gnostic literature», in Wouter J. Hanegraaff (Hg.): *Dictionary of Gnosis & Western Esotericism*, Brill: Leiden & Boston, I 403-416 & 417-432.

Weitere Literatur

Ariëns-Volker, Marijo, 2004, D*e wangen van de Macroprosopus* (Dissertation Vrije Universiteit Brussel), Selbstverlag, Den Haag.

Bianchi, U. (Hg.), 1967, *The origins of Gnosticism: Colloquium of Messina, 13-18 April 1966* (Studies in the History of Religions XII), Brill: Leiden.

Gruenwald, I., 1982, «Jewish Merkavah Mysticism and Gnosticism», in J. Dan & F. Talmage (Hg.): *Studies in Jewish Mysticism*, Association for Jewish Studies: Cambridge (Mass.) 41-55.

Hedrick, Ch.W. & R. Hodgson (Hg.), 1986, *Nag Hammadi, Gnosticism, and Early Christianity*, Henrickson: Peabody (Mass.).

Jonas, H., 1964-1966, *Gnosis und spätantiker Geist* (FRLANT 51), 2 Bände, Vandenhoeck & Ruprecht: Göttingen, Auflage 1988-1993 (4. Ed. von Band 1 [1934] und 2. Ed. von Band 2, 1-2 [1954, 1964]).

King, K.L., 2003, *What is Gnosticism?*, Harvard University Press: Cambridge (Mass.).

Lambert, Malcolm D., 1976, *Medieval Heresy: Popular Movements from Bogomil to Hus*, Arnold: London. Deutsche Übersetzung von Gerhard Windfuhr: *Ketzerei im Mittelalter: Häresien von Bogumil bis Hus*, Callwey: München 1981; Deutsche Übersetzung von Raul Niemann: *Häresie im Mittelalter: von den Katharern bis zu den Hussiten*, Wissenschaftliche Buchgesellschaft: Darmstadt 2001.

Markschies, C., 2001, *Die Gnosis*, Beck: München.

Quispel, Gilles, 1951, *Gnosis als Weltreligion*, Origo: Zürich.

——, 1967, Makarius, das Thomasevangelium und das Lied von der Perle (Supplements to Novum Testamentum 15), Brill: Leiden.

Rudolph, K., 1980, *Die Gnosis: Wesen und Geschichte einer spätantiken Religion*, 2. Ed., Vandenhoeck & Ruprecht: Göttingen.

——, 1996, *Gnosis und spätantike Religionsgeschichte* (NHMS 42), Brill: Leiden.

Rudolph, K. (Hg.), 1975, *Gnosis und Gnostizismus* (Wege der Forschung 262), WBG: Darmstadt.

Williams, M.A., 1996, *Rethinking «Gnosticism»: An Argument for Dismantling a Dubious Category*, Princeton University Press: Princeton (NJ).

Yates, Frances A., 1964, *Giordano Bruno and the Hermetic Tradition*, Routledge and Kegan Paul: Henley-on-Thames (Oxon, UK) & University of Chicago Press: Chicago. Verwendeter Druck: 1978. Deutsche Übersetzung von Peter Krumme: *Giordano Bruno in der englischen Renaissance*, Wagenbach: Berlin 1989.

5
ALCHEMIE

Griechisch-ägyptische Alchemie

Die Alchemie entstand in Alexandria in Ägypten und wurde das ‹Grosse Werk› (*Opus Magnum*), oder auch – wie die Astrologie (und die Freimaurerei) – die ‹Königliche Kunst› genannt. Vielleicht liegt ihr Anfang schon im ersten Jahrhundert. Die ersten Dokumente – die alchemistischen Papyri aus Leiden und Stockholm, Pseudo-Demokrits *Physika kai Mystika* und die 28-teilige Enzyklopädie der Alchemie *Cheirokmeta* von Zosimos von Panopolis (um 300) – datieren aus dem 3. oder 4. Jahrhundert, zeigen aber, dass zu dieser Zeit schon eine blühende Tradition existierte. Was noch übrig geblieben ist von der *Physika kai Mystika*, enthält hauptsächlich Rezepte, aber auch schon einen Abschnitt mit einem allegorischen Charakter:

> 3. Indem wir uns an die Ideen unseres vorher erwähnten Meisters erinnerten und in Kenntnis der Mannigfaltigkeit der Materie, bemühten wir uns darum, die Naturen in Harmonie zu bringen. Da aber unser Meister gestorben war, bevor wir initiiert worden waren, und zu einer Zeit, in welcher wir uns noch mit dem Verständnis der Materie beschäftigten, sagte man uns, dass man versuchen müsste, ihn aus dem Hades zurückzurufen. Ich machte mich daran, dieses Ziel zu erreichen, und rief ihn direkt mit diesen Worten an: «Mit welcher Gabe belohnst du das, was ich für dich getan habe?» und nachdem ich so gesprochen hatte, schwieg ich. Und nachdem ich ihn viele Male angerufen und gefragt hatte, wie ich die Naturen miteinander in Einklang bringen sollte, sagte er mir, dass es schwierig sei, ohne die Erlaubnis des Genius zu sprechen. Und er sagte nur: «Die Bücher sind im Tempel.» Nach-

> dem ich zum Tempel zurückgekehrt war, machte ich mich auf die Suche, ob ich per Zufall in den Besitz der Bücher gelangen könnte: denn als er noch lebte, hatte er mir nichts von ihnen gesagt und starb, ohne ein Testament zu hinterlassen. Er hatte, wie manche sagen, Gift genommen, um seine Seele von seinem Körper zu trennen, oder eher, wie sein Sohn sagt, aus Versehen. Vor seinem Tod hatte er die Absicht gehabt, die Bücher allein seinem Sohn zu zeigen, sobald dieser erwachsen sein würde. Niemand von uns wusste etwas von diesen Büchern. Da wir nach Nachforschungen nichts gefunden hatten, gaben wir uns grosse Mühe zu verstehen, wie die Substanzen und Naturen vereinigt und vermengt würden. Aber als wir die Mischungen der Materie ausgeführt hatten und es Zeit war für eine Zeremonie im Tempel, machten wir ein gemeinsames Fest. Dann, als wir im inneren Raum des Tempels waren, öffnete sich plötzlich eine der Säulen, aber wir sahen nichts darin. Aber weder er noch sonst jemand hatte gesagt, dass die Bücher seines Vaters dort hingelegt worden wären. Indem er voranschritt, führte er uns zu der Säule; als wir uns nach vorne beugten, sahen wir mit Erstaunen, dass wir nichts übersehen hatten ausser der kostbaren Formel, die wir da fanden:
>
> «Die Natur erfreut sich über die Natur, und die Natur besiegt die Natur, und die Natur meistert (beherrscht) die Natur.»
>
> Wir waren alle sehr überrascht, dass er alles, was er geschrieben hatte, in so wenigen Worten zusammengefasst hatte.[1]

Die Alexandrinische Alchemie speiste sich aus drei Quellen: Ägyptische Technologie, Griechische Philosophie und Mystik aus dem Vorderen Orient. Primär ist die ägyptische Technologie. Es handelt sich hier um fähige Metallbearbeiter, die, via den Hellenismus, in Kontakt kamen mit der Lehre des Aristoteles. Seine griechische Philosophie suchte nach theoretischen Erklärungen für die physische Welt. Aristoteles glaubte an die Existenz einer *prima materia*, woraus alles zusammengesetzt sei. Durch ihre Interaktion mit Formen entstanden daraus die vier Elemente (Feuer, Erde, Luft und Wasser) und durch Kombination davon

[1] Der griechische Text und eine französische Übersetzung sind zu finden in Berthelot & Ruelle (Hg.) 1888-1889 Band 1, 42/43 respektive Band 3, 44/45. Eine englische Übersetzung findet sich in Merkur 1993, 98.

schliesslich alle Objekte. Da also alles letztendlich *prima materia* ist, kann auch alles in alles umgesetzt werden. Letztendlich basiert diese Lehre auf der astrologischen Konzeption der Korrespondenz zwischen Mikrokosmos und Makrokosmos.

Ein für die Entstehung der Alchemie grundlegender Gedanke war nun, dass so wie der Mensch wächst und sich verändert, so wachsen und verändern sich auch Metalle in der Erde (Erze); und so wie die menschliche Seele durch den Tod die himmlische Vollkommenheit erreicht, so entstehen Silber und Gold in der Erde aus unedlen Metallen. Auch wenn das Ziel der ursprünglichen Alchemie nur die Anfertigung von *Imitationen* von Gold, Silber, Perlen und Edelsteinen war: warum sollte, wenn diese Theorie stimmte, der Metallarbeiter diesen Prozess nicht beschleunigen können durch das ‹Töten› des imperfekten Materials und dessen Wiederbelebung in perfekterer Form?

Die Phasen dieses Prozesses waren folgende: Zuerst wurde Kupfer erhitzt (‹getötet›), was eine schwarze Substanz (Kupferoxid) produzierte (*nigredo*). Diese wurde dann mit Quecksilber oder Arsen ‹wiederbelebt›, wodurch eine ‹weisse› (eigentlich silberfarbige) Verbindung entstand (*albedo*). Wenn diese wiederum mit noch weiteren Stoffen behandelt wurde, entstand schliesslich eine gelbe Verbindung (*citrinitas*). Diese Farbensequenz: schwarz, weiss, gelb (später rot, *rubedo*) ist charakteristisch für die Alchemie (Abb. 11). Bemerkenswert ist, dass es sich hier um einen praktisch-chemischen Prozess handelt, in Analogie zu der Entwicklung der menschlichen Seele zur Perfektion. Dabei wurde dieser Prozess beschrieben mit Hilfe von Ausdrücken, die dieser Entwicklung entliehen wurden.

Den meisten Alchimisten ging es um das ‹Geheimnis des Schmieds›, um die Entwicklung der Chemie – wie wir sie heute nennen. Um dieses Wissen zu hüten, wurden verhüllende Ausdrücke verwendet, oft der Astrologie entnommen. So wurden die Metalle mit den Namen und Symbolen der Planeten angedeutet: Gold mit Sonne, Silber mit Mond, Quecksilber mit Merkur, Kupfer mit Venus, Eisen mit Mars, Zinn mit Jupiter und Blei mit Saturn (Abb. 12). Die alchemistischen Manuskripte wurden dadurch absichtlich für Laien unlesbar. Es gab aber, neben diesen praktisch-chemischen, von Anfang an auch andere Aspekte der

Abb. 11: «Gib unserem lebendigen Drachen den äusserst wilden Löwen zum Verschlingen». Alchemistische Abbildung aus S. Trismosin, Splendor solis, London, 16. Jahrhundert

Abb. 12: Alchemistische Abbildung aus Speculum veritatis, 17. Jahrhundert, Biblioteca Apostolica Vaticana, Cod. lat. 7286, f. 13

Alchemie – namentlich die theoretischen, naturphilosophischen, mystischen und medikamentösen – und daher Alchemisten, die diesen Aspekten in ihrer Arbeit unterschiedlichen Nachdruck gaben. Die allegorische Verwendung von chemischen Prozessen, um den (neuplatonischen, gnostischen, oder hermetischen) Aufstieg der menschlichen Seele zu Gott zu beschreiben, finden wir z.B. schon bei Zosimos, und nach ihm immer wieder. Oft wird er kombiniert mit dem Prinzip von Tod und Wiedergeburt aus den orientalischen Mysterienkulten, und mit dem Konzept der Erlösung durch Gnosis. Die Allegorie fängt dann mit dem Tod eines Menschen oder eines Paares (Mann und Frau) an, der/die dann in mehreren Schritten auferweckt wird/werden zu einem neuen und besseren Leben.

Arabische Alchemie

Durch die Nestorianer (im 5. Jahrhundert von der Byzantinischen Kirche abgespalten) wurden viele alchemistische Texte ins Syrische übersetzt. Im 8. und 9. Jahrhundert folgte ihre Übersetzung ins Arabische, woraus eine eigenständige arabische Alchemie hervorging, welche berühmte Alchemisten hervorbrachte wie Jabir (Jabir ibn Hayyan, um 800, dem 3000 alchemistische Texte zugeschrieben werden), Rhazes (Abu Bakr Muhammad ibn Zakariyya al-Razi, 865-925, Iran, ein Chemiker pur, Autor von *Ad Almansorem*) und Avicenna (Abu 'Ali al-Husain ibn Abdullah ibn Sina, 980-1037, ein Arzt und Philosoph eher als ein Chemiker, Autor von *Canon medicinæ*). Die ältesten erhaltenen Versionen des wohl berühmtesten alchemistischen Werks, der *Tabula Smaragdina* (der smaragdgrünen Tafel), sind auf Arabisch, obwohl sie inhaltlich der griechisch-ägyptischen Alchemie entstammen. Die arabische Alchemie übernahm aus der chinesischen Alchemie, welche parallel zu der westlichen entstanden war, das Konzept einer ‹Medizin›, jetzt ‹Stein der Weisen› genannt, die unedlen Metallen hinzugefügt werden sollte, um sie zu ‹heilen›, damit aus ihnen Gold entstehe. So gewonnenes Gold, oder auch der ‹Stein der Weisen› selbst, würde Krankheiten heilen und das Leben verlängern oder sogar ewiges Leben geben. Mit anderen Worten, der ‹Stein der Weisen› sei das Lebenselixier. Eine weitere neue Idee der arabischen Alchemie war, dass alle Metalle ‹bestehen aus› Quecksilber (Schmelzbarkeit) und Schwefel (Oxidierbarkeit). Die arabische Alchemie machte wichtige Fortschritte im Bereich sowohl der Theorie als auch der Praxis der Chemie. Sie war ausgesprochen empirisch und auf konkrete Anwendung ausgerichtet. Gleichzeitig blühte auch die allegorische Dimension.

Europäische Alchemie

Im 11. und 12. Jahrhundert wurden arabische Texte ins Latein übersetzt, namentlich in Toledo von Gerard von Cremona (um 1114-1187). Darunter waren auch einige über die Alchemie, welche ab jetzt in Europa als die ‹Ars nova›, die neue Kunst galt. Im 12. und 13. Jahrhundert erschienen wichtige alchemistische Werke unter den Namen von solchen bekannten Autoren wie Roger Bacon (1214-1292 oder 1294, *Speculum alchemiae, Opus minus, Opus tertium*), Albertus Magnus (um 1200-1280, *De mineralibus*), Arnold von Villanova (um 1230-1311, *De secretis naturæ, Exempla de arte philosophorum*), Thomas von Aquino (1224/25-1274, *Aurora consurgens*) und Raymundus Lullus (um 1232/33 - um 1316).[2] Im Fall der letzteren drei handelte es sich aber um Pseudonymen. Die Arnold von Villanova und Thomas von Aquino zugeschriebenen Werke vergleichen den alchemistischen Prozess mit Christus' Passion und Auferstehung. Auch spätere Werke, wie das *Buch der heiligen Dreifaltigkeit*, ziehen Parallelen zwischen Christus und dem ‹Stein der Weisen›. In den enzyklopädischen Werken von Bartholomaeus Anglicus (*De proprietatibus rerum*, um 1230), Thomas von Cantimpré (*De rerum natura*, um 1240) und Vincent de Beauvais (*Speculum maius*, um 1250) wurde die alchemistische Erklärung der Natur (Naturphilosophie) beschrieben und damit eine grössere Zugänglichkeit der Alche-

[2] Um der gleiche Zeit, nämlich zwischen 1200 und 1220, schrieb Wolfram von Eschenbach seinen Parzifal, worin der Gral als sehr ähnlich dem ‹Stein der Weisen› beschrieben wird (Kapitel IX, 469.3-28). Churton (2002, 31-34) ist der Meinung, dass in Wolframs Epos Kenntnis der alchemistischen Literatur nachweisbar ist.

mie bewirkt. Hieraus entstand die früh-europäische Chemie, mit Forschern wie Geber in Spanien im 14. Jahrhundert.

Die mittelalterlichen Alchemisten arbeiteten, wie üblich, im Rahmen der existierenden Theorien. Ihr Weltbild war ein holistisches, das sowohl den Makrokosmos der Himmelskörper als den Mikrokosmos der Welt und des Menschen umfasste. Ihr Ziel beschränkte sich nicht auf die Erforschung der Natur und der Welt, sondern galt ihrer Verbesserung, ja Vervollkommnung, welche als eine göttliche Aufgabe verstanden wurde.

Die Chemiker des 16. Jahrhunderts glaubten nicht mehr an die Transmutation der Metalle. Paracelsus (1493-1541) z.B. verwendete die (Al)chemie zur Herstellung von Medikamenten. Im 17. Jahrhundert gingen die praktische Alchemie (die Chemie) und die spirituelle Alchemie definitiv eigene Wege. Letztere verwendete alchemistische Symbolik, um spirituelle Transformation zu beschreiben. Dies finden wir z.B. in Elias Ashmoles (1617-1692, Abb. 13) *Theatrum Chemicum Britannicum* von 1652. Robert Boyle (1627-1691) war ein praktizierender Alchemist. Isaac Newton (1642-1727) war der wichtigste Alchemist seiner Zeit. Er schrieb Hunderte von alchemistischen Texten. Die Zahl seiner Schriften, die im 19. Jahrhundert und bis etwa 1975 als wissenschaftlich empfunden wurden, war im Vergleich dazu winzig. Heute sehen wir dies ganz anders.[3] Es hat sich herausgestellt, dass die grosse Mehrzahl der Alchemisten aus der Zeit vor dem 19. Jahrhundert praktisch und rational arbeitende Naturforscher waren. Selbstverständlich arbeiteten sie im Rahmen und mit der Terminologie der in der sie umgebenden Kultur akzeptierten naturphilosophischen Theorien. Ihre Arbeit repräsentiert die Entwicklung, die mit Antoine-Laurent Lavoisier (1743-1794) und John Dalton (1766-1844) in die moderne Chemie ausläuft.

Zu den bekanntesten Alchemisten des 18. Jahrhunderts zählen wohl der Graf von Saint-Germain (1701-1784) und Alessandro Cagliostro (1743-1795). In diesem Jahrhundert entstand auch der Orden der Gold und Rosenkreuzer.[4] Bald entwickelte dieser sich zu einem Hochgradsystem innerhalb der mitteleuropäischen Freimaurerei. Inhaltlich

[3] Siehe z.B. Dobbs 1975, Dobbs 1991, Figala 1984.

[4] Siehe zu ihnen, Kapitel 9: Rosenkreuzer.

Abb. 13: Elias Ashmole

Abb. 14: «Cubus», Emblem aus Gabriel Rollenhagen: Nucleus Emblematum, 1611

war ihre Arbeit ausgesprochen alchemistisch, sowohl praktisch als auch symbolisch. Und am Ende des 18. Jahrhunderts finden wir innerhalb des französischen freimaurerischen *Rite Ecossais philosophique* einen rein symbolischen alchemistischen Grad: die ‹Académie des Vrais Maçons› (Akademie der wahren Freimaurer).[5] Im 20. Jahrhundert wurde der Psychologe Carl Gustav Jung von der Alchemie zu seinen Konzepten von Anima (die weibliche Komponente der Seele des Mannes) und Animus (die männliche Komponente der Seele der Frau) inspiriert. Seine Interpretation der Alchemie[6] wird aber in der modernen wissenschaftlichen Erforschung der westlichen Esoterik abgelehnt.

Emblemata-Bücher

Das Thema der Alchemie ist zu komplex, um sich ‹nebenbei› damit zu beschäftigen. Im Laufe der Zeit entstanden viele, oft sehr unterschiedliche, Formen der Alchemie. Wer sich damit auseinandersetzen möchte, muss relativ viel Zeit darin investieren. Trotzdem hat die alchemistische Symbolik ihre Spuren auch in anderen Zweigen der westlichen Esoterik hinterlassen. Ein wichtiges Instrument dieser Übertragung waren die *Emblemata*-Bücher aus dem 16. und 17. Jahrhundert. Diese enthalten, entweder pro Seite oder pro zwei einander gegenüberstehenden Seiten, ein Bild (Emblem) und einen Text (oft ein Gedicht, oft auf Latein), der das Bild mehr oder weniger ‹erklärt› (wobei alchemistische Bedeutungen oft absichtlich unerklärt bleiben). Meistens hat das Emblem auch einen Namen oder Motto, oder der Text einen Titel. Wenn ein Emblem einmal publiziert war, konnte es wiederverwendet oder paraphrasiert werden. Oft wurde dann nur das Bild oder der Titel erwähnt, was für gelehrsame Leser reichte, um zu verstehen, was gemeint war. So publizierte Gabriel Rollenhagen (Gabriele Rollenhagio Magdeburgense, 1583-1619) 1613 in Utrecht sein *Emblematum centuria secunda* (‹Zweites Hundert der Embleme›), worin das Emblem ‹Cubus› vorkommt (Abb. 14) mit dem Motto ‹Quocunque ferar› (‹Wohin ich auch falle›), und der Unterschrift «Non refert, quocunque FERAR ferar unus et

[5] Siehe zu diesem Grad: Bogdan 2007, 107-119.

[6] Siehe Jung 1944.

idem, cum similis semper totus ubique mihi» (‹Es ist gleichgültig, wohin ich fort getragen würde, ich bliebe immer ein und derselbe, weil immer und überall ganz mir gleich›).[7] 1618 paraphrasierte Michael Maier (1568-1622) dies in Emblem 36 seines *Atalanta Fugiens* (‹Enteilende Atalanta› [eine berühmte Jägerin])[8] (Abb. 15). Nicht nur gehört dieses Buch zu der klassischen alchemistischen Literatur, auch diese Abbildung selbst zeigt klare alchemistische Vorstellungen: der ‹Stein der Weisen› wächst (links) in der Erde (Mutter Erde). Im philosophischen Wasser, Quecksilber (rechts), der Matrix, wird er gesäubert. Im alchemistischen Prozess der Destillation (Feuer) trägt die Luft (der Dampf, oben) den Stein in gesäuberter Form hinaus, worauf er vom Philosophen geerntet werden kann (unten). Im Emblem 25 aus Johann Daniel Mylius (ca. 1583-1642): *Philosophia reformata* (‹Reformierte Philosophie›), 1622 publiziert bei Lucas Jennis in Frankfurt, sehen wir den Philosophen am Stein angelehnt, worin sich der alchemistische Prozess vollzieht

[7] Emblem 70. Siehe http://www.archive.org/details/gabrielisrollenh00rol. Das zugehörige französische Gedichtchen lautet: «Quocunque ferar. / L'homme droict, & constant, doné d'une ame pure / Ne change point de cœur par les malheureux traits, / Comme le det [= dé] quarré qui ne tombe jamais / Quoy qu'on le gette au tour, que droit en sa posture» (Das Herz eines rechtschaffenen und standhaften Mannes, beschenkt mit einer reinen Seele, ändert sich nicht wenn es Unglück empfindet, wie der quadratische Würfel der, von welcher Seite man ihn auch beobachtet, wegen seiner Form, niemals anders als gerade fällt.) Siehe für weitere Emblemata mit Cubus: Henkel & Schöne 1967, namentlich die Spalten 7/8, 77/78, 1424.

[8] Untertitel: «hoc est, Emblemata Nova De Secretis Naturae Chymicae, Accommodata partim oculis & intellectui, figuris cupro incisis, adiectisque sententiis, Epigrammatis & notis, partim auribus & recreationis animi plus minus 50 Fugis Musicalibus trium Vocum, quarum duae ad unam simplicem melodiam distichis canendis peraptam, correspondeant, non absque singulari iucunditate videnda, legenda, meditanda, intelligenda, diiudicanda, canenda & audienda» (‹das heisst: Neue Bilder von den Geheimnissen der chymischen Natur, teils für die Augen und den Verstand angepasst, mit in Kupfer eingeschnittenen Figuren [= Radierungen] und hinzu gefügten Erklärungen, Aufschriften und Anmerkungen, teils für die Ohren und die Erfrischung des Gemüts, mit ungefähr 50 musikalischen Fugen zu drei Stimmen, von denen je zwei zu einer einfachen, durch Zweizeiler zum Singen geeigneten Melodie korrespondieren, nicht ohne einzigartige Anmut anzusehen, zu lesen, zu meditieren, zu verstehen, zu unterscheiden, zu singen und zu hören.›). Emblema 36 (S. 153) hat das Motto «De Secretis Naturæ» (‹Über die Geheimnisse der Natur›), die Überschrift «Lapis projectus est in terras, & in montibus exaltatus, & in / aëre habitat, & in flumine pascitur, id est, Mercurius» (‹Der Stein ist auf den Boden geworfen und auf die Berge erhöht, er wohnt in der Luft und liegt im Fluss, er heisst: Merkur›) und das Gedichtchen: «Vile recrementum fertur LAPIS atque jacere / Fortè viis, sibi ut hinc divis inópsque parent. / Montibus in summis alii statuêre, per auras / Aëris, at pasci per fluvios alii. / Omnia vera suo sunt sensu, postulo sed te / Munera montanis quærere tanta locis.» (‹Wertlose Erholung bringt der STEIN, und dazu noch da zu liegen mit starken Kräften, um von hier ärmlich den Göttern sich zu vergleichen. Andere stehen auf den Spitzen der Berge, in den Sphären der Luft, wieder andere liegen in Flüssen. Alle aber sind wahr in ihrem Sinn, ich fordere aber, dass du solche Aufgaben suchst an bergigen Orten.›).
Siehe http://digital.slub-dresden.de/sammlungen/werkansicht/278941222/0/

Abb. 15: Emblem 36 aus Michael Maier's Atalanta Fugiens, Oppenheim 1618

Abb. 16: Emblem aus D. Stolcius von Stolcenberg: Viridarium chymicum, Frankfurt 1624

(Abb. 16).[9] Das gleiche Emblem wurde übernommen im *Viridarium chymicum* (‹Chymisches Lustgärtlein›) von 1624, herausgegeben von Michael Maiers Schüler Daniel Stolcius von Stolcenberg (1600 - nach 1644) und publiziert beim gleichen Verlag.[10] Dass dieses Bild alchemistisch zu verstehen ist, geht klar aus den Titeln dieser Bücher hervor.

Wenn also ab dieser Zeit, in einem Kontext der Symbolik, die Rede ist von einem kubischen Stein, dann ist klar, dass der ‹Stein der Weisen› gemeint ist. Aber «Dein stein Chymist ist nichts: der Ekstein den ich mein / Jst meine Gold Tinctur, und aller weisen Stein», schreibt Angelus Silesius (Johann Scheffler, 1624-1677) 1657 im *Cherubinischen Wandersmann.*[11] Hier wird der ‹Stein der Weisen› also nicht nur ein Kubus, sondern auch ein Eckstein.[12] Und das kann in diesem Büchlein kaum auf etwas anderes verweisen als auf Epheser 2:19-22:

> So seid ihr nun nicht mehr Gäste und Fremdlinge, sondern Mitbürger der Heiligen und Gottes Hausgenossen, erbaut auf den Grund der Apostel und Propheten, *da Jesus Christus der Eckstein ist*, auf welchem der ganze Bau ineinander gefügt wächst zu einem heiligen Tempel in dem Herrn. Durch ihn werdet auch ihr mit erbaut zu einer Wohnung Gottes im Geist.

Tatsächlich spielt Christus auch eine wichtige Rolle in der alchemistischen Emblematik. Die Anfertigung des ‹Steins der Weisen› wurde in den *Emblemata*-Büchern meist dargestellt in einer Serie von Bildern, endend mit der ‹Geburt› des ‹Steins›, gezeugt von männlichen und weiblichen ‹Samen›, abgebildet als ein König und eine Königin. Im *Rosarium philosophorum*, z.B. – eine berühmte Serie von 20 Holzschnitten, zum ersten Mal gedruckt im zweiten Teil von *De Alchimia opuscula complura veterum philosophorum…* Frankfurt 1550[13] – zeigt das letzte Bild (S. 95r, Holzschnitt 20, Abb. 17) Christus, der aus dem Grab (das ist das Fass, worin der chemische Prozess stattfindet) aufsteigt. Christus

[9] Kolossowski de Rola 1974, 98 & 102. Ich danke Lawrence Principe für die Bestätigung, dass dies – also nicht Stolcius von Stolcenberg – die ursprüngliche Quelle ist (Email von 24.05.2010).

[10] Roob 1997, 359.

[11] Buch 1, Gedicht 280: «Der wahre weisen Stein», hier zitiert nach http://gutenberg.spiegel.de/?id=12&xid=50&kapitel=6&cHash=6c8caa17422.

[12] Der Eckstein kommt auch explizit als Emblem vor. Siehe Henkel & Schöne 1967, Spalten 1033, 1864-1866.

[13] Siehe http://www.alchemywebsite.com/virtual_museum/rosarium_philosophorum_room.html.

Abb. 17: Bild aus Rosarium philosophorum, 1550

wird hier also als das Endprodukt des *Opus Magnum*, als der ‹Stein der Weisen›, dargestellt. Tatsächlich verwendet die alchemistische Sprache immer wieder die Metapher vom Tod des Alten und Wiedergeburt des Neuen, um die chemischen Prozesse zu beschreiben. Und das gleiche Bild finden wir bei Paulus, angewendet auf den Menschen, der getauft wird: «So sind wir ja mit ihm (= Christus Jesus) begraben durch die Taufe in den Tod, damit, wie Christus auferweckt ist von den Toten durch die Herrlichkeit des Vaters, auch wir in einem neuen Leben wandeln» (Römer 6:4). So ist in der christlichen Kultur des 16. und 17. Jahrhunderts also aus dem ‹Stein der Weisen› zuerst ein kubischer Stein geworden (Rollenhagen 1613, Maier 1618), dann daraus der Eckstein (Silesius 1657), der verweist auf Christus (Epheser 2:19-22), der als Getöteter und Auferstandener (Römer 6:4) das Endprodukt des alchemistischen *Opus Magnum*, den christlichen ‹Stein der Weisen›, *Christus-lapis*, darstellt (*Rosarium* 1550). Und damit ist der Kreis rund.

Bibliographie

Quellentexte

Berthelot, Marcellin & C.E. Ruelle (Hg.), 1888-1889, *Collection des anciens alchimistes grecs*, drei Bände, Georges Steinheil: Paris (Neudruck: Osnabrück 1967).

Enzyklopädieaufsätze

Buntz, Herwig, 2005, «Alchemy III: 12th/13th-15th Century», in Wouter J. Hanegraaff (Hg.): *Dictionary of Gnosis & Western Esotericism*, Brill: Leiden & Boston, I 34-41.

Caron, Richard, 2005, «Alchemy V: 19th-20th Century», in Wouter J. Hanegraaff (Hg.): *Dictionary of Gnosis & Western Esotericism*, Brill: Leiden & Boston, I 50-58.

Coudert, Allison P., 2005, «Alchemy IV: 16th-18th Century», in Wouter J. Hanegraaff (Hg.): *Dictionary of Gnosis & Western Esotericism*, Brill: Leiden & Boston, I 42-50.

Haage, Bernard D., 2005, «Alchemy II: Antiquity-12th Century», in Wouter J. Hanegraaff (Hg.): *Dictionary of Gnosis & Western Esotericism*, Brill: Leiden & Boston, I 16-34.

Leicester, H.M., 1984, «Alchemie», *Encyclopaedia Britannica*, ed. 1984, I 534-537.

Principe, Lawrence M., 2005, «Alchemy I: Introduction», in Wouter J. Hanegraaff (Hg.): *Dictionary of Gnosis & Western Esotericism*, Brill: Leiden & Boston, I 12-16.

Strunz, F. (C.-M. Edsman), 1960, «Alchemie», in K. Galling (Hg.): *Die Religion in Geschichte und Gegenwart*, I 219-223.

Weitere Literatur

Ashworth, W.B., 1990, «Natural history and the emblematic world view», in: D.C. Lindberg & R.S. Westman (Hg.): *Reappraisals of the Scientific Revolution*, Cambridge University Press: Cambridge, 303-332.

Berthelot, Marcellin, 1909, *Die Chemie im Altertum und im Mittelalter … übertragen von E. Kalliwoda. Durchgesehen, eingeleitet und mit Anmerkungen von F. Strunz*, Leipzig & Vienna (Neudruck Hildesheim & New York 1970).

Bogdan, Henrik, 2007, *Western Esotericism and Rituals of Initiation*, SUNI Press: Albany.

Churton, Tobias, 2002, *The Golden Builders: Alchemists, Rosicrucians and the first Free Masons*, Signal: Lichfield (Staffordshire).

Coudert, Allison P., 1980, *Alchemy: The Philosopher's Stone*, Wildwood House: London.

Dobbs, Betty Jo Teeter, 1975, *The Foundations of Newton's Alchemy, or The Hunting of the Green Lyon*, Cambridge University Press: Cambridge.

——, 1991, *The Janus Face of Genius: The Role of Alchemy in Newton's Thought*, Cambridge University Press: Cambridge.

Faivre, Antoine, 1990, *Toison d'or et alchimie*, Archè: Milan.

Figala, Karin, 1984, «Die exakte Alchemie von Isaac Newton», *Verhandlungen der naturforschenden Gesellschaft in Basel* 94, 157-228.

Gebelein, H., 1991, *Alchemie*, Diedrichs: München.

Haage, Bernard D., 1996, *Alchemie im Mittelalter: Ideen und Bilder – von Zosimos bis Paracelsus*, Artemis & Winkler: München.

Henkel, Arthur & Albrecht Schöne, 1967, *Emblemata: Handbuch zur Sinnbildkunst des XVI. und XVII. Jahrhunderts*, Metzler: Stuttgart.

Jung, Carl Gustav, 1944, *Psychologie und Alchemie* (Psychologische Abhandlungen 5), Rascher: Zürich.

Klossowski de Rola, Stanislas, 1974, *Alchemie. Die geheime Kunst*, Droemer & Knaur: München & Zürich. Übersetzung der Englische Ausgabe von 1973, bei Thames and Hudson Ltd: London.

Merkur, Dan, 1993, *Gnosis. An Esoteric Tradition of Mystical Visions and Unions*, SUNY Press: New York.

Priesner, C. & Karin Figala (Hg.), 1998, *Alchemie: Lexikon einer hermetischen Wissenschaft*, C.H. Beck: München.

Principe, Lawrence M., 1998, *The Aspiring Adept: Robert Boyle and his Alchemical Quest*, Princeton University Press, Princeton (NJ).

Roob, Alexander, 1996, *Das Hermetische Museum. Alchemie & Mystik*, Taschen: Köln.

Schneider, W., 1962, *Lexikon alchemistisch-pharmazeutischer Symbole*, Weinheim.

6
KABBALISMUS

Das hebräische Wort ‹Kabbala›, (in Transkription in der lateinischen Schrift auch Cabala, Kabbalah, oder Qabbala geschrieben) bedeutet buchstäblich ‹empfangen› und daher ‹Tradition›. Unterschiedliche Autoren und Beflissene der Kabbala verstehen unterschiedliches darunter. Als Hauptkomponenten der Kabbala gelten, einzeln oder in Kombination, folgende vier:
(A) Die für den *Midrash*[1] charakteristische, auf den hebräischen Text des *Tenakh*[2] angewendete Buchstaben- und Zahlenmystik (*Gimatriyyah*, die Berechnung der Zahlenwerte von Wörtern und Texten, basierend auf denjenigen der Buchstaben des hebräischen Alphabets; *Notariqon*, die Verwendung von Buchstaben als Kürzel von ganzen Wörtern; und *Temurah*, die Auswechselung von Buchstaben nach bestimmten Regeln). Diese Spekulationen sind Teil der Tradition des klassischen rabbinischen Judentums.
(B) Spekulation und mystische Kontemplation über die *Merkabah* (Gottes Thron oder Triumphwagen), beschrieben in Hesekiel 1.
(C) Spekulation und mystische Kontemplation über die zehn *Sefirot* (die Emanationen Gottes, Abb. 18 und 19). Dies ist eine Entwicklung, hauptsächlich ab dem 12. Jahrhundert, welche auf (B) aufbaut. Vor allem jüdische wissenschaftliche Autoren wie Gershom Scholem, Moshe Idel und Joseph Dan sind geneigt, nur diese Kabbala zu nennen.
(D) Spekulation und mystische Kontemplation über die Namen Gottes. Diese Komponente wird immer mit mindestens einer der drei anderen, namentlich mit (C), kombiniert.

Was man auch unter Kabbala versteht, sie wird von denjenigen, die sich ihr widmen, immer betrachtet als eine jüdische Geheimlehre, welche durch Moses ausserhalb der Thora überliefert worden sei. Oft ist

[1] Die Sammlung der homiletischen Exegesen der *Tenakh*, anfänglich nur oral tradiert, aber ab dem 2. Jahrhundert aufgeschrieben.

[2] Der Text, den Christen das Alte Testament nennen. Essenziell ist, dass er in der heiligen Sprache – Hebräisch – geschrieben ist.

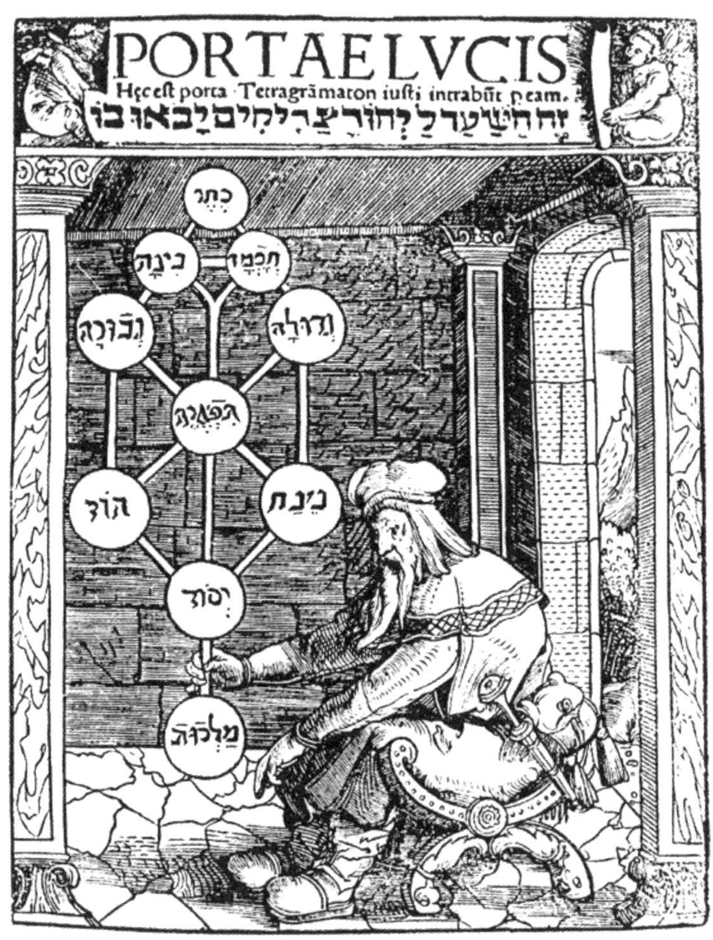

Abb. 18: Der Lebensbaum. Stich aus Ricius: Porta Lucis, 1516

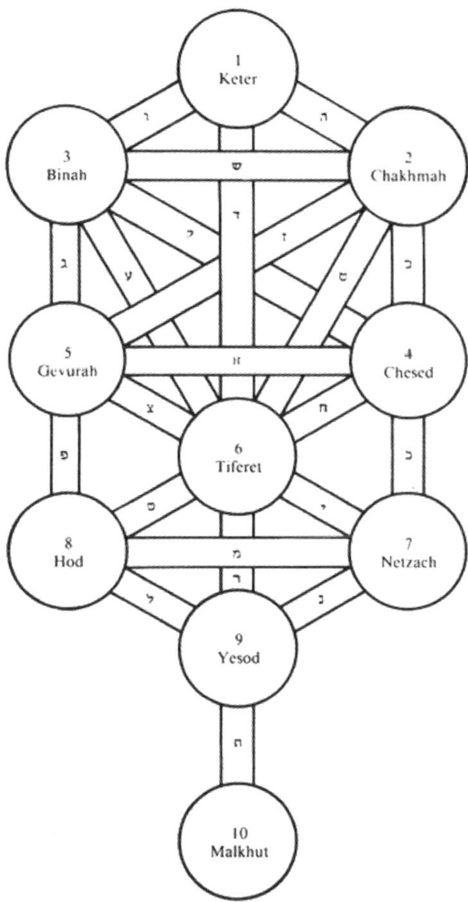

Abb. 19: Der Lebensbaum mit den 32 Pfaden

es eine Form von Theosophie, worin sowohl der *Tenakh*, als die ganze sichtbare Welt und ihre geschichtliche Entwicklung, als Symbole für die Dynamik und ständigen Veränderungen, welche innerhalb von Gott stattfinden, aufgefasst werden. Der Kabbalismus ist die Gesamtheit der Lehren über, und Interpretationen von, der Kabbala. Seit den Anfängen zeigt der Kabbalismus neuplatonische,[3] gnostische,[4] arabisch- und iranisch-mystische Einflüsse. Die – wohl auf Plato zurückgehende – Lehre der Reinkarnation ist von Anfang an Thema von kabbalistischen Spekulationen.

Essenziell für die kabbalistische Tradition ist die Übertragung von Lehrer auf Schüler. Ein echter, sich selbst respektierender Kabbalist wird sich also niemals auf das Lesen von Büchern beschränken, sondern immer einen Lehrer suchen. Denn Kabbalismus zielt auf das Erzeugen von mystischer Erfahrung – letztendlich das Erlebnis der *Unio Mystica* mit Gott,[5] und die persönliche Erlösung des Menschen – und dabei braucht man einen Begleiter, um Gefahren zu vermeiden.

Man unterscheidet – neben der mystischen – eine theoretische und eine praktische Kabbala. Theoretische Kabbala heisst: Studium, praktische: das Durchführen von Ritualen im Bereich der Theurgie[6] und der weissen Magie. Schwarze Magie (d.h. Magie für eigennützige Zwecke oder um anderen zu schaden) ist ausdrücklich verboten: «Der, wer die Krone[7] [dafür] benutzt, wird verloren gehen». Beide, Theurgie und Magie, basieren auf Entsprechungen.[8] Kabbalistische Magie wird in der Praxis oft kombiniert mit Astrologie, Alchemie, Physiognomie[9] und Handlesekunst,[10] aber auch mit Geisterbeschwörung und -Austreibung und der Kunst des Anfertigens von Amuletten.

[3] Siehe Kapitel 3.

[4] Siehe Kapitel 4.

[5] Es wird oft behauptet, dass aus jüdischer Perspektive eine wirkliche *Unio Mystica* unmöglich sei, und daher bei jüdischen Kabbalisten immer eine Distanz zwischen Gott und Mensch gehandhabt wird. Idel (1988, 59 ff.) zeigte aber, dass dies ein Missverständnis ist.

[6] Siehe Kapitel 3.

[7] ‹Krone› heisst in diesem Kontext: der heiligste Name Gottes.

[8] Siehe Kapitel 1.

[9] Die Interpretation der Form und der Ausdrücke von Gesichtern.

[10] Die Interpretation der Handlinien.

Altertum und Mittelalter

Ab dem 1. Jahrhundert gibt es die *Merkabah-Mystik*. Der *Merkabah* bedeutet in der rabbinischen Mystik das gleiche wie das *Pleroma* im Gnostizismus.[11] Das Ziel ist, in einer mystischen Erfahrung, nach einer Reise durch die Planetensphären, diesen Thron zu sehen. Der höchste Engel – Metatron, Yahoel oder Yoel genannt – steht neben diesem Thron. Zu der *Merkabah*-Literatur gehören die *Hekhalot*-Bücher (‹Paläste›, aus dem 3. Jahrhundert) und das hebräische Buch *Henoch* (aus dem 5. bis 6. Jahrhundert). Zentral in der Symbolik der *Merkabah*-Mystik, steht das *Shi'ur Qomah*, das ‹Messen› vom ‹Leib› (Glorie / Herrlichkeit) Gottes. Dieser ‹Leib› sei beschrieben als der des ‹Freundes› in Hohelied 5:10-16:

> Mein Freund ist weiss und rot, auserkoren unter vielen Tausenden. Sein Haupt ist das feinste Gold. Seine Locken sind kraus, schwarz wie ein Rabe. Seine Augen sind wie Tauben an den Wasserbächen, sie baden in Milch und sitzen an reichen Wassern. Seine Wangen sind wie Balsambeete, in denen Gewürzkräuter wachsen. Seine Lippen sind wie Lilien, die von fliessender Myrrhe triefen. Seine Finger sind wie goldene Stäbe, voller Türkise. Sein Leib ist wie reines Elfenbein, mit Saphiren geschmückt. Seine Beine sind wie Marmorsäulen, gegründet auf goldenen Füssen. Seine Gestalt ist wie der Libanon, auserwählt wie Zedern. Sein Mund ist süss, und alles an ihm ist lieblich. – So ist mein Freund; ja, mein Freund ist so, ihr Töchter Jerusalems!

Eine nächste Entwicklung stellt das Buch *Sefer Yetzirah* (Buch der Schöpfung) aus dem 3. bis 6. Jahrhundert dar. Es beschreibt die Schöpfung mittels der Zahlen 1 bis 10 (die zehn *Sefirot*) und den 22 Buchstaben des hebräischen Alphabetes, die zusammen die «32 geheimen Pfade von Weisheit» bilden. Dieses Buch weist auch astrologische und neuplatonische Einflüsse auf.

Das Buch *Sefer ha-Bahir* (Buch der Helligkeit) stammt aus dem 12. Jahrhundert und wurde in der Provence (das Gebiet in Südfrankreich,

[11] Siehe Kapitel 4

östlich der Rhonemündung) geschrieben. Die *Sefirot* stehen jetzt für die zehn göttlichen Potenzen für die Schöpfung. Dieses Buch ist noch gnostischer als das *Sefer Yetzirah*. Interessant ist, dass es auch Platons Konzept von Reinkarnation aufgreift.[12]

Im 12. und 13. Jahrhundert finden wir in Deutschland die *Chassidim* (die Frommen). Wichtigster unter ihnen war der Mystiker und Autor Eleazar von Worms. Bei ihnen gibt es Einflüsse unter anderem von *Merkabah*-Mystik und Neuplatonismus.

Im 13. Jahrhundert fand im Languedoc (das Gebiet südwestlich der Rhonemündung) eine weitere Entwicklung des Konzepts der *Sefirot* statt. Sie repräsentieren jetzt die ‹Seele› und das ‹innerliche Leben› des verborgenen Gottes. Die *Sefirot* als Emanationen Gottes werden nun auch identifiziert mit seinen ‹kennbaren Lichtern› (Lichtsymbolik), seinen ‹einzelnen Intelligenzen› aus dem islamischen und jüdischen Neuplatonismus. Hier ist Einfluss von Johannes Scottus Eriugenia nachweisbar.[13]

Die wichtigsten Entwicklungen vollzogen sich nun in Spanien, zuerst in Gerona (nordöstlich von Barcelona), dann in Kastilien (Zentralspanien, rund um Madrid). Die in Gerona lebenden Kabbalisten waren sehr neuplatonisch orientiert. Hier erschien das Buch *Sefer ha-Temuna* (Buch des Bildes), wonach die 22 Buchstaben des Hebräischen Alphabets das Bild Gottes sind. In dem gleichen Kreis lebte Avraham ben Samuel Abulafia (1240 - um 1291), der ein System von Methoden für mystische Erfahrungen entwickelte. Ziel war das Erreichen einer *Unio Mystica* mit Gott. Es basiert auf Gedanken von Moses Maimonides (Mosheh ben Maimon, 1135/38-1204). Ausserdem entwickelte er Spekulationen über die Buchstaben (d.h. Konsonanten) und Vokalpunkte der hebräischen Schrift. Abulafias Werke hatten beträchtlichen Einfluss auf die Entwicklung der christlichen Kabbala (siehe weiter unten) und auf die Chassidische Kabbala im 18. Jahrhundert.

[12] Siehe Kapitel 3.

[13] Siehe Kapitel 3.

Der Sohar

Unumstrittener Höhepunkt der kabbalistischen Literatur ist das *Sefer ha-Zohar* (Buch des Glanzes), oft einfach der *Sohar* genannt. Nach dem *Sohar* selbst soll es geschrieben worden sein durch Simeon ben Yohai, der im 2. Jahrhundert lebte, aber es wurde erst seit 1280 in Umlauf gebracht – und wahrscheinlich geschrieben – von Moses ben Shem Tov de León (ca. 1250-1305) aus Guadalajara in Kastilien. Der *Sohar* enthält kaum neue kabbalistische Gedanken, aber er präsentiert ein ausführliches Kompendium von fast allen, die es im Moment seiner Entstehung gab.

Der *Sohar* ist eine theosophische Beschreibung des innerlichen Lebens der Gottheit, wie dies in den zehn *Sefirot* zum Ausdruck kommt. Es werden innerhalb der Gottheit zwei Ebenen unterschieden: *Ein Sof* (der innerste, höchste, das Unendliche), und die mit dem gnostischen *Pleroma* übereinkommende Welt der *Sefirot*. Weiter als in die Welt der *Sefirot* kann das menschliche Denken nicht durchdringen. Auch der Übergang vom *Ein Sof* zur Gottes Selbst-Offenbarung in den Sefirot ist nicht zu verstehen. Die Kosmogonie des Sohar unterscheidet weiter vier (neuplatonische) Sphären: (1) die Welt der Emanation (die *Sefirot*), (2) die Welt der Schöpfung (der *Merkabah* und der höchsten Engel), (3) die Welt der Gestaltung (die übrigen Engel) und (4) die Welt der Tätigkeit (die himmlische und irdische materielle Welt).

Die drei höheren *Sefirot* sind: (1) *Keter Elyon* (höchste Krone, später auch *Mahshavah*, Gedanke genannt), Gottes ursprünglicher Wille, ‹nichts›. (2) *Chokhma* (Weisheit), Anfang der Schöpfung, Eden, die Quelle aller Segen. (3) *Bina* (Intelligenz), die himmlische Mutter, Gebärmutter von allem. Und die sieben niederen *Sefirot* sind: (4) *Chesed* (Liebe, Gnade, später auch *Gedulah*, Grösse genannt); (5) *Gevura* (Kraft / Stärke, später auch *Din*, strenges Urteil genannt); (6) *Tiferet* (Schönheit, später auch *Rachamin*, Barmherzigkeit genannt); (7) *Nezach* (Geduld oder Ewigkeit); (8) *Hod* (Majestät); (9) *Yesod* (Fundament); (10) *Malkut* (Königreich), gleichgesetzt mit der (weiblichen) *Shekhina* (die Anwesenheit Gottes).

Die *Sefirot* sind, nach dem *Sohar*, die Welt der ‹Einheit› im Gegensatz zu der geschaffenen (niedrigeren) ‹Welt der Scheidung›. Die *Sefirot* sind auch der *Adam Qadmon*, ein komplexes Konzept, sowohl (platonisches) Urbild des Menschen, Vorbild für seine Schöpfung, als auch Summe aller Menschen. Die *Sefirot* sind weiter zusammen der Baum des Lebens, wovon das göttliche Leben überströmt in die ganze Schöpfung. Dies impliziert einen für den Neuplatonismus charakteristischen Pantheismus.[14] Nach dem *Sohar* ist daher die Schöpfung der Ausdruck von Gottes verborgenem Selbst, das sich selbst einen Namen gibt, den heiligen Namen Gottes. Dies wird ab jetzt einer der Kerngedanken des Kabbalismus schlechthin. Die *Sefirot* sind männlich oder weiblich (in Paaren) und kennen einen *hieros gamos* (heilige Ehe). Namentlich *Keter* und *Malkut* (das ist, die *Shekhina*) sind so verheiratet. Der heutige unerlöste Zustand der Welt ist das Resultat der Aufbrechung der harmonischen Einheit durch die Abspaltung der ‹linken Seite› der *sefirotischen* Welt, wodurch eine dämonische Welt entstand. Die Erlösung entsteht erst dann, wenn alles zurückkehrt in seinen ursprünglich harmonischen Einheitszustand. Der Mensch kann durch Anhänglichkeit an Gott und reines und heiliges Handeln hierzu beitragen. Hierdurch erwirbt er für seine Seele ein himmlisches Kleid im himmlischen Paradies.[15]

Spätere Entwicklungen

Seit 1492 wurden die Juden aus Spanien vertrieben. Viele gingen nach Palästina. Isaac ben Solomon Luria (oder Lorija) ‹Ashkenazi› (d.h. der Deutsche, 1534-1572) wurde in Jerusalem geboren und in Alexandria erzogen. Er wurde 1570 Mosheh Cordoveros Nachfolger als Führer der Bruderschaft *Sukkat Shalom* (Tabernakel des Friedens) von Mystikern in Safed (Galiläa). Cordovero hatte die *Soharische* Kabbala organisiert und kodifiziert. Lurias ‹Neue Kabbala› baute zwar weiter auf dem *Sohar* auf und zeigte, wie dieser, gnostischen Einfluss,[16] war aber durchaus auch

[14] Siehe Kapitel 3.

[15] Diese Gedanken sind natürlich sehr verwandt mit dem Gnostizismus. Denke z.B. an das *Lied von der Perle!* Siehe Kapitel 4.

[16] Culianu 1987.

bewusst anders. Luria legte grossen Nachdruck auf die *Shekhina*, welche er mit Rachel identifizierte.[17] Er entwickelte eine neue Schöpfungstheorie, ein komplexeres Konzept der Reinkarnation, und verwendete neue Begriffe und neue Rituale. Essenziell in seiner Lehre ist die – eindeutig gnostische – Vorstellung, dass durch einen Unfall göttliche Lichtfunken in die Materie gefallen sind, welche seitdem befreit und in ihren Ursprung re-integriert werden müssen. Seine Schüler Hayyim Vital (1543-1620) und Rabbi Joseph ben Tabul schrieben seine Lehre auf. Einflussreich wurde vor allem Vitals Buch *'Etz Chayyim* (‹Lebensbaum›). Vital und Israel Sarug sorgten für eine grosse Verbreitung dieses neuen kabbalistischen Systems. Tatsächlich fand es grossen Anhang im 17. und 18. Jahrhundert.

Eine der Bewegungen, in denen Lurianismus populär wurde, war die des modernen Chassidismus, namentlich in Polen. Dieser entstand aus der Aktivität von Israel ben Eliezer (um 1700-1760) in Südpolen, ein *Ba'al Shem Tov* – ein Meister des guten Namens, das ist jemand, der das Geheimnis des unaussprechlichen Namens Gottes kennt, was unerschöpfliche Heilungskraft gäbe. Die Mystik des Namens Gottes war schon immer ein wichtiger Aspekt der Kabbala. Israel ben Eliezer war relativ ungebildet im rabbinischen Judentum, dafür aber eine herausragende spirituelle Persönlichkeit. Was er dem Lurianismus hinzufügte, war das Konzept vom ‹mit Gott sein›, und zwar immer und unter allen Umständen, also eine vollständige Spiritualisierung des Lebens jedes Juden. Das göttliche Drama der *Sefirot* spielt sich, seiner Lehre nach, im Mikrokosmos des Menschen ab. Das Chassidische Judentum brachte die vielen berühmten Rabbis mit ihren Geschichten hervor. Ihre negative Seite war ihre Neigung, sich von den Nicht-Juden zu isolieren, was gegenseitiges Unverständnis und Polemik erzeugte. Heute finden sich die aktivsten Chassidischen Gemeinden in den USA, unter anderem in Brooklyn, New York.

[17] Rachel war die Frau von Jakob, die Mutter von Josef und Benjamin (Genesis 29-35, Jeremia 31:15 und Mattheus 2:18).

Christlicher Kabbalismus

Ab dem 14. Jahrhundert gibt es zum Christentum konvertierte Kabbalisten und damit Versuche, solche Konzepte wie die Trinität, die Inkarnation und das Kreuz mit kabbalistischen Methoden als im *Tenakh* schon vorhanden zu beweisen. Der einflussreichste dieser Konvertiten war Flavius Mithridates (um 1450-1489, Pseudonym von Samuel ben Nissim Abul Faradsch, nach seiner Bekehrung Guglielmo Raimondo Moncada genannt). Der Humanist Graf Giovanni Pico della Mirandola (1463-1494) wurde sein Schüler.[18] Mithridates übersetzte ab 1486 im Auftrag von Pico viele Kabbalistische Bücher ins Latein, und verdrehte den Text dabei so, wie er ihn als bekehrter Christ verstehen wollte.[19] Gerade diese Werke bildeten die wichtigsten Quellen für Pico. Als weitere Lehrer von Pico werden Rabbi Eliyahu del Mediggo (um 1458-1497), Yohanan Alemanno (um 1435 - um 1504) und Paulus de Heredia genannt.

Im Gegensatz zu den christlichen Theologen akzeptierte Pico die weitere Entwicklung der jüdischen religiösen Literatur (*Talmud, Midrash*, usw.) nach Abschluss des *Tenakh* (Alte Testament) als eine authentische, wertvolle und interessante jüdische Tradition (die buchstäbliche Bedeutung von *Kabbala*), die für ihn aber viel mehr umfasste als nur die *Kabbala* im strikten Sinne. Eine zentrale Position bekam die Buchstaben- und Zahlenmystik (*Gimatriyyah, Notariqon*, und *Temurah*, siehe oben), die nicht spezifisch kabbalistisch war, sondern schon Teil der Tradition des *Midrash*. Wichtig waren ihm auch die vielen unterschiedlichen Namen der Gottheit in der hebräischen Bibel, die Spekulationen über die Namen der Engel und das Konzept der *harmonia mundi*: das Gleichgewicht und die Symmetrie von Mikro- und Makrokosmos.

Pico betrachtete den Kabbalismus als eine alte jüdische Theologie, die starke Ähnlichkeiten mit dem Christentum hatte. Schon aus 1486 datieren seine *Conclusiones nongentae Cabalisticae* (‹Neunhundert Kabbalistische Thesen›) über einen christlichen Synkretismus aller Religionen und Wissenschaften, worin er schlussfolgerte, «dass das esoterische Judentum im Grunde mit dem Christentum identisch sei».[20] Eine der Thesen lautete: «Kein Wissen gibt uns mehr Sicherheit über die Gött-

[18] Über Pico della Mirandola siehe Lelli 2005.

[19] Wirszubski 1967.

[20] Benz 1958, 10.

lichkeit von Christus als Magie und Kabbala». Da die Kirche seine Thesen verurteilte, schrieb er 1487 eine *Apologia* (‹Verteidigung›), worin er ‹hohe› (weisse) von ‹dämonischer› (schwarzer) Magie und positiver von negativer Kabbala unterschied. Positive Magie sah er als eine ‹natürliche› – also, auf die Natur bezogene – Kunst. Innerhalb der positiven Kabbala unterschied er weiter die auf das hebräische Alphabet bezogene – die er aus den Schriften von Avraham Abulafia (siehe oben) kannte – von der auf die *Sefirot* bezogenen. Weiter interpretierte er den Kabbalismus aus neuplatonischer Perspektive.

Obwohl Pico selbst nur wenig über Kabbalismus schrieb,[21] hatten seine Auffassungen grossen Einfluss auf seinen Schüler Johannes Reuchlin (1455-1522).[22] Der lernte ab 1492 die hebräische Sprache und Literatur in Linz und Rom. 1517 schrieb er das erste systematische Buch über die christliche Kabbala: *De arte Cabbalistica* (‹Über die kabbalistische Kunst›). Auch sein *De Verbo Mirifico* (‹Über das wundertätige Wort›, 1494) beschäftigt sich mit Kabbala. Am bekanntesten hieraus ist wohl Reuchlins «historische Interpretation» des Gottesnamens. Seine älteste Form, in der Zeit der Patriarchen, sei SDI (Schaddai, mit drei Buchstaben geschrieben) gewesen. In der Zeit von Moses sei er zu ADNI (Adonai, vier Buchstaben) geworden. Und in der ‹Zeit der Erlösung› sei, wohl durch Einfügung des Buchstabens *shin* – der die Form einer dreizackigen Krone (Trinität) hat – in das Tetragrammaton IHVH, das Pentagrammaton IHSVH entstanden (fünf Buchstaben, gelesen als Jesuh, wovon Reuchlin meinte, dass es der ursprüngliche hebräische Name von Jesus war):

> … ihr werdet leicht erkennen, dass überall die aller-mächtigste Kraft & das immer wirkungsvollste Werk erschienen sind durch den Namen der Urväter Trigrammaton, & der Väter Tetragrammaton, & der Söhne Pentagrammaton, d.h. durch Natur: **SDI**. Unter dem Gesetz: **ADNI**. In der Liebe: **IHSVH**. … Was immer ihr tut in Wort & Tat, dass ihr alles dies im Namen unseres Herrn **Iesuh** Christi tun sollt.[23]

[21] Hauptsächlich *Septuaginta duae conclusiones cabbalisticae*, publiziert in 1486.

[22] Über Reuchlin siehe Dan (Hg.) 1997, Dan 2005a und Dan 2005b.

[23] «…cognoscetis facile omnium potentissi- / mam usque quaque apparuisse virtutem & operationem semper efficacissimam, / per nomen avorum Trigrammaton, & patrum Tetragrammaton, & filio- / rum Pentagrammaton, id est natura. SDI. In lege. ADNI. In charitate. / IHSVH. … Quodcunque facitis in verbo & in opere ut omne id in nomine domini no- / stri ihsuh christi faciatis.»

Die christliche magische Interpretation der Kabbala erreichte ihren Höhepunkt bei Heinrich (Henricus) Cornelius Agrippa von Nettesheim (1486-1535/36) mit dem 3. Band seines *De occulta philosophia* (‹Über die okkulte Philosophie›, 1533).[24] Durch diese Werke wurden literarische Autoren und Künstler wie Albrecht Dürer (1471-1528) beeinflusst.

Von gleichem Einfluss war die *Kabbala Denudata* (‹Entblösste Kabbala›, drei Bände, 1677-1684), eine Sammlung von Übersetzungen von wichtigen kabbalistischen Texten, hauptsächlich aus dem *Sohar*,[25] sowie Lurianische Kommentare dazu, zusammengestellt von Baron Christian Knorr von Rosenroth (1636-1689).[26] Der letzte hierin (anonym) aufgenommene Text, *Adumbratio Kabbalae Christianae* (‹Abriss der christlichen Kabbala›, 1684), verwendet zum ersten Mal den Begriff der ‹christlichen Kabbala›. Er ist von dem grossen christlichen Kabbalisten Franciscus Mercurius van Helmont (1614-1698).[27] Der vorletzte Text ist ein von Van Helmont übersetzter Lurianischer Traktat über Reinkarnation. Van Helmont und Knorr von Rosenroth begegneten sich, als Knorr von Rosenroth um 1665 in Amsterdam war. Ab 1650 arbeitete Van Helmont, und ab 1667 auch Knorr von Rosenroth, in Sulzbach (bei Nürnberg) für den Pfalzgrafen Christian August von Sulzbach.

Zu den wichtigen Persönlichkeiten, die durch die Publikation von solchen Werken von kabbalistischen Gedanken beeinflusst wurden, zählen Athanasius Kircher SJ (1602-1680), Prinzessin Antonia von Württemberg (1613-1679), Henry More (1614-1687), die Cambridge Neuplatoniker (Ralph Cudworth (1617-1688) u.a.), John Locke (1632-1704), Isaac Newton (1643-1727), Gottfried Wilhelm Leibniz (1646-1716), Emanuel Swedenborg (1688-1772), Friedrich Christoph Oetinger (1702-1782), Gotthold Ephraim Lessing (1729-1781), Fried-

(Reuchlin: *De Verbo Mirifico*, S. 125). Ich Danke Klaus Bettag, dass er mich auf diese Quelle hingewiesen, und den lateinischen Text auf Deutsch übersetzt hat. Nach Dan soll bei Reuchlin das Tetragrammaton YHVH und das Pentagrammaton YHVSH gewesen sein (Dan 2005b 992), aber Reuchlin schreibt tatsächlich ADNI (das für IHVH zu lesende Ersatzwort) und IHSVH (Shin in der Mitte!).

[24] Über Agrippa siehe Valente 2005.

[25] *Sifra de-Zniuta* (‹Buch der Verborgenen›), *Idra Rabba* (‹Grosse Versammlung›), und *Idra Zuta* (‹Kleinere Versammlung›).

[26] Über Knorr von Rosenroth siehe Kilcher 2005b und Coudert 1999, 100 ff.

[27] Über Van Helmont siehe Coudert 1999 und Coudert 2005.

rich Wilhelm Joseph Schelling (1755-1845), William Blake (1757-1827) und Franz von Baader (1765-1841). Der grosse Mystiker Guillaume Postel (1510-1581) in Paris war nicht nur beeinflusst von dem *Sefer Yetzirah* und Teilen des *Sohar*, sondern übersetzte diese auch.

Das im 19. Jahrhundert sehr einflussreiche Buch *The Magus, or Celestial Intelligencer*, von Francis Barrett (1774 - um 1830) 1801 verfasst, war hauptsächlich auf Agrippa basiert. Adolphe Franck (1809-1893) publizierte 1843 die erste wissenschaftliche Studie über Kabbalismus: *La Kabbalah ou la Philosophie Religieuse des Hébreux*. Es bildet nicht nur die Basis der wissenschaftlichen Erforschung des Kabbalismus, sondern wurde auch von Okkultisten ohne eigene Kenntnis des Hebräischen fleissig gelesen. Dies trifft z.B. auf Papus (Gérard Analect Vincent Encausse, 1865-1916, Autor von unter anderem *La Kabbale*, 1892) und Éliphas Lévi (Alphonse Louis Constant, 1810-1875, Autor von unter anderem *Le livre des splendeurs*, 1894) zu, und auch Helena Petrovna Blavatsky (1831-1891) basierte nicht nur auf dem *Sifra Di-Tseniutah* aus Knorr von Rosenroths *Kabbala Denudata* (was sie *Siphra Dzeniouta* nannte), sondern auch auf Franck.

Freimaurerische Autoren aus der zweiten Hälfte des 19. Jahrhunderts bauten wieder auf der Literatur der französischen Okkultisten auf. Die Quellen für den Kabbalismus in *Morals and Dogmas of the Ancient and Accepted Scottish Rite of Freemasonry*, 1871 publiziert von Albert Pike (1809-1891), sind Franck, Lévi und Knorr von Rosenroth. Und Kenneth Mackenzie (1833-1886) verwendete Lévi für seine Aufsätze über Kabbala in seinem *The Royal Masonic Cyclopaedia of History, Rites, Symbolism and Biography* (1875-1877). Mitglieder des para-freimaurerischen Ordens der Goldenen Morgendämmerung (*Hermetic Order of the Golden Dawn*), wie William Wynn Westcott (1848-1925) und Samuel Liddell (MacGregor) Mathers (1854-1918), publizierten kommentierte englische Übersetzungen von kabbalistischen Texten auf Basis von existierenden Übersetzungen in andere Sprachen als Hebräisch. Diese englischen Versionen wurden wieder verwendet von Arthur Edward Waite (1857-1942) – der einzige solcher Autoren, der relativ wissenschaftlich vorging –, Aleister Crowley (1875-1947), Dion Fortune (1891-1946), Israel Regardie (1907-1985) und anderen. Das Bild der Kabbala entfernte sich so immer weiter von den ursprünglichen hebräischen Quellen, in eine Richtung, die Hanegraaff (2005, 647) «applied psychology» (angewendete Psychologie) nennt.

Joseph Dan konstatiert, dass die Themen, worin der jüdische Kabbalismus sich von anderer jüdischer Literatur unterschied (gnostische Elemente, die *Sefirot*, ein weibliches Element der Gottheit – die *Shekhina*) kaum Einfluss hatten auf den christlichen ‹Kabbalismus›, während die Themen, die hier wichtig wurden, eher aus der klassischen Rabbinischen Literatur stammten. Er meint, dass christliche Kabbalisten in ihrer eigenen Religion schon das hatten, was für Juden in der Kabbala eine Ergänzung ihrer Religion war: wer schon Maria hatte, brauchte die *Shekhina* nicht mehr; wer schon die Dreifaltigkeit hatte, brauchte die *Sefirot* nicht mehr; wer schon Satan kannte, brauchte den gnostischen Dualismus nicht mehr; wer schon Christus als Messias anerkannte, brauchte den jüdischen Messianismus nicht mehr. Im Gegensatz hierzu sei die Behandlung des biblischen Textes auf Hebräisch als ein an und für sich heiliger Text, worin Geheimnisse verborgen lagen, eine neue Herausforderung für Christen, die die Bibel fast ausnahmslos nur in Form einer Übersetzung kannten.[28] Das Alte Testament war ja ursprünglich auf Hebräisch, und das Neue Testament auf Griechisch geschrieben worden, aber am Ende des 4. Jahrhunderts wurden beide von Hieronymus (neu) ins Latein übersetzt – die *Vulgata* – und es war diese Übersetzung, die mehr als tausend Jahre das Christentum prägte. Ab der Reformation kamen dann für jedes Sprachgebiet eigene Übersetzungen hinzu, wie die von Luther auf Deutsch. In einer Übersetzung bleibt natürlich nur noch die Bedeutung der Texte übrig; Verborgenheiten in den Texten selbst gehen verloren. Dies mag zutreffen auf die christlichen Kabbalisten des 17. und 18. Jahrhunderts. Bei den früheren, wie Pico della Mirandola und Reuchlin, finden wir ein gleiches Interesse an Spekulationen sowohl über den Text der Bibel als über die *Sefirot*. Auch im Okkultismus des 19. Jahrhundert finden wir beide. Eine andere Entwicklung ist – wie wir sahen – die, dass die früheren christlichen Kabbalisten meist selbst Hebräisch lernten, um die jüdischen kabbalistischen Texte zu lesen, während die späteren zuerst nur noch Übersetzungen, und letztendlich fast ausschliesslich sekundäre Literatur lasen.

[28] Dan 2005a, 639-640.

Bibliographie

Quellentexte

Kaplan, Aryeh (Hg.), 1997, *Sefer Yetzirah, The Book of Creation*, Weiser: York Beach (Maine).

Reuchlin, Johannes: *De Verbo Mirifico*, 1494, Edition Tubingae 1514. (urn:nbn:de:bvb:12-bsb00018512-1).

Sperling, Harry & Maurice Simon (Übersetzer), 1934, *The Zohar*, 5 Bände, Soncino: London, Jerusalem & New York. Neudruck 1973.

Werner, Helmut, 2002, *Die Kabbala. Eine Textauswahl mit Einleitung, Bibliografie und Lexikon*, Komet: Köln.

Enzyklopädieaufsatze

Altmann, Alexander, 1964, «Cabala», *Encyclopaedia Britannica*, ed. 1964, IV 536-539.

Coudert, Allison P., 2005, «Helmont, Franciscus Mercurius van», in Wouter J. Hanegraaff (Hg.): *Dictionary of Gnosis & Western Esotericism*, Brill: Leiden & Boston, I 464-468.

Dan, Joseph, 2005a, «Jewish Influences III: ‹Christian Kabbalah› in the Renaissance», in Wouter J. Hanegraaff (Hg.): *Dictionary of Gnosis & Western Esotericism*, Brill: Leiden & Boston, II 638-642.

——, 2005b, «Reuchlin», in Wouter J. Hanegraaff (Hg.): *Dictionary of Gnosis & Western Esotericism*, Brill: Leiden & Boston, II 990-993.

Hanegraaff, Wouter J., 2005, «Jewish Influences V: Occultist Kabbalah», in Wouter J. Hanegraaff (Hg.): *Dictionary of Gnosis & Western Esotericism*, Brill: Leiden & Boston, II 644-647.

Idel, Moshe, 1987, «Qabbalah», in Mircea Eliade (Hg.): *Encyclopedia of Religion*, XII 117-124.

Kilcher, Andreas B., 2005a, «Jewish Influences IV: Enlightenment / Romanticism», in Wouter J. Hanegraaff (Hg.): *Dictionary of Gnosis & Western Esotericism*, Brill: Leiden & Boston, II 642-644.

——, 2005b, «Knorr von Rosenroth», in Wouter J. Hanegraaff (Hg.): *Dictionary of Gnosis & Western Esotericism*, Brill: Leiden & Boston, II 670-671.

Leicht, Reimund, 2005a, «Jewish Influences I: Antiquity», in Wouter J. Hanegraaff (Hg.): *Dictionary of Gnosis & Western Esotericism*, Brill: Leiden & Boston, II 633-637.

——, 2005b, «Jewish Influences II: Middle Ages», in Wouter J. Hanegraaff (Hg.): *Dictionary of Gnosis & Western Esotericism*, Brill: Leiden & Boston, II 637-638.

Lelli, Fabrizio, 2005, «Pico della Mirandola», in Wouter J. Hanegraaff (Hg.): *Dictionary of Gnosis & Western Esotericism*, Brill: Leiden & Boston, II 949-954.

Vajda, Georges, 1984, «Jewish Mysticism», *Encyclopaedia Britannica*, ed. 1984, X 183-191.

Valente, Michaela, 2005, «Agrippa», in Wouter J. Hanegraaff (Hg.): *Dictionary of Gnosis & Western Esotericism*, Brill: Leiden & Boston, I 4-8.

Weitere Literatur

Benz, Ernst, 1958, *Die Christliche Kabbala*, Rhein-Verlag: Zürich.

Coudert, Allison P., 1999, *The Impact of the Kabbalah in the Seventeenth Century*, Brill: Leiden, Boston & Köln.

Culianu, Ioan Petru, 1987, «Gnosticism from the Middle Ages to the Present», in Mircea Eliade (Hg.): *Encyclopedia of Religion*, V 574-578.

Dan, Joseph (Hg.), 1997, *The Christian Kabbalah: Jewish Mystical Books and their Christian Interpreters*, Harvard University Press: Cambridge (Mass.).

Dan, Joseph & Frank Talmage (Hg.), 1982, *Studies in Jewish Mysticism*, Association for Jewish Studies: Cambridge (Mass.).

Dan, Joseph (Hg.) & Ronald C. Kiener (Übersetzer), 1986, *The Early Kabbalah*, Paulist Press: New York, Mahwah & Toronto.

Idel, Moshe, 1988, *Kabbalah: New Perspectives*, Yale University Press: New Haven & London.

——, 2002, *Absorbing Perfections: Kabbalah and Interpretation*, Yale University Press: New Haven & London.

Scholem, Gershom G., 1946, *Major Trends in Jewish Mysticism*, Schocken: New York. Revidierte Editionen: 1954, 1961.

——, 1954, «Zur Geschichte der Anfänge der christlichen Kabbala», in Nikolaj S. Arsen'ev (Hg.): *Essays presented to Leo Baeck*, Horovitz: London, 158-193.

——, 1960, *Zur Kabbala und ihrer Symbolik*, Rhein-Verlag: Zürich.

——, 1960, *Jewish Gnosticism, Merkabah Msyticism and Talmudic Tradition*, Jewish Theological Seminary of America: New York.

——, 1962, *Ursprung und Anfänge der Kabbala*, Walter de Gruyter: Berlin.

——, 1974 *Kabbalah*, Dorset Press: New York.

Wirszubski, Chaim, 1967, «Giovanni Pico's Companion to Kabbalistic Symbolism», in E.E. Urbach, R.J. Zwi Werblowsky & Ch. Wirszubski (Hg.): *Studies in Mysticism and Religion*, Magnes: Jerusalem, 353-362.

7
HERMETISMUS

Klassisches Altertum und Mittelalter

Die Hermetica sind die – auf Griechisch geschriebenen – Schriften, welche Hermes Trismegistus (dem dreifachen grossen Hermes) zugeschrieben wurden, namentlich der *Asclepius* und das *Corpus Hermeticum.*[1] Der Kirchenvater Lactantius (gestorben 340?) meinte, dass Hermes Trismegistus älter als Plato und Pythagoras, ja, ein Zeitgenosse von Moses war und dass er in Ägypten eine gleiche Funktion als Gründer von Gesetz und Religion, wie Moses in Israel hatte. Schon früh wurde eine überraschende Übereinstimmung zwischen den Hermetica und der Bibel gesehen: beide zeigen eine ähnliche Schöpfungsgeschichte auf und beide verwenden die Konzepte ‹Sohn Gottes› und ‹das Wort›.[2] Dies stimmt und lässt sich daraus erklären, dass die Hermetica in Alexandria im 2. und 3. Jahrhundert geschrieben wurden.[3] Da war die Bibel durchaus schon bekannt. Die Hermetica – besonders der *Asclepius* und der erste Text des *Corpus Hermeticum*, *Poimandres* – wurden schon im klassischen Altertum, namentlich von Lactantius, als eine heidnische Prophezeiung von Christus verstanden. Der Autor musste daher wohl ein Prophet von grosser Einsicht sein. Daher sei alles aus den Hermetica von grossem Gewicht. Augustin (354-430) war anderer Meinung als Lactantius und verurteilte in *De Civitate Dei* (Der Gottesstaat) (8.13-26) Hermes Trismegistus wegen der Magie und der Ritualistik der Theurgie, wie sie im *Asclepius* beschrieben war. Andernorts (18.29) bestätigt er aber Lactantius' Auffassung des Alters von Hermes. Auch Clemens von Alexandria (um 150 - um 215) schätzte Hermes Trismegistus hoch und schrieb ihm viele Texte zu (*Stromateis* 6.4.35-38). Die Hochschät-

[1] Siehe für dieses Kapitel vor allem Faivre 1987.

[2] Siehe auch Abb. 20: Hermes Trismegistus «Filius Noster» [vergleiche Matthäus 3:17, 17:5], aus Baro Urbigerus: *Besondere Chymische Schriften*, Hamburg 1705.

[3] Was auch die unscharfen Grenzen, ja fliessenden Übergänge, zwischen Hermetismus einerseits und Gnostizismus und Neuplatonismus anderseits erklärt.

Abb. 20: Hermes Trismegistus «Filius Noster»,
aus Baro Urbigerus: Besondere Chymische Schriften, Hamburg 1705

zung von Hermes durch die Kirche zeigt sich in einer Abbildung im Fussboden der Kathedrale von Siena aus dem 14. Jahrhundert.[4] Sie führte anderseits auch zu einem Aufblühen ritueller Magie.

Wie wir in Kapitel 4 sahen, kann der klassische Hermetismus als eine optimistische Gnosis verstanden werden, im Gegensatz zu der üblicheren dualistischen. Diese optimistische Gnosis wird unter anderem charakterisiert durch eine Form von Deismus, nämlich die Überzeugung, dass der Mensch Gott kennen kann durch Kontemplation der Schöpfung. Im Gegensatz zum Gnostizismus zeigen die Hermetischen Schriften einen Abscheu vor ontologischem Dualismus. Üblicherweise verwenden sie ein Szenario von Sündenfall und Reintegration. Die Möglichkeit einer Vereinigung der Seele mit dem Göttlichen wird immer unterstellt. Das Universum ist wie ein Text, worin das Göttliche sich offenbart und den man zu lesen und zu entziffern lernen soll. Die Welt wird aufgefasst als ein Spiegel des Göttlichen, und durch Kontemplation der Welt lernt man Gott kennen. Durch diese intellektuelle Arbeit kann die Seele sich aus ihrer, durch den Fall verursachten, Gefangenschaft in der Materie erheben und sich ihrer göttlichen Natur bewusst werden. Sie besteigt dann, mit Hilfe von Theurgie und Initiationen, die Leiter der – astrologischen – himmlischen Sphären. Schliesslich kann der Mensch, der den Fall verursacht hat, durch seine Selbstverbesserung auch helfen, die Erde zu ihrer ursprünglichen Herrlichkeit zurückzuführen. Im *Asclepius* gibt es eine (weiter unten zitierte) apokalyptische Stelle, in der die alten (guten) Werte den neuen (schlechten) gegenübergestellt werden. Anschliessend wird dann die Wiederherstellung der alten Werte vorhergesagt. Da der Kosmos und der Mensch von Gott geschaffen sind, ist letztendlich alles – Geistliches sowohl als Materielles – prinzipiell eins und gut.

Der *Asclepius* – den wir nur in einer lateinischen Übersetzung von Apuleius von Madaura (um 125 - um 170) kennen – scheint der einzige hermetische Text zu sein, welcher im Mittelalter bekannt war, obwohl wir von Augustin bis zum 12. Jahrhundert sogar davon keine Spur finden. Die Hermetica wurden über den Islam im späten Mittelalter teilweise bekannt. Einige pseudo-hermetische Texte, wie der *Picatrix* und die *Tabula smaragdina* (die smaragdgrüne Tafel), wurden in dieser Zeit

[4] Siehe Abb. 21: Hermes Trismegistus, durch Giovanni di Stefano eingelegt im Fussboden der Kathedrale von Siena, 14. Jahrhundert.

Abb. 21: Hermes Trismegistus, durch Giovanni di Stefano eingelegt im Fussboden der Kathedrale von Siena, 14. Jahrhundert

aus dem Arabischen ins Lateinische übersetzt. Die *Tabula smaragdina* fängt an mit der berühmten Aussage: «Alles, was oben ist, ist wie das, was unten ist; alles, was unten ist, ist wie das, was oben ist; damit das Wunder der Einheit erfüllt werde». Bemerkenswert aus dieser Zeit ist auch das *Liber viginti quattuor philosophorum* (Buch der vierundzwanzig Philosophen, geschrieben um 1200), worin zum ersten Mal die Beschreibung von Gott als einem Kreis, dessen Mittelpunkt überall, und dessen Umfang nirgendwo ist, vorkommt. Mehrere Texte aus dieser Zeit verbinden Hermes Trismegistus auch mit Alchemie. Vom 12. Jahrhundert bis zur Renaissance werden der *Asclepius* und solche pseudo-hermetische Texte von vielen Autoren, wie Albertus Magnus (um 1200-1280) und Roger Bacon (1214-1292 oder 1294), zitiert.

Renaissance

Um 1460 brachte der Mönch Leonardo da Pistoria ein griechisches Manuskript des *Corpus Hermeticum* für Cosimo de' Medici (1389-1464) nach Florenz. Das *Corpus Hermeticum* ist eine Sammlung von 15 Zwiegesprächen, authentischen Hermetischen Texten, wovon das erste, der *Poimandres*, am berühmtesten ist.[5] Der *Poimandres* handelt von der Schöpfung der Welt; die anderen Dialoge beschreiben den Aufstieg der Seele durch die himmlischen Sphären, welcher ihre Wiedergeburt bewirkt. Der *Poimandres* fängt so an:

> 1. Einmal, da ich [Hermes] die wesentlichen Dinge betrachtete und mein Gemüt sich erhob, da verschlummerten die Sinne meines Leibes ganz und gar, gleich wie einer, der von Speise überladen oder von Arbeit müde mit dem Schlafe überfallen worden. Und es kam mir vor, als ob ich jemand sah, der sehr gross und von einer unendlichen Länge war, meinen Namen nannte und zu mir sprach: Was willst du hören und sehen und was ist es, das du in deinem Gemüte gedenkest zu lernen und zu erkennen?

[5] Später wurden noch zwei weitere entdeckt.

2. Ich sprach: «Wer bist du?»
Er sprach: «Ich bin Poimandres, das Gemüt des von sich selbst bestehenden Wesens, ich weiss, was du begehrest und bin überall mit dir.»
3. Ich sprach: «Ich begehre die wesentlichen Dinge zu lernen, derselben Natur zu verstehen und zu erkennen.»
[Er:] «Wie?»
Ich sprach: «Ich will's hören.»
Darauf sprach er: «Halte mich wiederum in deinem Gemüte, so will ich dich lehren dasjenige, das du untersuchen willst.»
4. Nachdem er solches hatte gesagt, verwandelte er seine Gestalt und von Grund an wurde mir alles in einem Augenblick eröffnet und ich sah ein unendliches Gesicht. Es wurde alles zu einem Licht, welches sehr lieblich und erfreuend war und ich erfreute mich in dem Anschauen. Kurz darauf entstand in einem Teile eine Finsternis, die sich davon niederwärts abschied, sie war erschrecklich und traurig, welche sich in einer Krümme schloss, dabei mir deuchte in dem Anschauen, dass dieselbe Finsternis würde verändert in eine feuchte und unaussprechlich verwirrte Natur, welche einen Rauch als vom Feuer und ein unaussprechlich betrübt Geläut von sich gab. Darnach brach aus derselben feuchten Natur hervor eine undeutliche Stimme, die ich hielt für die Stimme des Lichtes.
5. Aus dem Licht kam ein heiliges Wort hervor, das seinen Platz auf der wässrigen Substanz einnahm. Und das reine Licht erhob sich aus der feuchten Natur in die Höhe, dasselbe war leicht, durchdringend und mächtig. Die Luft, die auch leicht war, folgte dem Geiste und fuhr auf von der Erden und dem Wasser bis an das Feuer, so dass es war, als ob sie über dasselbe hingehe. Die Erde und das Wasser blieben untereinander vermengt, so dass die Erde wegen des Wassers nicht gesehen wurde und sie wurden bewegt durch das geistige Wort, welches oben über schwebte.
6. Da sagte Poimandres zu mir: «Hast du das Gesicht verstanden, was dasselbe bedeute?» Ich sprach: «Ich will darüber nachdenken.»

«Das Licht», sprach er, «bin Ich, das Gemüt, Dein GOTT, welcher aus der feuchten Natur ist, welche aus der Finsternis erschien. Das aus dem Gemüte leuchtende Wort, der Sohn GOTTES.» …

8. … Ich sprach: «Woraus sind die Elemente der Natur zusammengesetzt?» Darauf antwortete er: «Der Rat GOTTES, der das Wort empfangen und die schöne Welt angesehen hat, hat dieselbe nachgeahmt und also durch sein eigenes Element und die Ausfliessung der Seelen die Welt geschaffen.

9. Aber das Gemüt (GOTT), welches Mann und Weib, Leben und Licht ist, hat durchs Wort eine andere wirkende Natur geboren, welche (sind des Feuers und des Geistes GOTT) sieben Regenten [= die Planeten] gemacht hat, so die empfindliche Welt in Circulen umfassen, deren Regierung Fatum oder Schicksal genannt wird.

10. Von Stund an ist aus denselben heruntergesunkenen Elementen GOTTES das Wort GOTTES zu einem reinen Werk der Natur hervorgekommen, welches mit dem wirkenden Gemüte ist vereinigt worden, dieweil er mit demselben eines Wesens war. Und die heruntergesunkenen Elemente der Natur wurden ohne Vernunft gelassen, auf dass sie alleine die Materie wurden.

11. Aber das wirkende Gemüt samt dem Wort, welches die Circule umfasst und mächtig treibt, hat sein Wirken drehend gemacht und bestimmt, dass solcher von dem Anfang ohne Anfang bis an das Ende ohne Ende umgetrieben werde, denn sie fangen alle allezeit an, allwo sie sich endigen. Die Drehung der Werke hat nach dem Willen der Gemüter aus den heruntergesunkenen Elementen die unvernünftigen Tiere gezeugt, denn sie selbst hatten keine Vernunft. Die Luft hat das Fliegende hervorgebracht und das Wasser das Schwimmende, und das Wasser und die Erde sind voneinander geschieden, so wie es das Gemüt gewollt hat! Da dann die Erde, die Tiere, die sie gehabt, von sich gegeben hat, nämlich vierfüssige, kriechende, wilde und zahme.

12. Aber der Vater aller Dinge (das Gemüt sind Leben und Licht) hat den Menschen sich gleich geboren und ihn geliebt als sein eigen Geburt, denn er war sehr herrlich und trug des Vaters

Ebenbild, gewisslich GOTT hat seine eigene Gestalt geliebt und alle seine Werke an denselben übergeben.
13. Aber als dieser [der Mensch] die Schöpfung des Werkmeisters in dem ganzen Wesen sich hatte zu Gemüte geführt, da wollte er auch selbst Werkmeister sein: Darum wurde er von dem Vater abgesondert und den wirkenden Kreisen einverlassen. Und indem er alle Gewalt hatte, merkte er die Werke der sieben Regenten an, welche ihn dann geliebt und ein jeder seiner Ordnung teilhaftig gemacht hat. Nachdem er ihr Wesen hatte erlernt und ihrer Natur teilhaftig geworden war, so wollte er den Umlauf der Circulen durchgründen und die Gewalt desjenigen, der über das Feuer ist, mit dem Gemüte begreifen.
14. Und nachdem er über die sterblichen und unvernünftigen Tiere der Welt alle Gewalt hatte, durch die Erforschung der Einstimmung der Dinge wollte er auch die Kraft der Circulen durchbrechen, da sah er ganz tief durch die Zusammenstimmung und bewies, dass die heruntergesunkene Natur sei ein schönes Bild GOTTES. Als er dieselbe gesehen, welche in ihr selbst unersättliche Schönheit, alle Wirkung der Regenten und das Bild GOTTES hatte und aus Liebe lachte, indem sie das Bildnis von der allerherrlichsten Gestalt (nämlich des Menschen) in dem Wasser sah und dessen Schatten in der Erden. Und indem er sah seine gleichförmige Gestalt in ihm selbst im Wasser, gewann er sie lieb und begehrte ihr beizuwohnen, da denn von Stund an der Wille durch das Werk geschehen und hat ein unvernünftiges Bild geboren. Die Natur hat ihren Geliebten umfangen und sich ganz und gar in ihn geflochten und sind beide miteinander vermengt worden, dieweil sie einer den andern hatten lieb gewonnen.
15. Und darum ist der Mensch über alle anderen Geschöpfe auf Erden zweifältig, nämlich sterblich dem Leibe nach und unsterblich nach dem wesentlichen Menschen. Denn ob er schon unsterblich ist und die Gewalt aller Dinge hat, noch dennoch leidet er die sterblichen Dinge, welche dem Schicksal unterworfen sind, und obwohl er vornehmer ist als die Zusammenstimmung, so ist er doch ein Knecht von derselben geworden, aber Mann und Weib

> aus dem Vater, der Mann und Weib ist, und herrschet ohne Schlaf von dem, der ohne Schlaf ist. ...»
> (http://hermetik.ch/ath-ha-nour/site/hermetikpoimandres.htm)

Cosimo hatte in Florenz eine Neuplatonische Akademie gegründet, an der Marsilio Ficino (1433-1499, Abb. 7) dabei war, die Werke von Plato ins Lateinische zu übersetzen.[6] Ende 1462 oder Anfang 1463 beauftragte Cosimo Ficino, der Übersetzung des *Corpus Hermeticum* ins Lateinische Priorität zu geben. Das zeigt, welchen Status das *Corpus* in den Augen von Menschen wie Cosimo hatte, obwohl er den Inhalt nicht kannte. Dies hatte wohl damit zu tun, dass man dachte, dass Hermes lange vor Plato und Pythagoras gelebt habe. Im April 1463 war die Übersetzung fertig und Cosimo konnte sie noch vor seinem Tod 1464 lesen. 1471 wurde die erste Edition publiziert, und vor dem Ende des 16. Jahrhundert waren 16 Editionen des kompletten *Corpus* erschienen. Hierdurch fand es grosse Verbreitung und hatte daher einen grossen Einfluss auf die Entwicklung der westlichen Kultur. Auch der *Asclepius* erhielt dadurch erneute Aufmerksamkeit. Die schon erwähnte Stelle über den Untergang und die Wiederherstellung der alten Werte soll hier zitiert werden:

> Trismegistos: ... Weisst du nicht, Asklepius, dass Ägypten das Abbild des Himmels ist, oder besser, die irdische Spiegelung aller Herrschaften und Mächte des Himmels, die gewissermassen auf Ägypten herabgestiegen sind? Wahrlich, unser Land ist der Tempel des ganzen Kosmos.
>
> Da aber die Weisen auch das Künftige wissen sollen, will ich dir das Folgende nicht vorenthalten: Es wird eine Zeit kommen, in der es scheint, als habe Ägypten umsonst mit frommem Herzen an der eifrigen Verehrung Gottes festgehalten; eine Zeit, in der sein ganzer heiliger Gottesdienst wirkungslos und vergeblich erscheinen wird. Dann werden die Götter von der Erde wieder in den Himmel zurückkehren, sie werden Ägypten verlassen, und das Land, das einst die Heimat alles Heiligen war, wird verwaist sein, es wird einer Witwe gleich um die verstorbenen Götter klagen.

[6] Siehe Kapitel 3. Siehe über Ficino: Allen 2005.

Fremde werden dieses Land und seine Gaue beherrschen und die Gottesdienste werden nicht nur vernachlässigt werden, sondern noch schlimmer: Frömmigkeit und Gottesdienst werden verboten und bestraft werden. Dann wird dieses heiligste aller Länder, die Heimat der Tempel und Heiligtümer, übersät sein von Leichen und frischen Gräbern. O Ägypten, Ägypten, dein Dienst am Heiligtum wird nur noch eine Fabel sein, die deine eigenen Kinder nicht mehr glauben, nur Worte werden übrig bleiben, in Stein gehauen, die von deinen frommen Taten erzählen. Ägypten aber wird der Skythe bewohnen oder der Äthiopier oder andere Barbaren. …

Du weinst, Asklepius? – Noch Schlimmeres wird kommen und noch mehr wird Ägypten zu leiden haben, noch viel schrecklicher wird das künftige Unheil sein. Einst war Ägypten ein heiliges Land, das Gott am meisten liebte. Nur in seine Landschaft stiegen die Götter wegen der Frömmigkeit seiner Bewohner herab, um hier zu wohnen, es war die Lehrmeisterin der Heiligkeit und der frommen Liebe – und dieses Land wird zum Vorbild der grössten Grausamkeit werden.

Dann wird für die Menschen der Kosmos kein Gegenstand der Bewunderung und Anbetung mehr sein, sondern Ekel hervorrufen. Dieses vollkommene Kunstwerk – denn es gab und gibt kein Besseres und es wird auch nie etwas Besseres geben – wird verachtet werden. Dieses unvergleichliche Gotteswerk, dieser Wunderbau, dieser Reichtum im Wechsel vielgestaltiger Bilder, dieses Werkzeug des göttlichen Willens, das ohne Neid den Menschen fördert, diese Fülle und Vielfalt des Seins, die doch in Wahrheit eine Einheit ist, – all das, was verehrt, gelobt, geliebt werden kann, von denen, die es wahrhaft sehen, all das wird den Menschen eine Last sein, und darum werden sie es verachten, statt es zu lieben. Man wird die Finsternis dem Licht vorziehen und den Tod für besser halten als das Leben. Keiner wird zum Himmel emporblicken, fromme Menschen werden für verrückt und Gottlose für klug gehalten werden, der von Leidenschaft Getriebene wird als Held dastehen und der Schlechteste als gut gelten. Die Seele und alle Fragen, ob sie unsterblich sei oder hoffen könne, die Unsterblichkeit zu erlangen, sie werden nicht bloss spöttisches Gelächter erregen, man wird einen leeren Wahn in all dem sehen. Ja, glaube mir, selbst die Todesstrafe wird dem drohen, der sich in Frömmigkeit dem Geiste hingibt. Eine neue Gesetzgebung wird kommen, kein heiliges Wort frommer Verehrung, nichts, was vor dem Himmel und den himmlischen Göttern Bestand hätte, wird man mehr hören oder glauben. Ein schrecklicher Abgrund zwischen Göttern und Menschen wird sich auftun, allein die bösen Engel werden bleiben, sich mit den Menschen vermischen, ihre Hände auf die Elenden legen und sie zu verwegenen Übeltaten antreiben, zu Krieg, Raub und Betrug, zu lauter Dingen, die dem Wesen der Seele fremd sind. Die Erde wird nicht unerschüttert bleiben, das Meer wird keine Schiffe mehr tragen, der Himmel wird wanken und die Gestirne aus ihren Bahnen geraten. Die Stimme Gottes wird verstummen, die Früchte der Erde werden verderben, sie wird aufhören, Früchte zu tragen und selbst die Luft wird in dumpfem Brüten erschlaffen.

So wird es heraufziehen, das Greisenalter der Welt: ein Zeitalter der Gottlosigkeit, der Ordnungslosigkeit und des Chaos. Wenn all das eingetreten ist, o Asklepius, dann wird der Herr und Vater, der Gott von Urbeginn und Schöpfer des ersten und einigen Gottes, auf die Schandtaten und rohen Sitten der Menschen hinblicken, und durch einen Akt seines Willens, der die reine Güte ist, wird er der Zerstörung Einhalt gebieten. Die Irrenden wird er auf den rechten Weg zurückleiten, die Boshaften wird er mit Wasserfluten wegschwemmen oder mit Feuer verzehren oder er wird ihnen durch Seuchen und Kriege ein Ende setzen. So wird er dem Kosmos sein einstiges Aussehen wiedergeben, auf dass er selbst wieder verehrungs- und bewunderungswürdig sei und die Menschen wie eifrige Herolde Gott, den Bildner und Neuschöpfer eines so grossen Werkes, preisen und in Lobgesängen feiern.

Denn dies ist die Wiedergeburt der Welt: alles Gute wird neugeschaffen, die Natur selbst wird in ihrer ursprünglichen Heiligkeit und Göttlichkeit durch den Willen Gottes, den ewigen und

> anfangslosen, wiederhergestellt, wenn das Äon abgelaufen ist. Denn der göttliche Wille hat keinen Anfang, er ist immer derselbe und bleibt durch alle Zeiten, der er ist. Von Weisheit erfüllter Wille, das ist das ewige Wesen Gottes.
>
> Asklepius: So ist also die Güte des Höchsten in Wahrheit Gnosis, o Trismegistos?
>
> Trismegistos: Der Wille, o Asklepius, wird aus der Gnosis geboren, die einzelnen Willensakte aus dem Willen. Und Gott, die Fülle des Alls, will ja nichts vergeblich, er will nur, was er hat. Er will alles Gute und hat alles, was er will. So denkt und will er alles Gute. Dies Gute aber ist Gott und das Abbild dieses Guten ist der Kosmos, der darum ebenfalls gut ist. (http://www.anthroweb.info/asklepios.html)

In der Renaissance verstanden viele Menschen die Zeit, worin sie lebten, als die Zeit dieser prophezeiten Wiederherstellung der alten Werte. Das unterstützte einen generellen Fortschrittsglauben. Zwar war das hier geschilderte Programm nicht anders als das der Bibel: ein guter Anfang (Paradies), eine Phase, worin das Böse herrscht (Fall), die Prophezeiung einer Wiederherstellung des Idealzustands (z.B. Jesaja 9:1-7), und das Anbrechen des Friedenreichs (Neues Testament). Aber in einer Zeit, in der für viele die Autorität der Kirche nachgelassen hatte, war diese ausserkirchliche Bestätigung wichtig.

Graf Giovanni Pico della Mirandola (1463-1494, Abb. 8) kombinierte den Hermetismus mit der Kabbala, begründet darauf, dass beide nach dem Schöpfungswort suchten.[7] Hermetisch war seine Auffassung, dass ‹Das Wort›, der ‹Logos›, der ‹Sohn Gottes› und das Schöpfungswort alle identisch sind. Dies ist natürlich auch einfach biblisch.[8] Der Gedanke, dass die Schöpfung der Ausdruck von Gottes verborgenem Selbst ist, das sich selbst einen Namen gibt, den heiligen Namen Gottes, war aber kabbalistisch. Pico kombinierte beide und schlussfolgerte: das Suchen nach dem Schöpfungswort (hermetisch) ist das Suchen des Namens Gottes (kabbalistisch). Wichtig für Pico war auch die Göttlichkeit des Menschen, namentlich der Künstler, die wussten, wie sie göttliches

---

7 Siehe Kapitel 6. Siehe über Pico: Lelli 2005.

8 Siehe Genesis 1:3 «Und Gott sprach …» und das Evangelium nach Johannes 1:1 «Im Anfang war das Wort …».

Leben in ihre Statuen einblasen konnten, wie es der *Asclepius* beschrieb: der ‹göttliche› Donatello (Donato di Niccolò di Betto Bardi, 1386-1466), der ‹göttliche› Raphael (Raffael da Urbino, Raffaello Sanzio, 1483-1520), der ‹göttliche› Leonardo (Leonardo da Vinci, 1452-1519), der ‹göttliche› Michelangelo (Michelangelo di Lodovico Buonarroti Simoni, 1475-1564).[9] Nicht überraschend finden wir bei Pico auch die neuplatonische Bildhauer-Metapher wieder:

> ... Schon hatte Gottvater, der höchste Baumeister, dieses Haus, die Welt, die wir sehen, als erhabensten Tempel der Gottheit nach den Gesetzen verborgener Weisheit errichtet. ... Endlich beschloss der höchste Künstler, dass der [Mensch], ... Anteil habe an allem ... Also war er zufrieden mit dem Menschen als einem Geschöpf von unbestimmter Gestalt, stellte ihn in die Mitte der Welt und sprach ihn so an: «... [Wir haben dich weder] himmlisch noch irdisch, weder sterblich noch unsterblich geschaffen, damit du wie dein eigener, in Ehre frei entscheidender, schöpferischer Bildhauer dich selbst zu der Gestalt ausformst, die du bevorzugst. Du kannst zum Niedrigeren, zum Tierischen entarten; du kannst aber auch zum Höheren, zum Göttlichen wiedergeboren werden, wenn deine Seele es beschliesst».[10]

Pico war daher auch der erste, der die alte griechische Mahnung ‹Erkenne dich selbst› – die eine Warnung vor *Hybris* (Hochmut) bedeutete: Wisse, dass du *keine* Gottheit bist – in ihr Gegenteil umdeutete und interpretierte als: «Kenne deine eigene Göttlichkeit».[11]

Der Gedanke war natürlich schon gnostisch, aber seine Verwendung als Deutung der alten griechischen Warnung war neu.

Die Kunst der Renaissance war eine wahrhaft Hermetische Kunst.

---

[9] Faivre 1987, 296.

[10] Pico della Mirandola 1486, 5-7.

[11] Pico della Mirandola: «oratio de hominis dignitate», 123-124: «123. Tum illud [gnothi seauton], idest cognosce te ipsum, ad totius naturae nos cognitionem, cuius et interstitium et quasi cynnus natura est hominis, excitat et inhortatur. 124. Qui enim se cognoscit, in se omnia cognoscit, ut Zoroaster prius, deinde Plato in Alcibiade scripserunt.» (123. Weiter: jenes Gnothi seauton, d.h. Erkenne dich selbst, treibt uns an und fordert uns zur Erkenntnis der ganzen Natur auf, deren Zwischenglied und deren Mixtur gewissermassen die Natur des Menschen ist. Wer sich nämlich selbst erkennt, erkennt alles in sich, wie zuerst Zoroaster; dann Platon im *Alkibiades* geschrieben haben. ... vgl. Alkibiades 132c. (Stausberg 1998, 246)).

Nicht nur die Werke der schon genannten Künstler, auch z.B. die von Sandro Botticelli (Alessandro di Mariano Filipepi, 1445-1510) waren oft explizit inspiriert vom *Corpus Hermeticum* und dem *Asclepius*. Botticellis *Primavera* von 1478 ist ein Hermetisches Emblem der ganzen Welt. 1488 wurde eine Abbildung von Hermes Trismegistus im Fussboden der Kathedrale von Siena eingelegt (Abb. 21). Kurz darauf gab Papst Alexander VI, Picos Schutzherr, dem Künstler Pinturicchio (Bernardino di Betto di Biagio, 1454-1513) ein grosses Fresco mit Hermetischen Symbolen und Tierkreiszeichen im Borgia-Zimmer im Vatikan in Auftrag, auf dem Hermes Trismegistus zusammen mit Isis und Moses abgebildet ist.

Ein dritter wichtiger Autor des Hermetismus (neben Ficino und Pico) war Lodovico Lazarelli (1447-1500).[12] Sein *Crater Hermetis* (die Schale von Hermes) handelt unter anderem wieder über das Thema ‹Kenne dich selbst› und in seinem *Epistola Enoch* (‹Brief des Henoch›) erzählt er die Geschichte von Giovanni ‹Mercurio› da Correggio (um 1451 - nach 1503),[13] der am Palmsonntag 1484 in Rom mit geflügelten Schuhen und einer Dornenkrone, worauf sich ein zunehmender silberner Mond mit dem Text «Dies ist mein Sohn Poimandres, den ich auserkoren habe» befand, erschien. Er bestieg einen weissen Esel, nannte sich «Engel der Weisheit, Poimandres, in der erhabensten Erscheinung des Herrn Jesus Christus», und behauptete vom Himmel herabgestiegen zu sein. 1496 erschien er in Florenz und danach noch einmal in Lyon, immer in gleicher Weise. Durch ihn konvertierte Lazarelli zum Hermetismus. Lazarelli war auch der erste, der den 16. Text des *Corpus Hermeticum* übersetzte.

Viele weitere Autoren in ganz West-Europa, namentlich in Italien, Frankreich, Deutschland (Heinrich Cornelius Agrippa von Nettesheim (1486-1535/36),[14] Valentin Weigel (1533-1588)) und England (John Colet (1467-1519), Thomas More (1478-1535): *Utopia* (1516)), zählen zu den Vertretern des Hermetismus. Sogar Nicolaus Kopernikus (1473-1543) zitiert Hermes bezüglich der Sonne, aufgefasst als den sichtbaren Gott. In den 1590er Jahren finden wir Francesco Patrizi da Cherso (Frane Petrić, 1529-1597) und Giordano Bruno (1548-1600). Patrizi versuchte in seiner *Nova de universis philosophia* (Neue Philosophie der

[12] Siehe über ihn Hanegraaff 2005b.

[13] Siehe über ihn Hanegraaff 2005a.

[14] Siehe über ihn auch Kapitel 6.

Universen) von 1591 eine gegenreformatorische Interpretation des Hermetismus. Er überzeugte sogar Papst Clemens VIII (1536-1605) einigermassen, der ihn nach Rom holte, um Platonische Philosophie an der Universität zu lehren. Dort angekommen, empfand er aber den Widerstand der Inquisition. Bruno, der eine Rückkehr zur Hermetischen Magie lehrte, ging es nicht besser. Auch er versuchte, 1591 Papst Clemens VIII für seine Ideen zu gewinnen, aber endete dafür 1600 auf dem Scheiterhaufen. Gleichzeitig hatte in England der Puritanismus innerhalb des Anglikanismus einen verheerenden Einfluss auf die vorherige Tendenz zur Toleranz. Nur in privaten Kreisen um Personen wie Sir Philip Sidney (1554-1586) und den Berater von Königin Elizabeth (1533-1603), John Dee (1527-1608), lebte der Hermetismus weiter.

Spätere Entwicklungen

So wie die Übersetzung des *Corpus Hermeticum* 1463 als Anfang der Renaissance gelten kann, so setzt das Jahr 1614 ihr ein Ende. Denn in dem Jahr kam Isaac Casaubon (1559-1614) zu der Schlussfolgerung, dass das *Corpus Hermeticum* aus den ersten Jahrhunderten nach Christus stammt, also nicht aus Moses' Zeit. Überraschend genug bedeutete dies aber *nicht* das Ende des Hermetismus. Viele Autoren des 17. Jahrhunderts – z.B. Robert Fludd (1574-1637), Tommaso Campanella (1568-1639), Robert Burton (1577-1640) und Athanasius Kircher SJ (1602-1680) – zitierten mit Zustimmung die Hermetica oder beriefen sich auf Hermes. Die erste vollständige deutsche Übersetzung des *Corpus Hermeticum* wurde erst 1706 in Hamburg publiziert, und auch noch 1711 erwähnte Sincerus Renatus (Pseudonym von Samuel Richter, Ende 17. Jahrhundert - nach 1722)[15] Hermes in seiner Theo-Philosophia *theoretico-practica*.

Schon seit dem Anfang der Renaissance wurde der Hermetismus mit anderen westlich-esoterischen Strömungen verbunden. Wir sahen schon, dass Pico den Hermetismus mit der Kabbala verband. Aber auch Astrologie, Neuplatonismus und Alchemie wurden mit dem Hermetis-

[15] Siehe über ihn auch Kapitel 9.

mus verknüpft. Besonders wichtig war die Verbindung mit dem Perennialismus,[16] einem Konzept, das auf die *Philosophia perennis* (Titel eines Buches von Agostino Steucho von 1540) verweist. Hierunter wird die Überzeugung verstanden, dass es ursprünglich nur eine – gute – Kultur, Philosophie (*philosophia perennis)* und Religion (*prisca theologia*) gab; dass alle heutigen Kulturen, Philosophien und Religionen degenerierte Formen dieser einen ursprünglichen sind; dass es unsere Aufgabe ist, die Ursprüngliche zu rekonstruieren und wieder herzustellen; und dass dies möglich ist durch das Vergleichen der unterschiedlichen Kulturen, Philosophien und Religionen: Was überall gleich ist, stammt von der Urform; was überall unterschiedlich ist, gehört zu den späteren Degenerationen. Aus dieser Überzeugung folgt völlig selbstverständlich eine Gleichberechtigung aller Religionen. Bei der Suche nach der Urreligion sind sie ja alle relevante Quellen, worin man Spuren davon wiederfinden kann. Religiöse Toleranz ist daher eine Konsequenz des Perennialismus.

In diesem Rahmen galt es ausserdem auch die Ursprache wiederzufinden: die Sprache, die Adam und Eva im Paradies gesprochen hatten. Die wichtigsten Kandidaten dafür waren das Hebräisch, und die ‹Bild›sprachen Ägyptisch und Chinesisch. Die Kandidatur des Hebräischen wurde natürlich durch die Kabbala unterstützt. Hermes Trismegistus wurde aber mit Ägypten verbunden, und tatsächlich hatten die Hermetica ihren Ursprung in Alexandria. Ab Athanasius Kirchers *Oedipus Aegyptiacus* von 1652 entwickelte sich daraus in Europa eine richtige Ägyptomanie. Im 18. Jahrhundert verband diese eklektische Bewegung sich mit noch weiteren Strömungen wie Neuorphismus und Neupythagorismus. Das Resultat, das viel mehr umfasst als nur Hermetismus, nennen wir heute die Westliche Esoterik (im strikten Sinn). Im 19. Jahrhundert entstand durch Weiterführung dieses Prozesses der Okkultismus, und im 20. Jahrhundert die New-Age-Bewegung.

[16] Siehe hierzu Neugebauer-Wölk 2010.

Bibliographie

Quellentexte

Anonyme Deutsche Übersetzungen der Hermetica finden sich im Internet:

Corpus Hermeticum:

http://hermetik.ch/ath-ha-nour/site/hermetikschrift.htm

Asclepius: http://www.anthroweb.info/asklepios.html

Copenhaver, Brian P., 1992, *Hermetica*, Cambridge University Press: Cambridge (UK). [Moderne Übersetzung.]

Pico della Mirandola, Giovanni, 1486, *De hominis dignitate* (Über die Würde des Menschen), Übersetzt und eingeleitet von Norbert Baumgarten, Meiner: Hamburg 1990.

Scott, Walter (Hg. & Übers.), 1982, *Hermetica*, Hermes House: Boulder. [Erste Ausgabe: 1924, sehr komplette Ausgabe der Originaltexte mit [heute überholter] Übersetzung.]

Enzyklopädieaufsätze

Allen, Michael J.B., 2005, «Ficino, Marsilio», in Wouter J. Hanegraaff (Hg.): *Dictionary of Gnosis & Western Esotericism*, Brill: Leiden & Boston, I 360-367.

Faivre, Antoine, 1987, «Hermetism», in Mircea Eliade (Hg.): *Encyclopedia of Religion*, VI 293-302.

——, 2005a, «Hermes Trismegistus III: Modernity», in Wouter J. Hanegraaff (Hg.): *Dictionary of Gnosis & Western Esotericism*, Brill: Leiden & Boston, I 483-486.

——, 2005b, «Hermetic Literature IV: Renaissance – Present», in Wouter J. Hanegraaff (Hg.): *Dictionary of Gnosis & Western Esotericism*, Brill: Leiden & Boston, I 533-544.

Goodrick-Clarke, Nicholas, 2005, «Hermeticism and Hermetic Societies», in Wouter J. Hanegraaff (Hg.): *Dictionary of Gnosis & Western Esotericism*, Brill: Leiden & Boston, I 550-558.

Hanegraaff, Wouter J., 2005a, «Correggio, Giovanni da», in Wouter J. Hanegraaff (Hg.): *Dictionary of Gnosis & Western Esotericism*, Brill: Leiden & Boston, I 273-275.

——, 2005b, «Lazzarelli, Lodovico», in Wouter J. Hanegraaff (Hg.): *Dictionary of Gnosis & Western Esotericism*, Brill: Leiden & Boston, II 679-683.

Lelli, Fabrizio, 2005, «Pico della Mirandola, Giovanni», in Wouter J. Hanegraaff (Hg.): *Dictionary of Gnosis & Western Esotericism*, Brill: Leiden & Boston, II 949-954.

Lory, Pierre, 2005, «Hermetic Literature III: Arab», in Wouter J. Hanegraaff (Hg.): *Dictionary of Gnosis & Western Esotericism*, Brill: Leiden & Boston, I 529-533.

Lucentini, Paolo, 2005, «Hermes Trismegistus II: Middle Ages», in Wouter J. Hanegraaff (Hg.): *Dictionary of Gnosis & Western Esotericism*, Brill: Leiden & Boston, I 479-483.

Lucentini, Paolo & Vittoria Perrone Compagni, 2005, «Hermetic Literature II: Latin Middle Ages», in Wouter J. Hanegraaff (Hg.): *Dictionary of Gnosis & Western Esotericism*, Brill: Leiden & Boston, I 499-529.

Van den Broek, Roelof, 2005a, «Hermes Trismegistus I: Antiquity», in Wouter J. Hanegraaff (Hg.): *Dictionary of Gnosis & Western Esotericism*, Brill: Leiden & Boston, I 474-478.

——, 2005b, «Hermetic Literature I: Antiquity», in Wouter J. Hanegraaff (Hg.): *Dictionary of Gnosis & Western Esotericism*, Brill: Leiden & Boston, I 487-499.

——, 2005c, «Hermetism», in Wouter J. Hanegraaff (Hg.): *Dictionary of Gnosis & Western Esotericism*, Brill: Leiden & Boston, I 558-570.

Weitere Literatur

Ebeling, Florian, 2005, *Das Geheimnis des Hermes Trismegistos. Geschichte des Hermetismus*, Beck: München.

Faivre, Antoine, 1995, *The Eternal Hermes, From Greek God to Alchemical Magus*, (Translated by Joscelyn Godwin), Phanes: Grand Rapids (MI).

King, Francis, 1976, *Magie – Eine Bilddokumentation*, Umschau Verlag: Frankfurt am Main. Übersetzung der englischen Ausgabe von 1975, bei Thames and Hudson Ltd: London.

Neugebauer-Wölk, Monika, 2010, «Esoterische Religiosität und ihre Bedeutung für die Freimaurerei», *Quatuor Coronati Jahrbuch für Freimaurerforschung* 47 (erwartet).

Stausberg, Michael, 1998, *Faszination Zarathushtra. Zoroaster und die Europäische Religionsgeschichte der Frühen Neuzeit*, De Gruyter: Berlin & New York.

Walker, Daniel P., 1958, *Spiritual and Demonic Magic from Ficino to Campanella*, London.

Yates, Frances A., 1964, *Giordano Bruno and the Hermetic Tradition*, Routledge and Kegan Paul: London.

8
ASTREA-KULT

Klassisches Altertum

Astrea ist der Name der römischen Göttin der Gerechtigkeit. Als man in der Renaissance die lateinischen Klassiker erneut las, gehörten auch Ovids *Metamorphosen* (1-8 nach Chr. geschrieben) dazu. Ovid (43 vor - 17 nach Chr.) fing sein Buch mit der Beschreibung der Entstehungsgeschichte der Welt an. Zuerst gab es ein Goldenes Zeitalter, worin die Götter auf der Erde lebten und alles schön und gut war. Dann kamen ein immer noch recht schönes Silbernes, und ein schon etwas weniger schönes Kupfernes Zeitalter. Am Ende des Letzteren beschrieb Ovid den Übergang zum nun folgenden Eisernen Zeitalter so:

> Man lebte vom Raub: Der Gast war nicht vor dem Gastgeber, der Schwiegervater nicht vor dem Schwiegersohn sicher; auch war Zuneigung unter Brüdern selten.
> Der Mann trachtet nach dem Tod der Ehefrau, jene nach dem des Ehemanns;
> Schreckliche Stiefmütter mischen bleichenden (totbringenden) Eisenhut;
> der Sohn forscht vorzeitig nach der Lebenszeit des Vaters;
> Die Anständigkeit liegt besiegt danieder und als letzte der Götter verliess die Göttin der Gerechtigkeit die vor Blut triefenden Länder.
> (Ovid: *Metamorphosen* I 144-150)

Aber bevor sie die Erde verliess und sich als Morgenstern Venus an den Himmel zurückzog, versprach Astrea am Ende des Eisernen Zeitalters auf die Erde zurückzukehren, um – ohne dass noch mal ein Kupfernes und ein Silbernes durchlaufen werden müssten – ein neues Goldenes

Zeitalter anbrechen zu lassen. In diesem neuen Goldenen Zeitalter würde sie – die Göttin der Gerechtigkeit – selbst als Fürstin über die ganze Welt herrschen. Diese Prophezeiung gab es schon in den sibyllinischen Büchern (so genannt, weil sie den Sibyllen, u.a. der Sibylle von Cumä, zugeschrieben wurden) und in Vergils vierter *Ekloge*.[1]

Vielleicht meinte Vergil (Publius Vergilius Maro, 70-19 vor Chr.) mit Astrea, Kaiser Augustus (Gaius Octavius, 63 vor - 14 nach Chr.), der ab 31 vor Christus Alleinherrscher des Römischen Reiches war. Nach einem Jahrhundert von Bürgerkriegen schaffte er es, einen dauerhaften Frieden herzustellen, die *Pax Augusta*, welche als Rückkehr des Goldenen Zeitalters aufgefasst wurde.[2] Im Auftrag von Kaiser Augustus schrieb Vergil die *Aeneis*, eine dichterische Entstehungsgeschichte des Römischen Reichs, kulminierend im Goldenen Zeitalter von Augustus. Im Buch VI der *Aeneis* beschrieb Vergil wie Aeneas, begleitet von der Sibylle von Cumä, durch die Unterwelt reist, und ihm von seinem Vater, Anchises, prophezeit wird:

> Dies hier, dies ist der Mann, den oft du dir hörtest verheissen,
> Caesar Augustus, des Göttlichen Sohn, der die goldenen Zeiten
> Wieder nach Latium bringt, zu der Flur, die früher Saturnus'
> Zepter beherrscht, der das Reich ausdehnt bis über der Inder
> Und Garamanten Gebiet – das Land liegt ausser der Sternbahn,
> Ausser den Pfaden der Sonn' und des Jahrs, wo der Träger
> des Himmels,
> Atlas, die Achse bewegt, die mit funkelnden Sternen besetzte.
> (Vergil: *Aeneis*, 791-797)

[1] *Ecloga* 4 (von 10) = *Bucolica* 4 = 4. *Lied der Hirtengedichte – Geburt des neuen Weltenjahrs*, 40 vor Chr. geschrieben.

[2] Wenn aber der Autor des letzten Bibelbuches, der apokalyptischen *Offenbarung des Johannes*, schreibt: «Ich, Jesus, ... bin ... der helle Morgenstern» (22:16), dann ist es ziemlich unwahrscheinlich, dass er dies tat, ohne die Geschichte zu kennen, wonach Astrea sich als der Morgenstern an den Himmel zurückgezogen hatte.

Renaissance

In der vierten *Ekloge* beschrieb Vergil, wie vor der Rückkehr von Astrea ein Kind geboren werden wird, das die Erde hierfür vorbereiten wird.

> Er wird göttliches Leben empfahn: Heroen mit Göttern
> Wird er vermischt anschaun und selbst sich ihnen gesellt sehn,
> Und im Frieden die Welt mit der Tugend des Vaters beherrschen.
> (Vergil: vierte *Ekloge*, 15-17)

Wie der Kirchenvater Lactantius (gestorben 340?) in seinen *Divinae institutiones* beschrieb, wurde diese Prophezeiung der Geburt eines männlichen, halb göttlichen, halb menschlichen Kindes von Konstantin dem Grossen (Flavius Valerius Constantinus, gestorben 337) als heidnische Prophezeiung der Geburt Christi interpretiert. Aber als man in der Renaissance nicht nur den Kirchenvater, sondern auch Vergils Text las, entdeckte man, dass dieser auch die Rückkehr von Astrea vorhersagte:

> Schon ist das Ende der Zeit nach dem Lied von Cumae gekommen.
> Und grossartig beginnen den Lauf ganz neue Geschlechter.
> Schon kehrt wieder Astraea, es kehrt Saturnus' Regierung:
> Neue Geburten entsteigen nun bald dem erhabenen Himmel.
> Sei nur dem werdenden Knaben, mit dem sich das eiserne Alter
> Schliesst, und die goldene Zeit aufsteiget dem sämtlichen Erdkreis,
> ...
> (Vergil: vierte *Ekloge*, 4-9)

Wenn ein Teil einer Prophezeiung von einem Kirchenvater als richtig anerkannt wurde, dann müsste eigentlich die ganze Vorhersage stimmen. Also müsste dann auch, nach der Geburt Christi, irgendwann Astrea wieder auf der Erde erscheinen. Alle Beschreibungen aus dem klassischen Altertum von Astrea und ihrer Rückkehr beim Anbrechen des neuen Goldenen Zeitalters zusammen, ergaben eine bestimmte Emblematik, woran Astrea bei ihrer Rückkehr erkennbar sein würde. Frances Yates beschrieb, wie schon Kaiser Karl V diese Emblematik für sich in

Anspruch nahm: Abbildung 22 zeigt seine abstrakte Repräsentation – in Form seines Wappens, Kaiserkrone, Kette des Goldenen Fliesses und der Wahlspruch ‹Plus Oultre› (noch weiter) – zwischen zwei Säulen, stehend auf zwei Felsen, hinter denen Wasser sichtbar ist. Die Felsen sind die Strasse von Gibraltar, die ‹Garamanten› (rechts Gibraltar, links das Atlasgebirge), die Säulen die ‹Pforte von Herkules› (wie die Strasse von Gibraltar auch genannt wurde), und das Wasser ist der Atlantische Ozean. Er sagt hiermit also: Ich bin Gebieter eines Reiches, das sich ‹noch weiter› als bis zu den Garamanten ausdehnt. Das kann er auch behaupten, wegen seiner Gebiete in Amerika.

Elisabeth I von England

Es gab also in der Renaissance die Erwartung, dass Astrea bald zurückkehren würde oder sogar schon zurückgekehrt war. Diese Erwartung führte dazu, dass Elisabeth I von England (Elisabeth Tudor, 1558-1603) diese Rolle auf sich nahm: Sie entwarf ihr Leben als Realisierung der Rückkehr von Astrea. So blieb sie ihr ganzes Leben unverheiratet. Dabei ging es noch nicht um das victorianische Zimperlichkeitsideal, sondern um die absolute Gerechtigkeit, die durch keine Leidenschaft ins Wanken gebracht wird: die Göttin der Gerechtigkeit, Astrea, musste eine, von keinem Mann verführbare, Jungfrau sein. Zweitens war sie Herrscherin über ein Weltreich. Abbildung 23 ist eine der vielen, welche Elisabeth in der Rolle von Astrea zeigen: Auch sie steht hier zwischen zwei Säulen: der Pforte von Herkules, und hinter ihr sieht man zuerst die Insel England, und dann wieder den Atlantischen Ozean, worauf Schiffe hin und her fahren zwischen England und seinen Gebieten in Amerika. Sie regierte aber auch noch «über die Inder»,[3] und erfüllte daher die Prophezeiung noch genauer als Karl V. In ihrem Reich ging die Sonne wahrlich niemals unter.

Elisabeth hatte zwei Personen, die für die Propaganda zur Verbreitung ihrer Akzeptanz als Astrea sorgten: Sir Henry Lee of Ditchley

[3] Nachdem 1588 die Spanische Flotte, die ‹Armada›, geschlagen war, erlaubte Elisabeth den englischen Kaufleuten eine Flotte für den Handel mit Asien zu gründen, was dann auch zu der Gründung von Handelsposten dort führte.

Abb. 22: Wahlspruch von Kaiser Karl V. Aus Magnifica pompa funerale, Antwerpen (Plantin) 1559

Abb. 23: Königin Elisabeth I. Stich von Crispin de Passe, senior

(1533-1611), «Master of the Ordnance and the Queen's Champion of the Accession Day Tilts» (Ordonnanzoffizier und der Vorfechter der Königin bei den Turnieren an den Jahrestagen der Thronbesteigung) vor allem in England selbst, und John Dee (1527-1609, Abb. 24) auch im Ausland. Dee war nicht nur ein Musterbeispiel eines Renaissance-Magiers, sondern zu gleicher Zeit auch einer der grössten und bekanntesten Gelehrten seiner Zeit.Von 1583 bis 1589 bereiste er Europa, wohl unter anderem, um da die Rückkehr von Astrea zu verkündigen.[4] Meistens wohnte er in diesen Jahren in Prag, wo er mit wichtigen Personen, u.a. aus Venedig und der Pfalz, Kontakte knüpfte. Er war es auch, der Elisabeth stimulierte zur Ausdehnung ihres Reiches in Amerika und Asien und der als erster den Ausdruck ‹British Empire› verwendete.Von der ausführlichen Literatur, worin die Engländer ihre ‹Elisa› als Astrea verherrlichten, ist wohl Edmund Spensers *The Faerie Queene* (1596) am bekanntesten. Die protestantische (anglikanische) Elisabeth erlaubte ihren Untertanen Freiheit des Denkens, darunter auch Freiheit der religiösen Überzeugung, verlangte ihnen aber auch ab, einander gegenseitig diese Freiheit zu gewähren. So wurde für die britische Bevölkerung ihre Regierung eine Ära von Freiheit, Toleranz und Wohlfahrt: ein wahres Goldenes Zeitalter. Damit etablierte Elisabeth ein Muster für eine kurze Tradition von Astrea-Fürsten.

Da die unverheiratete Elisabeth natürlich keine legitimen Nachkommen hatte, wurde nach ihrem Tod der Urenkel von Margaret Tudor (die Schwester von Elisabeths Vater Heinrich VIII), Jakob I (Sohn von Maria Stuart, der in Schotland schon seit 1567 als Jacob VI regierte), ihr Nachfolger. Er sah sich selbst als einen absolutistischen Fürsten und löste 1622 sogar das englische Parlament auf. Das 17. Jahrhundert wurde für England das Jahrhundert der Bürgerkriege, alles andere als ein Goldenes Zeitalter.

[4] Yates 1972. Szónyi 2005, 303/304 beschreibt diese Reise aber ohne dieses Ziel zu erwähnen.

Abb. 24: John Dee

Heinrich IV, König von Frankreich und Navarra

Der zweite Astrea-Fürst wurde also nicht Jakob I, sondern Heinrich IV (Heinrich von Bourbon, 1553-1610), König von Frankreich und Navarra. Sein Vater, der Herzog von Vendôme, war katholisch, seine Mutter, die Königin von Navarra, protestantisch. Er wurde zwar katholisch getauft, aber das in Spanien gelegene Königreich Navarra war protestantisch, und er wurde anfänglich protestantisch erzogen. Ab 1561 am französischen Königshof, wurde er für den Katholizismus gewonnen. Ende 1562, nach dem Tod seines Vaters, holte seine Mutter ihn nach Navarra zurück und sorgte für seine weitere Instruktion im Calvinismus. Als 1572 seine Mutter starb, wurde er König Heinrich III von Navarra. Noch am 17. August des gleichen Jahres heiratete er Margarete von Valois, die (katholische) Schwester des französischen Königs, um den Frieden von Saint-Germain zwischen den französischen Katholiken und den Hugenotten (französischen Protestanten), nach dem dritten Hugenottenkrieg, zu besiegeln. Aber anlässlich eines Attentats vom 22. August gab König Karl IX den Auftrag, in der Nacht vom 24. August 1572 (der «Bartholomäusnacht») 13.000 Hugenotten umzubringen. Um seiner Exekution vorzubeugen, konvertierte Heinrich nun zum Katholizismus. Mehr als drei Jahre war er Staatsgefangener im Louvre, bevor er flüchten konnte und den katholischen Glauben wieder ablegte. Inzwischen hatte Heinrich III die Nachfolge seines Bruders Karl IX als König von Frankreich angetreten. Heinrich III nahm eine neutrale Position ein, während Heinrich von Guise der Führer der französischen Katholiken, und Heinrich von Navarra der Anführer der Hugenotten wurde. In dem nun folgenden französischen Religionskrieg unterstützte Philip II von Spanien die französischen Katholiken, Elisabeth von England und die Niederlande die Hugenotten. Der Papst exkommunizierte sowohl Heinrich von Frankreich als Heinrich von Navarra, die nun zusammen gegen die katholische Liga, die Paris besetzt hielt, marschierten. Am 1. August 1589 wurde der französische König ermordet. Bevor er starb, bestätigte er Heinrich von Navarra als seinen Nachfolger, unter der Bedingung, dass dieser wieder zum Katholizismus konvertierte, was, nach vielen Problemen mit dem Papst, dann endlich am 25. Juli 1593 in

Abb. 25: König Heinrich IV als der Gallische Hercules. Druck, welcher nach seiner Konsekration in Chartres distribuiert wurde

Abb. 26: Astraea, Titelseite von Pierre Matthieu: L'Histoire de la France, 1605

der Kathedrale von Saint Dénis auch geschah. Angeblich soll er dazu gesagt haben «Paris ist wohl eine Messe wert» (*Paris vaut bien une messe*). Am 27. Februar 1594 folgte dann seine Krönung als Heinrich IV in der Kathedrale von Chartres (Abb. 25). 1599 wurde Heinrichs kinderlose Ehe mit Margarete von Valois annulliert und noch im gleichen Jahr heiratete er Maria de' Medici, die ihm am 27. September 1601 seinen ersten legitimen Sohn schenkte.

Wie auf Grund seines Hintergrunds zu erwarten war, erliess Heinrich IV am 13. April 1598 das Edikt von Nantes, das bis zum Edikt von Fontainebleau fast ein Jahrhundert Religionsfrieden sichern sollte. Auch mit dem Ausland schloss Heinrich Frieden, und in Frankreich selbst wurden viele Reformen durchgeführt, die zu Wohlstand des Staates und der Bevölkerung führten. Als König von Frankreich trug er den Titel ‹Rex Christianissimus›, der christlichste König, welcher direkt von Karl dem Grossen (748-814), dem ersten nicht-römischen Kaiser, hergeleitet war. Damit beanspruchte er ein symbolisches Kaisertum, also die Herrschaft über die ganze Welt. Durch dies alles profilierte er sich als derjenige, der nach dem Tod von Elisabeth 1603 die Position des Astrea-Fürsten übernehmen konnte. Abbildung 25 zeigt ihn als den ‹Gallischen Herkules› zwischen den zwei Säulen: der Pforte von Herkules. Noch bemerkenswerter ist wohl Abbildung 26, die ihn auf dem französischen Thron zeigt, in Gestalt einer Frau (Astrea) mit Getreide im Haar, ein mit Blumen umwundenes Schwert in der rechten, und ein Füllhorn in der linken Hand. Das Schwert ist das der Gerechtigkeit, und Getreide und Füllhorn verweisen beide auf den Überfluss im Goldenen Zeitalter. Frances Yates schreibt über Heinrich:

> Wie Vivanti zeigt,[5] war die Rückkehr Astreas das am häufigsten verwendete Symbol der Regentschaft Heinrichs IV, und zwar nicht einfach in einem konventionellen Sinn, sondern mit der wirklichen Hoffnung, dass ein neues Goldenes Zeitalter, eine neue Ära begann. Es gab eine weit verbreitete Hoffnung, dass die Konversion Heinrichs IV eine neue und liberalere Ära anzeigte, die in der religiösen Geschichte Europas anbrechen würde, und es ist diese universelle religiöse Hoffnung, die der französischen Astrea eine

[5] Vivanti 1967, 192 ff.; auch Vivanti 1963, 74-131.

Abb. 27: Honoré d'Urfé, Stich von Jean Meyssens

Abb. 28: Titelseite von Honoré d'Urfé: L'Astrée, 1632

> besondere Schärfe verleiht, deren Rückkehr in *L'Astrée*, dem Schäferroman von Honoré d'Urfé, in dem Heinrich IV, unter einem dünnen Deckmantel, selbst erscheint, zu einem elaborierten und esoterischen Kult wird.[6]

Heinrichs Propagandist als Astrea war also Honoré d'Urfé (1568-1625, Abb. 27), der Autor des Schäferromans *L'Astrée* (Abb. 28 & 29). Dieser Roman blieb während des ganzen 17. Jahrhunderts äusserst populär, auch nach dem Tod von Heinrich IV. Erzogen von den Jesuiten hatte d'Urfé sich 1590 der Armee der katholischen Liga angeschlossen und gegen Heinrich IV gekämpft, aber 1603 trat er in den Dienst des neuen Königs. Die vier Bände von L'Astrée erschienen 1607, 1610, 1619 und 1624. Der letzte Band war bei seiner ersten Veröffentlichung noch unvollständig, aber 1627 erschien posthum der komplette Band. Gleichfalls 1627 publizierte d'Urfés Sekretär einen fünften Band, wohl auf Basis von Material von d'Urfé. Insgesamt umfassen die fünf Bände mehr als 5000 Seiten. Später erschien noch ein apokrypher sechster Band. Trotz dieses Umfangs wurde das Werk extrem populär und diente als Vorbild für viele weitere Schäferromane, aber auch für Schäfergedichte, Schäferspiele,[7] Schäferopern und -ballette, sowie für viele Gemälde, Stiche, Wandteppiche usw. Die Hauptfiguren sind die Schäferin Astrée und ihr Liebhaber Céladon. Es war im 17. Jahrhundert üblich, dass in Schauspielen, Opern und Balletten die Hauptfiguren immer in Kleidung von ein und der gleichen, für sie charakteristischen, Farbe auftraten. Für Astrea war das Rosarot[8] und für Céladon ein bestimmtes Grau-Grün, das dann Modefarbe wurde unter dem Namen Céladon-Grün.[9] Weiter ist in dem Roman das Geschlecht der Personen ständig Gegenstand von Verwechslung. So lebt Céladon als angebliche Druidentochter eine Zeit lang unerkannt mit Astrea zusammen. Auch paraphrasiert d'Urfé Geschichten aus der klassischen Mythologie, aber unter Verwechslung des Geschlechts der Personen: die Männer aus den klassischen Geschichten

6 Yates 1975, 210.

7 Zwischen 1620 und 1640 entstanden in Frankreich etwa 60 Schäferspiele, wovon um die 20 direkt auf *L'Astrée* basierten und auch die übrigen davon beeinflusst waren (Gerhardt 1950, 272).

8 So schon Da Vinci 1508.

9 Dies führte auch dazu, dass das Chinesische Lung-ch'üan-Porzelan der Ming-Periode aus der Stadt Ch'u-chou-fu, das diese Farbe hat – von da an in Europa ‹Céladon› genannt – modisch wurde.

Abb. 29: Titelseite von L'Astrée, Paris 1612

sind bei ihm Frauen, und umgekehrt. Dies sind zwei wichtige Hinweise, um den Text zu verstehen. Erstens war (neben ‹le bon Henri›, der gute Heinrich) der Spitzname von Heinrich IV ‹le vert galant›, was ‹der Schürzenjäger› bedeutet, aber buchstäblich übersetzt ‹der grüne Galante› heisst. Auf dieser Ebene der Interpretation steht also Céladon für Heinrich. Astrea steht dann wohl für Gabrielle d'Estrées, Duchesse de Beaufort et Verneuil, Marquise de Monceaux (um 1570-1599), Heinrichs offizielle Mätresse von 1592 bis zu ihrem Tod 1599. Von ihr hatte er drei uneheliche, aber legitimierte, Kinder, welche 1594, 1596 und 1598 geboren wurden. Die Annullierung von Heinrichs erster Ehe wurde eingeleitet, um eine Ehe mit Gabrielle zu ermöglichen. Vermutlich wurde sie dann aber vergiftet, weil der Grossherzog der Toskana, Ferdinand I de' Medici, seine Nichte Maria de' Medici mit Heinrich vermählen wollte, was dann auch geschah. Obwohl Maria ihm sechs Kinder schenkte, hatte Heinrich seitdem immer weitere Mätressen, von denen ihm noch fünf Kinder geboren wurden. Zweitens war Heinrichs dritter Spitzname ‹le soleil levant›, ‹die aufgehende Sonne›. Damit sind wir bei dem Aurora-Rot der Morgenröte, dem rosaroten Mantel von Astrea als Morgenstern, der Farbe des Anbrechens des neuen Tages und damit metaphorisch des neuen Goldenen Zeitalters. Auf dieser Ebene der Interpretation steht also Astrea für Heinrich. Und das erklärt das Spiel der Umkehrungen der Geschlechter in *L'Astrée*: die auf die Erde zurückgekehrte Astrea ist jetzt ein Mann, Heinrich. D'Urfé bestätigte niemals explizit, dass Heinrich IV in *L'Astrée* beschrieben wurde, aber einmal gab er auf Fragen in diese Richtung eine nicht ganz ausweichende Antwort: «Es gibt Könige und Königinnen, die unsere Bühne besteigen».[10]

Aber schon am 14. Mai 1610 wurde Heinrich ermordet. Sein Sohn wurde sein Nachfolger als Ludwig XIII, König von Frankreich. Doch auch dieser war zum Absolutismus geneigt und daher ungeeignet als Astrea-Fürst.

[10] Mercier 1925, xix.

Friedrich V von der Pfalz

Der dritte Astrea-Fürst wurde Friedrich V von der Pfalz (1596-1632). Nachdem 1610 sein Vater gestorben war, wurde er Pfalzgraf und Kurfürst von der Pfalz. Friedrich war nun der wichtigste der protestantischen deutschen Fürsten. Seit 1612 Rudolf II von Böhmen gestorben war, spielten sie mit dem Gedanken, dass, wenn Friedrich auch Kurfürst von Böhmen würde, die Protestanten die Stimmenmehrheit im Kurkollegium inne hatten, um dann auch einen protestantischen Kaiser wählen zu können. Friedrich wäre dafür dann der auf der Hand liegende Kandidat gewesen. Am 24. Februar 1613 heiratete er in London Elisabeth Stuart (1596-1662), die Tochter des englischen Königs Jakob I (Abb. 30). 1618 unterstützte Friedrich die protestantischen Fürsten in Böhmen militärisch erfolgreich in ihrem Machtstreit um die Herrschaft. Nachdem im März 1619 auch der deutsche Kaiser gestorben war, wiesen die böhmischen Länder den katholischen habsburgischen Kronprätendenten Ferdinand II ab. Hierauf war nur Friedrich bereit, König von Böhmen zu werden. Kein anderer traute sich den nun unvermeidlich folgenden Streit mit Ferdinand II, der – wie Friedrich – auch Kaiser von Deutschland werden wollte, zu. Am 26. August 1619 wurde Friedrich also zum böhmischen König gewählt. Einige Tage später wurde aber im Kurkollegium Friedrichs Anspruch auf die böhmische Stimme nicht anerkannt, und so wurde Ferdinand II dort zum Kaiser gewählt. Im September nahm Friedrich, trotz vieler Warnungen, die Wahl an und reiste, samt hochschwangerer Elisabeth, nach Prag. Am 31. Oktober 1619 fand der festliche Einzug in Prag statt. Die Vereinigten Niederlande, Dänemark, Schweden und die Republik Venedig erkannten ihn als den neuen König von Böhmen an.

Die Regierung Friedrichs war nicht die eines Astrea-Fürstes: er erlaubte keine Religionsfreiheit, schrieb stattdessen seine calvinistische Religion sogar den anderen Protestanten vor. Dies führte zu viel Unzufriedenheit. Von militärischen Angelegenheiten hatte er überhaupt keine Ahnung und die finanzielle Lage seiner Länder wurde immer problematischer. Bald unterstützten ihn weder sein Schwiegervater Jakob I von England, noch die Niederlande, noch die Fürsten der deutschen

Felicitati Nuptiarum Illustriss. ac Florentiss. Dn. Dn. Friderici V. Electoris S. R. I. Ducis Bavariæ, Comitis Palatini, &c.

AC

Dn. Dn. Elizabethæ, Sereniss. ac Potentiss. Iacobi Britanniarum, Franciæ, Hiberniæque Regis Filiæ unicæ, &c.

Auf das Hochzeitliche Glück vnd Heyl deß Durchleuchtigsten/ Hochgebornen Fürsten vnd Herren Herren Friederichen deß fünfften dieses Nahmens Pfaltzgraffen bey Rhein/ deß Heiligen Römischen Reichs Ertztruckseßen vnd Churfürsten.

Mit der

Durchleuchtigsten Fürstin Elisabeth / Jacobi deß Großmechtigsten Königs von groß Britannien / Franckreich / Irland / Einiger Tochter.

Qui tot disiunctos spatiis Deus egit in unum,
Perpetuis & vestros excubet ante toros:
Paciferoq; sub imperio det vivere longum
Europa, imò Orbis dulce utrinq; decus.
Sorsq; beet natorum eadem longo ordine natos,
Donec erunt homines, donec & Orbis erit.

Ob schon der Weg war ziemlich weit/
Vnd machte das Meer ein Vnderschiet/
Doch Gott durch seinen weisen Raht
Endlich euch beyd verbunden hat.
Derselb auch hüt das keusche Bett/
Die Feinde vor der Thür zertrett/
Vnd langes leben euch Verleyh

Damit gut Fried in Teutschland sey/
Auch glentzt ein Zier dem Vatterland
Vnd werd diß Lob der Welt bekant
Solch hoher Stam empfind kein end
Vnd stets erhalt das Regiment
So lang als mag die Erde seyn/
Vnd Menschen kinder wohnen drein.

Gedruckt Im Jahr 1613.

Abb. 30: Heirath der Kurfürst von der Pfalz mit Prinzessin Elisabeth

protestantischen Union, mehr. Ferdinand verstand es dahingegen, wichtige deutsche Fürsten auf seine Seite zu ziehen. Das Ende kam am 8. November 1620, als Friedrichs Armee in der Schlacht am Weissen Berg bei Prag vernichtend geschlagen wurde. Wegen seiner so kurzen böhmischen Königschaft bekam er den Spottnamen der ‹Winterkönig›. Friedrich und seine Familie flüchteten in die Niederlande, wo er im April 1621 in Den Haag eintraf, einige Tage nach dem Ende des Waffenstillstands zwischen den Niederlanden und Spanien. 1622/23 bildete Friedrich eine Exilregierung in Den Haag. 1630 zog der protestantische schwedische König Gustav Adolf erfolgreich gegen den katholischen deutschen Kaiser auf. 1632 schloss Friedrich sich ihm an. Im November 1632 starben beide, zwei Wochen nacheinander, ersterer in einer Schlacht, danach Friedrich vermutlich an der Pest. Elisabeths Hof in Den Haag wurde geistiger Mittelpunkt der europäischen protestantischen Gesellschaft, bis sie 1649 nach England zurückkehrte. Unter ihren Besuchern in Den Haag waren Samuel Hartlib, John Dury, Johann Amos Comenius, Sir William Boswell und Sir Thomas Roe. René Descartes zog 1644 sogar in eine Wohnung in der Umgebung von Leiden um, damit er in ihrer Nähe war.[11] Friedrich und Elisabeths jüngste Tochter, Sophie, heiratete 1658 Ernst August, Kurfürst von Hannover, und Sophies Sohn, George, wurde 1714 der erste englische König aus dem Hause Hannover.

Nach Friedrich gab es keine Astrea-Fürsten mehr. Bis 1648 der Frieden von Münster dem Dreissigjährigen Krieg ein Ende setzte, gab es in Europa keinen Platz für Astrea. Das bedeutete allerdings nicht, dass SIE, und die mit ihr assoziierten Ideale und Konzepte, vergessen wurden.

Das, was Friedrich in erster Instanz unterscheidet von Elisabeth und Heinrich, ist, dass letztere zwei, im Moment, als sie die Rolle des Astrea-Fürsten auf sich nahmen, schon ein grosses Reich regierten, in dem Frieden, Toleranz und Wohlfahrt herrschten. Bei Friedrich gab es nur – namentlich ab 1613 als er sich mit Elisabeth Stuart, der Nichte von Elisabeth der Grossen, vermählte – die Erwartung, dass er das realisieren würde. Um ihn herum gruppierten sich aber nicht nur die europäischen Protestanten in der Hoffnung, dass er die Intoleranz der

[11] Yates 1972, 117.

katholischen Habsburger brechen und selbst ein toleranter deutscher Kaiser werden würde. In seinem direkten Umfeld formierte sich auch eine kleine Gruppe, welche 1614, 1615 und 1616 die drei sogenannten Rosenkreuzerschriften publizierte. Aber das ist die Geschichte des nächsten Kapitels.

Bibliographie

Quellentexte. Im Internet finden sich:

Ovid: *Metamorphosen* (Übersetzung: M. Lechner), <www.latein24.de/index.php?name=Sections&req=viewarticle&artid=7&page=1>

Vergil: *Aeneis* (Übersetzer nicht angegeben), <www.gottwein.de/Lat/verg/VergAen001.php>

Vergil: vierte *Ekloge* (Übersetzung: C.U. von Osiander), <www.gottwein.de/Lat/verg/ecl04.php>

Urfé, Honoré d', *L'Astrée* (sechs Bänder, herausgegeben von Reinhard Krüger, Universität Stuttgart, auf Französisch), <www.uni-stuttgart.de/lettres/krueger/astree/html/index.htm>

Urfé, Honoré d', *L'Astrée* (erster Band in der von Honoré d'Urfé revidierten Fassung von 1621, herausgegeben von Eglal Henein, Tufts University, auf Französisch), <http://astree.tufts.edu/astree_21/21_folios_liminaires.html>

Weitere Literatur

Da Vinci, Leonardo, 1508, *Trattato Della Pittura*, 1651 von Cassiano dal Pozzo zum ersten Mal in Druck herausgegeben. Moderne Ausgabe: Vicenza 2000.

Gerhardt, Mia Irene, 1950, *Essai d'Analyse Littéraire de la Pastorale dans les littératures italienne, espagnole et française*, Van Gorcum: Assen.

Mercier, Louis, 1925, «Préface», in Honoré d'Urfé: *L'Astrée*, (Hugues Vaganay (Hg.)), Pierre Masson: Lyon.

Snoek, J.A.M., 1996, «De Namen en Kleuren van de twee Leidse Loges. Over Astrea en de Vrijmetselarij», *Acta Macionica* 6 (1996) 195-227.

Szónyi, György E., 2005, «Dee, John», in Wouter J. Hanegraaff (Hg.): *Dictionary of Gnosis & Western Esotericism*, Brill: Leiden & Boston, I 301-309.

Vivanti, Corrado, 1963, *Lotta politica e pace religiosa in Francia fra Cinque e Seicento*, Turin.

——, 1967, «Henri IV, the Gallic Hercules», *Journal of the Warburg and Courtauld Institutes* 30 (1967) 176-197.

Yates, Frances A., 1972, *The Rosicrucian Enlightenment*, Routledge & Kegan Paul: London.

——, 1975, *Astraea: The Imperial Theme in the Sixteenth Century*, Routledge & Kegan Paul: London.

9
ROSENKREUZER

Die Rosenkreuzerschriften

Wie wir schon sahen, reiste John Dee von 1583 bis 1589 durch Europa, vermutlich unter anderem, um Elisabeth als die zurückgekehrte Astrea zu propagieren.[1] Frances Yates spekulierte, dass Dee bei seinem Besuch der Pfalz dort einen Orden, oder wenigstens eine Gruppe, gegründet haben könnte.[2] Diese Idee ist von späteren Forschern nicht bestätigt worden. 1613 heiratete Friedrich V., Kurfürst der Pfalz, die Prinzessin Elisabeth Stuart, Tochter von Jakob I. In den drei anschliessenden Jahren erschienen dann die drei berühmten Rosenkreuzerschriften: *Fama Fraternitatis [Ruf der Bruderschaft], Dess Löblichen Ordens des Rosenkreutzes, an alle Gelehrte und Häupter Europae geschrieben* (Wilhelm Wessel: Kassel 1614), *Confessio Fraternitatis [Bekenntnis der Bruderschaft]* (Wilhelm Wessel: Kassel 1615) und Johan Valentin Andreae: *Chymische Hochzeit Christiani Rosencreutz: Anno 1459* (Lazari Zessner: Strassburg 1616) (Abb. 31-35).[3] Von der *Fama* zirkulierten schon ab ca. 1610 Manuskripte (Abb. 31).[4] Die *Fama* war wohl ein Gemeinschaftswerk von dem Tübinger Theologen Johann Valentin Andreae (1586-1654, Abb. 35) und seinem Freundeskreis, während die *Confessio* vermutlich von Andreae und Tobias Hess (1558-1614) geschrieben wurde.[5] Andreaes Freundeskreis – die von ihm 1610 in Tübingen gegründete ‹Gelehrte und Christliche Gesellschaft› wozu u.a. Christoph Besold (1577-1738) und Hess gehörten – war jedenfalls neuplatonisch-hermetisch-christlich orientiert und von Alchemie und Paracelsismus beeinflusst. Frances Yates spekulierte ausserdem, dass es sich um die womöglich von John Dee

1 Siehe Kapitel 8.

2 Siehe Yates 1972.

3 Für den Text siehe Von Dülmen 1994 oder Wehr 1984. Für Zusammenfassungen siehe Edighoffer 2005b.

4 Siehe Janssen (Hg.) 1988.

5 Siehe Lamprecht 2004, 34-39; Edighoffer 2005a, 74 & 2005b, 1009. Über Andreae siehe Edighoffer 2005a.

Abb. 31: Manuskript der Fama Fraternitatis von 1610–1612

Allgemeine vnd General
REFORMATION,
der gantzen weiten Welt.
Beneben der
FAMA FRA-
TERNITATIS,
Deß Löblichen Ordens des
Rosenkreutzes / an alle Gelehrte
vnd Häupter Europæ geschrie-
ben:
Auch einer kurtzen RESPONSION,
von dem Herrn Haselmeyer gestellet / welcher
deßwegen von den Jesuitern ist gefänglich ein-
gezogen / vnd auff eine Galleren ge-
schmiedet:
Itzo öffentlich in Druck verfertiget /
vnd allen trewen Hertzen communiciret
worden.
Gedruckt zu Cassel / durch Wilhelm Wessell /
ANNO M. DC. XIV.

Abb. 32: Editio princeps der Fama Fraternitatis, 1614

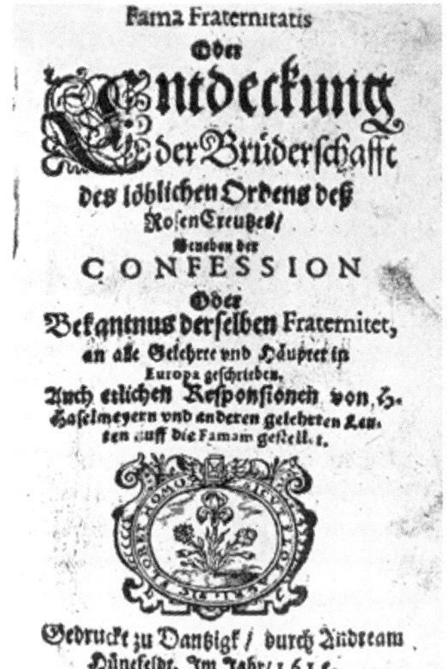

Fama Fraternitatis
Oder
Entdeckung
Der Brüderschafft
des löblichen Ordens deß
RosenCreutzes /
Beneben der
CONFESSION
Oder
Bekantnus derselben Fraternitet,
an alle Gelehrte vnd Häupter in
Europa geschrieben.
Auch etlichen Responsionen von H.
Haselmeyern vnd anderen gelehrten Leu-
ten auff die Famam gestellet.
Gedruckt zu Dantzigk / durch Andream
Hünefeldt. Im Jahr / 1615.

Abb. 33: Danzig-Edition der Confessio Fraternitatis, 1615

Chymische Hoch-
zeit:
Christiani Rosencreutz.
ANNO. 1459.
Arcana publicata vilescunt, & gra-
tiam prophanata amittunt.
Ergo: ne Margaritas obijce porcis, seu
Asino substernere rosas.
Erstlich Gedruckt zu Straßburg /
Anno M. DC. XVI.

Abb. 34: Titelseite von J.V. Andreae: Chymische Hochzeit Christiani Resencreutz, Strassburg 1616 (mit Monas Hieroglyphica)

Abb. 35: Bildnis des Johann Valentin Andreae, Kupferstich von Wolfgang Kilian

gegründete Gruppe handeln könnte.[6] Jedenfalls gibt es Verbindungen zwischen Dee, Andreae und den Rosenkreuzerschriften.

Das Wort ‹Rosenkreuz› kann auf unterschiedliche Weise interpretiert werden. In erster Instanz ist es ein rotes Kreuz. Zweitens kann es ein Kreuz bedeuten, woran eine Rose erblüht ist, oder ein Kreuz mit vier Rosen zwischen den Armen. Das letztere finden wir z.B. bei dem Rosenkreuz von St. Georg des Hosenbandordens mit den englischen Rosen. Schliesslich kann es als *Ros* plus *Crux*, das heisst, als Tau plus Licht interpretiert werden. Und dies finden wir in John Dees Büchlein *Monas Hieroglyphica* von 1564.[7] Diese beiden letzten Interpretationen scheinen mehr als zufällig zu sein. Denn Johan Valentin Andreae war wahrscheinlich sogar 1603 schon ein Beobachter von Teilen des Aufnahmerituals in den Hosenbandorden von Friedrich I., Herzog von Württemberg, und 1613 nochmals, als Friedrich V. von der Pfalz aufgenommen wurde. Frances Yates meinte ausserdem, dass die *Chymische Hochzeit* eine allegorische Interpretation der Feierlichkeiten nach Anlass der Eheschliessung von Friedrich V. von der Pfalz und Prinzessin Elisabeth Stuart 1613 im Heidelberger Schloss ist (Abb. 30).[8] Die *Confessio* wurde 1615 publiziert, zusammen mit und sogar *nach* einem Exzerpt aus Dees *Monas Hieroglyphica*, und die *Chymische Hochzeit* hat den ‹Monas› auf der Titelseite und im Text (Abb. 36-39). Schliesslich ist das Wappen von Andreae auch noch mit einem Andreas-Kreuz und vier Rosen versehen (Abb. 35 & 43). Damit sind all diese Elemente miteinander verknüpft. Weiter sind Einflüsse von Neuplatonismus,[9] Hermetismus[10] und den Gedanken von Paracelsus[11] und Reuchlin[12] auf die *Fama* sehr ausgeprägt.[13]

Die *Fama* ruft dazu auf, dass diejenigen, die Interesse haben, ein Mitglied der Bruderschaft zu werden, dies dadurch kennbar machen, dass sie dies in einer Publikation veröffentlichen. Viele haben dies getan

6 Siehe Yates 1972.

7 Über den *Monas Hieroglyphica* siehe Szónyi 2005, 305.

8 Siehe Yates 1972. Nach Edighoffer soll Andreae die *Chymische Hochzeit* schon zwischen 1603 und 1605, also vor dieser Eheschliessung, geschrieben haben (Edighoffer 2005a, 74). Allerdings hatte er natürlich bis zum Druck die Gelegenheit, den Text noch zu ändern.

9 Siehe Kapitel 3.

10 Siehe Kapitel 7.

11 Siehe Kapitel 5.

12 Siehe Kapitel 6.

13 Siehe Edighoffer 2005b, 1010.

Abb. 36: Titelseite von John Dee: Monas Hieroglyphica, London 1564

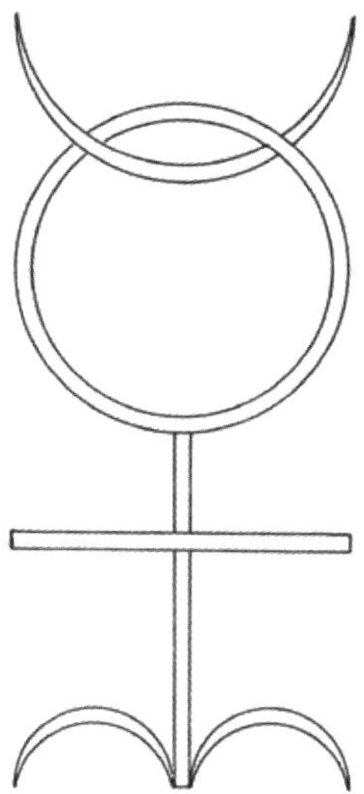

Abb. 37: Das Symbol der Monas Hieroglyphica

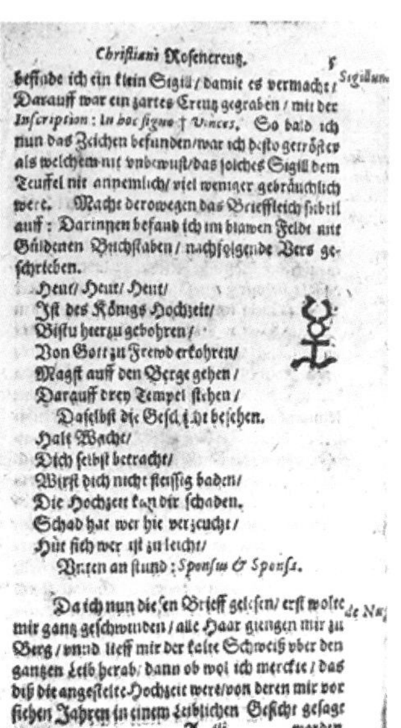

Christiani Rosencreutz. 5

befinde ich ein klein Sigill / damit es vermacht / Sigillum.
Darauff war ein zartes Creutz gegraben / mit der
Inscription: In hoc signo † Vinces. So bald ich
nun das Zeichen befunden/war ich desto getröster
als welchem nit vnbewust/das solches Sigill dem
Teuffel nit annemlich/ viel weniger gebräuchlich
were. Machte derowegen das Brieffleich subtil
auff: Darinnen befand ich im blawen Felde mit
Güldenen Buchstaben / nachfolgende Vers ge-
schrieben.

Heut/ Heut/ Heut/
Ist des Königs Hochzeit/
Bistu hierzu gebohren/
Von Gott zu Frewd erkohren/
Magst auff den Berge gehen /
Darauff drey Tempel stehen /
Daselbst die Geschicht beschen.
Halt Wache/
Dich selbst betracht/
Wirst dich nicht fleissig baden/
Die Hochzeit kan dir schaden.
Schad hat wer hie verzeucht /
Hüt sich wer ist zu leicht/
Vnten an stund: Sponsus & Sponsa.

Da ich nun diesen Brieff gelesen/ erst wolte de Nu
mir gantz geschwinden / alle Haar giengen mir zu
Berg / vnnd lieff mir der kalte Schweiß vber den
gantzen Leib herab/ dann ob wol ich merckte / das
diß die angestelte Hochzeit were/von deren mir vor
sieben Jahren in einem Leiblichen Gesicht gesagt
A iii worden

Abb. 38: Seite der Chymische Hochzeit Christiani Rosencreutz mit John Dees Symbol der Monas Hieroglyphica

Chymische Hoch-
zeit:
Christiani Rosencreutz.
ANNO. 1459.
Arcana publicata vilescunt, & gra-
tiam prophanata amittunt.
Ergo: ne Margaritas obijce porcis, seu
Asino substernere rosas.

Erstlich Gedruckt zu Strassburg/
Anno M. DC. XVI.

Abb. 39: Abbildung 34 umgedreht, wodurch das Monas-Symbol erkennbar wird

und manche von ihnen (wie Francis Bacon (1561-1626), Michael Maier (1568-1622), Robert Fludd (1574-1637) und Elias Ashmole (1617-1692, Abb. 13)) wurden daher später als Rosenkreuzer betrachtet, aber der Orden hat sich niemals bei jemandem zurückgemeldet. Frances Yates zeigte, dass Friedrich V. von der Pfalz der dritte Astrea-Fürst war. Als er 1620 in der Schlacht auf dem Weissen Berg bei Prag geschlagen wurde, tauchten die Rosenkreutzer, die ihn unterstützt hatten, unter. Dies erklärt, warum niemand mehr etwas von ihnen hörte.[14] Lamprecht und Edighoffer sind aber der Meinung, dass ‹die Rosenkreuzer› niemals mehr als eine literarische Fiktion waren. Weder Andreae, noch seine Freunde, haben sich jemals so genannt oder benommen.[15]

Der Mythos von Christian Rosencreutz

In der *Fama* wird der Mythos von Christian Rosencreutz erzählt. Er wurde 1378 in Deutschland geboren, reiste nach Damascus, Damcar (in Arabien), Ägypten und Fez, wo er viele geheime Weisheiten lernte. Danach ging er nach Spanien, um diese zu lehren, aber er fand kein Gehör. Zurück in Deutschland erwählte er drei Lehrlinge; das war die Gründung des Rosenkreuzerordens. Später wurde die Zahl der Lehrlinge auf acht vergrössert. Jeder von ihnen fuhr in ein anderes Land. Sie vereinbarten sechs Dinge, u.a. dass der Orden 100 Jahre geheim gehalten werden sollte und dass sie Kranken umsonst helfen würden (nach der Lehre von Paracelsus, 1493-1541). Christian Rosencreutz starb 1484, im Alter von 106 Jahren. Sein Grab blieb 120 Jahr verborgen. Dieses Grab mit perfekt konserviertem Leichnam, sowie Dokumenten und Symbolen, wurde 1604 von einem der Mitglieder des Ordens entdeckt. Das geheime Gewölbe wurde allerdings wieder geschlossen und bleibt bis heute verborgen. Die Mitglieder schwärmten jedoch wieder in die Welt hinaus. Für Freimaurer ist aus dieser Geschichte vor allem folgende Beschreibung der Entdeckung des Grabes von «Fr. C. R. C.» (Frater Christian Rosen Creuz) interessant:

---

14 Siehe Yates 1972.

15 Lamprecht 2004, 42; Edighoffer 2005b, 1014.

Im folgenden Jahr, als er [Bruder N. N.] seiner Ausbildung genügt hatte ...gedachte er, der ein guter Baumeister war, an diesem [dem Heiligen Geist geweihten Ordens-] Gebäude etwas zu verändern und zweckmässiger anzuordnen. Bei dieser Renovation stiess er auf die Gedächtnistafel aus Messing, die die Namen der Bruderschaft samt anderen Angaben enthielt. Diese Tafel wollte er in ein anderes, geeigneteres Gewölbe versetzen. Wo und wann Fr. R. C. gestorben und in welchem Land er begraben sein mochte, wurde uns von den Alten [inzwischen verstorbenen Brüdern] vorenthalten und wir wusstens nicht. Die Tafel hing nun an einem grossen, starken Nagel, weshalb er mit Gewalt herausgezogen wurde. Dabei löste sich ein ziemlich grosser Stein von einem dünnen Mauerwerk samt Mörtel, der eine verborgene Türe bedeckte. Mit Freude und Neugierde räumten wir das übrige Gemäuer hinweg und säuberten die Tür. An ihr stand oben mit grossen Buchstaben [auf Latein] geschrieben: «Nach 120 Jahren werde ich offenstehen». Für die alte Jahreszahl darunter dankten wir Gott und liessen die Sache am selben Abend auf sich beruhen. ...

Des Morgens öffneten wir die Türe und fanden ein Gewölbe mit sieben Seiten und Ecken, jede Seite fünf Fuss lang, bei einer Höhe von acht Fuss. Obwohl dieses Gewölbe nie von der Sonne beschienen wurde, leuchtete es doch hell. Ein sonnenartiges Licht stand zuoberst in der Mitte der Bühne. In ihrer Mitte war statt eines Grabsteins ein runder Altar mit einer Messingplatte; darauf [auf Latein] diese Schrift: «A. C. R. C. Dies Kompendium des Alls habe ich mir zu meinen Lebzeiten zum Grabmal gemacht». Um den ersten Reif oder Rand herum stand [auf Latein]: «Jesus ist mir alles». In der Mitte waren vier Figuren von einem Kreis umschlossen, dessen Umschrift [auf Latein] lautete: 1. Keine Leere, 2. Joch des Gesetzes, 3. Freiheit des Evangeliums, 4. Gottes uneingeschränkter Ruhm». Dies ist alles klar und lauter wie auch die siebte Seite und die zwei(mal) sieben Triangel [des Gewölbes und des Fussbodens].

> Wir knieten allzumal nieder und dankten dem allein weisen, allein mächtigen, allein ewigen Gott, der uns mehr gelehrt als alle menschliche Vernunft erfinden könnte. Gelobt sei sein Name![16]

Weiter fängt die *Chymischen Hochzeit* mehr oder weniger damit an, dass der Protagonist träumt, dass er unten «in einem finsteren Turm» liegt. Dann «wurde der Deckel oben am Turm aufgehoben und ein wenig Licht hereingelassen». Man liess ein Seil herunter, um «wer daran hängen würde, heraufzuziehen». «Schnell erhaschte ich es ... und konnte endlich hoffen herauszukommen, was mich hoch erfreute». Dann «ward der Deckel wieder zugetan und verschlossen».[17] Diese beiden Texte zeigen bemerkenswerte Verwandtschaft mit einer Geschichte aus der *Kirchengeschichte* von Philostorgius (um 368-nach 433):

> Kap. 14. Als Julian [Kaiser Flavius Claudius Iulianus, ‹der Apostat› (331-363)], die Stadt Jerusalem wiederaufbauen hiess, um die diese betreffenden Vorhersagen unseres Herrn öffentlich zu widerlegen, verursachte er genau das Gegenteil dessen, was er beabsichtigt hatte. Denn sein Werk wurde durch viele andere Wunder des Himmels aufgehalten, und besonders bewegte sich bei der Vorbereitung der Fundamente [des Tempels] ganz plötzlich einer der Steine, der an der Basis platziert war, von seiner Stelle und öffnete die Tür einer gewissen Höhle, die in den Felsen getrieben worden war. Wegen ihrer Tiefe war es schwierig zu sehen, was in dieser Höhle war. Deshalb wurden Leute bestimmt, die Sache zu untersuchen, die, bestrebt, die Wahrheit herauszufinden, einen ihrer Arbeiter an einem Seil herunter liessen. Nachdem er herab gelassen worden war, fand er stehendes Wasser, das ihm bis zum Knie reichte, und, nachdem er rund herum gegangen war und die Wände auf jeder Seite berührt hatte, stellte er fest, dass die Höhle ein perfektes Quadrat war. Dann, bei seiner Rückkehr, als er in der Nähe der Mitte stand, stiess er mit seinem Fuss gegen eine Säule, die sich leicht über das Wasser erhob. Sobald er diese Säule berührte, fand er darauf ein Buch, das in sehr feine und dünne Leinwand geschlagen war, und sobald er es so, wie er es gefunden

[16] Aus der *Fama Fraternitatis*, zitiert aus Wehr 1984, 67/68.
[17] Wehr 1984, 100-104.

> hatte, hoch gehoben hatte, gab er seinen Genossen ein Zeichen, dass sie ihn wieder hoch ziehen sollten. Sobald er das Licht wieder erreicht hatte, zeigte er ihnen das Buch, welches sie alle mit Erstaunen erfüllte, besonders weil es, bedachte man den Ort, an welchem es gefunden worden war, so neu und frisch erschien. Dieses Buch, das sowohl in den Augen der Heiden wie in denjenigen der Juden als ein so mächtiges Wunder erschien, zeigt, als es geöffnet wurde, die folgenden Worte in grossen Buchstaben: «Am Anfang war das Wort, und das Wort war bei Gott, und Gott war das Wort» [Johannes 1:1]. Tatsächlich enthielt der Band das gesamte Evangelium, das durch die göttliche Zunge des Lieblingsjüngers und der Jungfrau kund getan wurde. Überdies zeigte dieses Wunder, zusammen mit anderen Zeichen des Himmels, ganz klar, dass «das Wort des Herrn nie ins Leere ergehen würde» [Jesaja 55:11], welches vorhergesagt hatte, dass die Zerstörung des Tempels immerwährend sein sollte.[18] Denn dieses Buch erklärte, dass der, der diese Worte vor langer Zeit geäussert hatte, Gott und der Schöpfer des Universums sei, und es war ein sehr klarer Beweis, dass die «Arbeit, derjenigen, die gebaut hatten, verloren war»,[19] wenn man bedenkt, dass die unveränderbare Anordnung des Herrn den Tempel zu ewiger Zerstörung verdammt hatte.[20]

Ob die Geschichte von Philostorgius die Texte der Rosenkreuzerschriften beeinflusst hat oder nicht, als sie später in den Ritualen der Freimaurer verarbeitet wurde,[21] wird man sich der Parallelen zu den rosenkreuzerischen Geschichten sicherlich bewusst gewesen sein.

[18] Die Auffassung, es sei verboten den Tempel von Jerusalem, nach seiner Zerstörung 70 nach Chr., wieder aufzubauen, weil er erst vom Messias wieder aufgebaut werden wird, basiert auf einer jüdischen Interpretation von Daniel 9:25 und Micha 4:1.

[19] Wahrscheinlich ist hier Psalm 127:1 gemeint.

[20] Siehe Jones 1957, 126-130, für das Philostorgius-Zitat 128. Der griechische Originaltext in Bidez 1913.

[21] Siehe Kapitel 12.

Neo-Rosenkreuzer

Nach der Publikation der Rosenkreuzerschriften wurden im Laufe der Zeit viele Rosenkreuzer-Organisationen gegründet. Diese sind auf unterschiedliche Weisen zu gruppieren. Erstens kann man drei Gruppen unterscheiden auf Grund der Interpretation des Wortes «Rosenkreuz» als: 1. ein rotes Kreuz (Neo-Templer Orden, Abb. 40), 2. als Verweis auf Christian Rosencreutz, oder 3. eine Kombination eines Kreuzes und einer oder mehrerer Rosen (Abb. 41-43). Lamprecht unterscheidet ab dem 20. Jahrhundert – also nach den Gold- und Rosenkreuzern, und der *Societas Rosicruciana in Anglia* (SRIA) des 18. und 19. Jahrhunderts – Initiatorisches, Theosophisches und Gnostisches Rosenkreuzertum.

Thema Christian Rosencreutz

Nach einigen kleinen Grüppchen im 17. Jahrhundert, die nicht lange existierten, war der Orden der Gold- und Rosenkreuzer der erste, welcher umfangreich und einflussreich war.[22] 1678 erschien ein von Andrea de Segura in Italien geschriebenes Buch: *Leggi e capitoli delli Fratelli dell'Aurea Croce ovvero dell'Aurea Rosa.*[23] Sincerus Renatus (Pseudonym von Samuel Richter, † nach 1722), publizierte hiervon 1710 eine deutsche Übersetzung: *Die wahrhaffte und vollkommene Beschreibung des philosophischen Steins der Bruderschaft aus dem Orden des Gülden- und Rosenkreuzes denen Filiis Doctrinae zum Besten publiciret*, aber Edighoffer betont, dass der in diesem Buch beschriebene Orden seiner Meinung nach nur literarischen, fiktiven, Charakter hat.[24] Danach bleibt es still, bis 1749 Hermann Fictuld (Pseudonym von Johann Heinrich Schmidt von Sonnenberg, 1700-1777) ein nächstes Buch, *Aureum Vellus Oder Goldenes Vlies*, über den Orden publizierte.[25] Vielleicht war Fictuld an der (Neu)Gründung beteiligt. Jedenfalls gibt es den Orden diesmal offensichtlich wirklich, denn es gibt Manuskripte mit Mitgliederlisten, Statuten und dem Ritual der Prager Assemblée von 1761.[26] Nach Edighoffer wurden diese Manuskripte sogar im gleichen Jahr publiziert,

[22] Siehe über den Orden der Gold- und Rosenkreuzer: Frick 1973, 303-454, McIntosh 1992, 1997 & 1999, Lamprecht 2004, 47-59, Edighoffer 2005c.

[23] Smit 1998, 55.

[24] Edighoffer 2005c, 1014. Siehe über Sincerus Renatus auch: Edighoffer 2005d.

[25] Für den Inhalt siehe Faivre 1990, 73-82.

[26] Lamprecht 2004, 48.

Abb. 40: Mitglied des Englischen freimaurerischen Ordens des Tempels (Henry James Fitzroy, Earl of Euston, Grand Master 1896-1907) in ritueller Bekleidung

Abb. 41: Am Kreutz erblühender Rose von der Titelseite einer Ausgabe der Fama Fraternitatis aus 1681

Abb. 42: Luthers Wappen

Abb. 43: Wappen des Johann Valentin Andreae

nämlich als *Aureum Vellus seu Iunioratus Fratrum Rosae Crucis*, und sind sie inhaltlich zum Teil identisch mit Fictulds Buch. Eines seiner Gesetze war, dass der Orden sich alle zehn Jahre dramatisch reorganisieren sollte. Dies geschah auch 1767 und 1777. Lamprecht schlussfolgert daraus, dass das Gründungsjahr des Ordens 1757 war. Mir scheint 1747 (wegen Fictulds Buch von 1749, worin der Orden namentlich genannt wird) auch möglich. Schon 1764 gab es Beziehungen zur Freimaurerei, denn der Prager ‹Zirkel› ‹Zur schwarzen Rose› hatte damals personale Beziehungen zur Freimaurerloge ‹Zu den drei gekrönten Sternen›. 1777 wandelte der Orden sich definitiv um in ein freimaurerisches Hochgradsystem, das der ‹Gold- und Rosenkreuzer Älteren Systems›. 1787 ging der Orden, statt sich wieder zu reorganisieren, in Ruhe. Die Gold- und Rosenkreuzer waren vor allem aktiv in Mitteleuropa (Ungarn, Österreich, Süddeutschland, Preussen, Polen, Russland). 1781 wurde der spätere König Friedrich Wilhelm II von Preussen Mitglied. Der Orden war grundsätzlich christlich und seine Rituale waren – auch noch nachdem er ein freimaurerisches Hochgradsystem geworden war – stark alchemistisch und christlich-kabbalistisch. Alchemistische Experimente wurden tatsächlich ausführlich praktiziert (Abb. 44). Inhaltlich ging es wieder um das hermetische Prinzip der «Erkenntnis Gottes aus der Erforschung seiner Schöpfung». «Im Hintergrund dieser Ordenslehre steht ein neuplatonischer Gottesbegriff, der alles Seiende als in abgestufter Weise aus Gott hervorgehend sieht. Dadurch fallen Gotteserkenntnis und Naturerkenntnis zusammen».[27] Höchstes Ziel war die Bereitung des ‹Steins der Weisen›. Seit der Reform von 1777 gab es – nach dem freimaurerischen Meistergrad – neun Grade: 1. Juniores, 2. Theoretici, 3. Practici, 4. Philosophi, 5. Minores, 6. Majores, 7. Adepti Exempti, 8. Magistri (Exempti), und 9. Magi.

Über die Entstehung der *Societas Rosicruciana in Anglia* gibt es mehrere Spekulationen.[28] Mir scheint die von McIntosh erwähnte am wahrscheinlichsten.[29] Nach dieser Version gab es Mitte des 19. Jahrhundert in Edinburgh die *Societas Rosicruciana.*[30] 1866 wurde der englische Freimaurer Robert Wentworth Little (1840-1878) dort initiiert.

[27] Lamprecht 2004, 55.

[28] Aufgereiht in Lamprecht 2004, 60 ff.

[29] McIntosh 1997, 98.

[30] Allerdings ist nicht bekannt, wo diese hergekommen sein sollte.

Abb. 44: Treffen der freimaurerischen Gold und Rosenkreuzer, Taschenbuch für Freimaurer auf das Jahr 1800

Er bekam den Auftrag, einen vergleichbaren Orden in England zu gründen, was er 1867 tat. Diesen Orden nannte er die *Societas Rosicruciana in Anglia* (SRIA).[31] Wie der Orden der Gold und Rosenkreuzer nimmt auch der SRIA als Mitglieder zwar nur (christliche) Meister Freimaurer auf, betrachtet sich selbst aber nicht als Freimaurerei, sondern als Rosenkreuzertum.

1888 gründete William Wynn Westcott (1848-1925, Mitglied der SRIA) den *Hermetic Order of the Golden Dawn* (Hermetischer Orden der goldenen Morgendämmerung), der auch Nicht-Freimaurer, Nicht-Christen und Frauen aufnahm.[32] In diesem Orden gründete Samuel Liddell MacGregor Mathers (1854-1918) 1892 den *«Inner Order»* der *Rosae Rubrae et Aureae Crucis*. Zu den Mitgliedern zählten u.a. William Butler Yeats (1865-1939) und Aleister (Edward Alexander) Crowley (1875-1947). Schon 1900 wurde der Orden wieder aufgehoben, aber sein Ruhm war so gross, dass seitdem viele neue Orden unter dem gleichen Namen gegründet wurden.

Das Gradsystem und die Namen der Grade der SRIA und des *Golden Dawn* gleichen jeweils denen der Gold- und Rosenkreuzer (Abb. 45), aber die Rituale nicht. Die Rituale der SRIA zeigen deutlich viele Merkmale des Okkultismus aus dem 19. Jahrhundert. Die des *Golden Dawn* haben sich eindeutig aus den Ritualen der SRIA entwickelt, unter Erweiterung der magischen Elemente (Abb. 46-48).

Thema rotes Kreuz

Hier geht es um den, meistens freimaurerischen, Neo-Templer Orden. Der erste war der *Ordre Sublime des Chevaliers Elus* (OSCE), der vermutlich um 1730 von (Chevalier) Andrew Michael Ramsay (1686-1743) gegründet wurde.[33] Ich erwähne weiter nur die ‹Strikte Observanz›,[34] den ‹Rektifizierten Schottischen Ritus› und die englischen *United Religious, Military and Masonic Orders of the Temple and of St. John of Jerusalem, Palestine, Rhodes and Malta*.[35] Keiner von ihnen verweist explizit auf die Rosenkreuzer, oder erwähnt auch nur das Wort

[31] Siehe über die SRIA: Frick 1978 Band 2, 344-356; Lamprecht 2004, 60-78.

[32] Siehe für den «Hermetic Order of the Golden Dawn»: Frick 1978 Band 2, 356-388; Bogdan 2007, 121-144 & Bogdan 2008. Für ihre Rituale Torrens 1973 und namentlich Regardie 1990.

[33] Siehe über den OSCE: Kervella & Lestienne 1997.

[34] Siehe über das Verhältnis der OSCE zur ‹Strikten Observanz': Bernheim 1998.

[35] Siehe über den Letzterwähnten z.B.: Smyth 1991.

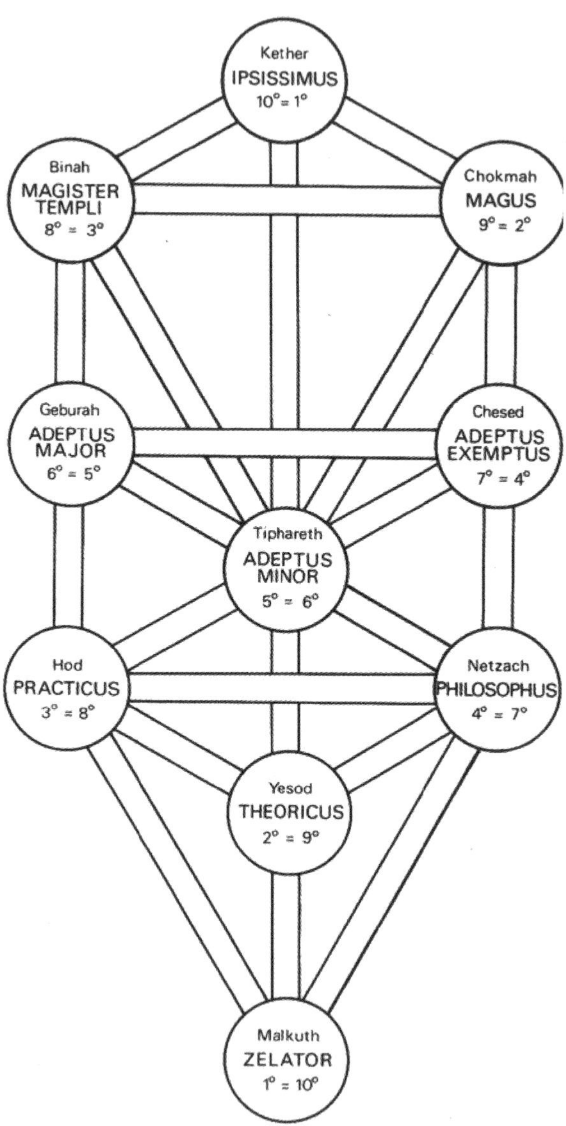

Abb. 45: Die Namen der Grade der Gold und Rosenkreuzer eingeschrieben in den kabbalistischen Baum des Lebens

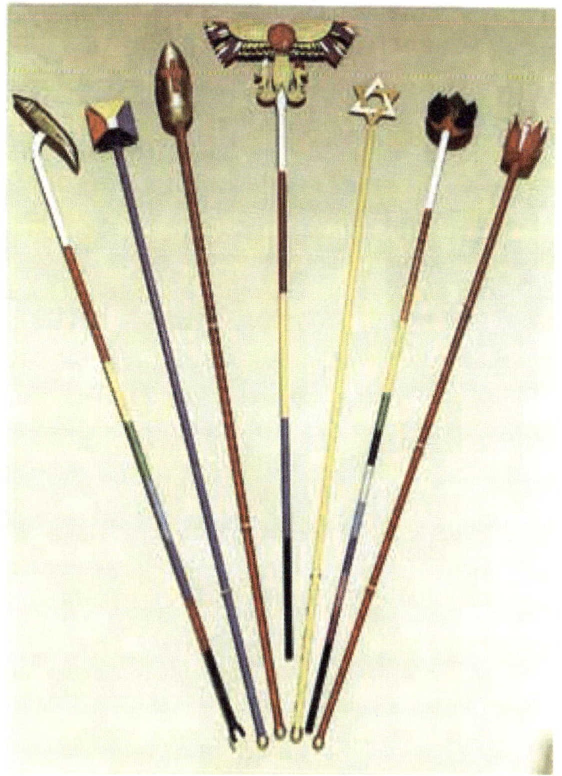

Abb. 46–48: Farbensymbolik auf Banner und Stäben des Ordens der Goldenen Morgenröte (Golden Dawn)

Rosenkreuz in einer seinerVarianten; dies ist der Grund, warum ich hier nicht weiter auf sie eingehe.

Thema Kreuz mit Rose(n)

Schon vor 1732 muss der freimaurerische *Harodim*-Orden in England existiert haben, denn in diesem Jahr ernannte die Provinzial-Gross-Loge von London Joseph Laycock (* um 1710) zum neuen Provinzial-Grossmeister für Nordengland. Der Orden kannte spätestens 1750 schon zwei Grade: die der *Harodim of Kilwinning* und der *Knight of the Rosy Cross*. Später entstand aus diesem Orden der *Royal Order of Scotland*.[36]

Aus dem Jahre 1760 datiert die erste Erwähnung des Rosenkreuz-Grades der französischen Freimaurerei (Abb. 49 & 50). Es handelt sich dabei auch gleich um das Ritual dieses Grades (aus Strassburg), der später in den *Rite Moderne* (als 4. Orden = 7. Grad) und in den ‹Alten und Angenommenen Schottischen Ritus› (als 18. Grad) eingebaut wurde.

1766 entwarf Martines de Pasqually (1727-1774) sein christlich-mystisch-kabbalistisches System der *Chevaliers Elus Coën: Réau Croix*. Zu seinen Schülern gehörten Louis Claude, Marquis de Saint Martin (1743-1803) und Jean-Baptist Willermoz (1730-1824). Saint Martin schrieb unter dem Pseudonym *Le Philosophe inconnu* christlich-mystisch-theosophische Bücher. Seine Anhänger nannten sich Martinisten. Er gründete ein freimaurerisches Hochgradsystem. 1778 ging dies in den von Jean-Baptist Willermoz gegründeten «Rektifizierten Schottischen Ritus» mit seinem Grad der *Chevaliers Bienfaissants de la Cité Sainte* auf.

Mehr als hundert Jahre später, 1888, gründete Marquis Stanislas de Guaïta (1861-1897, Abb. 51) den *Ordre Kabbalistique de la Rose+Croix*. 1890 spaltete Joséphin Péladan (1858-1918, Abb. 52) sich hiervon ab und gründete den *Ordre de la Rose+Croix Catholique et Esthetique du Temple et du Graal*. Die zwei Orden bekämpften sich gegenseitig heftigst, was in der Presse ein ‹Rosenkrieg› genannt wurde.[37] Von 1891 bis 1897 wurden dann in Paris von Péladan die sechs berühmten *Salons de la Rose+Croix* (Abb. 53) organisiert: Ausstellungen von avantgardistischen

[36] Siehe zu diesem Orden: Lindsay 1971 & Stewart 1996.

[37] Die *Wars of the Roses* (Rosenkriege) ist die Bezeichnung der 1455-1485 geführte Kämpfe zwischen den Häusern York (weisse Rose) und Lancaster (rote Rose) – beide Zweige des Hauses Plantagenet – um den Thron Englands.

Abb. 49: Bijou des freimaurerischen Rosenkreuz-Grades

Abb. 50: Schurtz des freimaurerischen Rosenkreuz-Grades

Abb. 51: Stanislas de Guaita (1861–1897)

Abb. 52: Joséphin Péladan (1858–1918)

Abb. 53: Plakat für den ‹Salon de la Rose + Croix›, von Carlos Schwabe, 1892

Abb. 54: Sphinx von Félicien Rops

Künstlern wie Félicien Joseph Victor Rops (Abb. 54), Antoine Bourdelle, Emile Bernard, Ferdinand Hodler, Georges Rouault und Jan Toorop, von denen viele Mitglied eines Rosenkreuz-Ordens waren. Fast alle Orden, die in Paris im *Fin-de-Siècle* aufblühten, hatten martinistische und freimaurerische Wurzeln und arbeiteten miteinander zusammen.[38]

Thema Christian Rosencreutz & Kreuz mit Rose(n)

Zu der Klasse, welche sowohl das Thema Christian Rosencreutz, als auch das des Kreuzes mit Rose(n) kennt, gehören die drei Gruppen, welche Lamprecht unterscheidet. Die erste, *initiatorisches Rosenkreuzertum*, fängt an mit Paschal Beverly Randolph (1825-1875),[39] der im dritten Viertel des 19. Jahrhunderts eine Reihe kleine, kurzlebende rosenkreuzerische Kreise gründete. Randolph, der hauptsächlich bekannt wurde wegen seiner Propaganda für Sexualmagie, kam auf zwei Reisen in England und Frankreich in Kontakt mit dem SRIA und anderen Rosenkreuzerorden. Obwohl die von ihm gegründeten Grüppchen alle schnell wieder verschwanden, bildeten sie die Verbindung zwischen den später in Amerika entstandenen Rosenkreuzerorden und den früheren europäischen.

Die erste wichtige Gruppe in Amerika ist die noch immer aktive *Fraternitas Rosae Crucis* (FRC). Diese wurde Anfang des 20. Jahrhundert.[40] von Reuben Swinburne Clymer (1878-1966) gegründet.[41] Er sah in Randolph (den er zwar nicht mehr persönlich kennengelernt hatte, aber bewunderte und dessen Schriften er verwendete) seiner Einweihung in Frankreich wegen, den einzig wahren Träger des Rosenkreuzertums in Amerika vor ihm und leitete seine Autorität von Randolph ab. Mehr als alle anderen vor ihm konstruierte er eine durchgehende (legendarische) Geschichte und Suksession der Rosenkreuzer durch die Jahrhunderte. Paracelsus (Philippus Theophrastus Aureolus Bombast von Hohenheim, 1493-1541) soll nach dieser Legende der Gründer des Ordens gewesen sein, und Randolph soll den Orden 1861 wiedergegründet haben. Clymer hatte nicht nur die höchste Position in

[38] Siehe zu diesem Orden: King 1974 & Ariëns-Volker 2008.

[39] Lamprecht 2004, 81-88.

[40] Das genaue Jahr ist unklar. 1902? 1910?

[41] Siehe zu den FRC: Lamprecht 2004, 90-99.

seiner eigenen FRC mit alle ihren Zweigen und Nebenorganisationen inne, er war auch Freimaurer und Mitglied fast aller in Amerika aktiven freimaurerischen Hochgradsysteme.

Der AMORC (*Antiquus Mysticus Ordo Rosae Crucis* oder *Ancient Mystical Order Rosae Crucis*) ist momentan vielleicht die grösste rosenkreuzerische Organisation der Welt.[42] Er insistiert, keine Religion zu sein und nimmt Mitglieder von unterschiedlichen religiösen Hintergründen auf. Nach seiner Legende fängt die Geschichte «des Ordens» mit Atlantis, dann Thutmose III († 1450 vor Chr.) und Echnaton (Amenhotep IV, rund 1350 vor Chr.) an. Der heutige AMORC wurde aber von Harvey Spencer Lewis (1883-1939, Abb. 55) gegründet. 1909 hatte Lewis Kontakt mit Péladan und de Guaïta in Frankreich. In Toulouse soll Lewis dann selbst in einen Rosenkreuzerorden initiiert worden sein. Dabei soll ihm aufgetragen worden sein, den Orden in Amerika zu gründen, was er nach seiner Rückkehr auch tat. In dem 1915 publizierten *The Great Manifesto of the Order* wurde die Gründung des Ordens dann bekanntgegeben. Clymer nahm aber die alleinige rosenkreuzerische Authentizität für seine FRC in Anspruch und bekämpfte daher Lewis und den AMORC heftigst. Trotzdem gründete der AMORC, bis 2000, Grosslogen in 87 Ländern der Welt mit insgesamt etwa 100.000 bis 150.000 Mitgliedern. Alle stehen unter dem Imperator – seit 1990 der Franzose Christian Bernard (geb. 1951) – und dem *Board of Directors of the Supreme Grand Lodge of AMORC, Inc.* in Quebec, Kanada. Nach einem misslungenen Versuch, den AMORC um 1930 in Deutschland zu etablieren, empfing Martin Erler (Frater Albinus, geb. 1920) 1949 ein Charter für die ‹Gustav-Meyrink-Lodge›, welche 1952 dann auch in München gegründet wurde. 1954 verliess Erler, der inzwischen als Grossmeister für Deutschland auftrat, den AMORC und gründete seinen eigenen Orden, den *Ordo Rosae Aurae* (ORA). 1964 wurde das Züricher Kapitel der AMORC, die ‹Grossloge von Deutschland› – die sich nun ‹Grossloge der deutschsprachigen Länder› nannte und etwa 3000 Mitglieder hatte – angegliedert. Ebenso gehören die französischsprachigen Schweizer Mitglieder zur französischsprachigen Grossloge. Nach Lamprecht finden die Einweihungen in dem ersten und neunten Grad in Logen statt, die übrigen privat zuhause durch

[42] Siehe zum AMORC: Lamprecht 2004, 99-153.

Abb. 55: Harvey Spencer-Lewis, 1934: «MODERN SPHINX PRESERVES AGE-OLD PRINCIPLES». The late Imperator of the Rosicrucian Order, Dr. H. Spencer Lewis, in full ritualistic regalia, upon the occasion of the dedication of the Rose-Croix Science Building in 1934 A.D., is seen here depositing for posterity a scroll which contains fifteen of the Order's most important philosophic principles. On his left are Dr. Clement Le Brun, Past Grand Master of AMORC, and an assistant.

den Kandidaten selbst. Die Grade sind die neun der Gold- und Rosenkreuzer, vorangegangen von vier Neophytengraden, und gefolgt durch zwei Hochgrade. Nach Introvigne aber können alle neun Grade zuhause durchgeführt werden, obwohl man sie auch in einem Tempel empfangen kann. Die Grade 10 bis 12 haben aber keine Initiationsrituale mehr, während dem ersten Grad fünf Lektionen und drei ‹Atria› als ein Neophyt vorangehen.[43]

Zum *Theosophischen Rosenkreuzertum* rechnet Lamprecht die rosenkreuzerischen Gruppen, welche aus der *Theosophical Society* hervorgegangen sind. In erster Instanz ist hier die *Anthroposophie* zu nennen.[44] Rudolf Steiner (1861-1925) wurde 1902, als die deutsche Sektion des Theosophischen Vereins gegründet wurde, ihr Generalsekretär. Ab 1905 redete er immer mehr über Christian Rosenkreuz, der bald zu einer der zentralen Figuren seiner theosophischen Auffassungen wurde. Die Tatsache, dass er – in Widerspruch zum theospohischen Ausgangspunkt der Toleranz – Mitglieder, die nicht seiner Ansicht waren, aus der Sektion entfernte, führte zum Bruch mit Annie Besant, die ihm 1913 die Stiftungsurkunde seiner Sektion entzog.[45] Die Mehrheit der Mitglieder bildete darauf die Anthroposophische Gesellschaft. Der Rosenkreuzerweg ist für Steiner einer der drei möglichen Einweihungswege, welche zur Anthroposophie führen, nämlich der für den Menschen der modernen Zeit am meisten geeignete Weg. Christian Rosenkreuz blieb für Steiner aber nur eine unter vielen Metaphern für den Menschen, der nach Ausbildung der Erkenntnis höherer Welten strebt.

Die wichtigste theosophisch-rosenkreuzerische Organisation ist die von Max Heindel (Abb. 56) gegründete *Rosicrucian Fellowship* (RF).[46] Max Heindel (pseudonym von Carl Louis Fredrik Grasshoff, 1865-1919) war der älteste – in Aarhus, Dänemark, geborene – Sohn des Berliners Franz Grasshoff und der Dänin Elfriede Heindl. Ab 1895 wohnte er in New York und nahm den Namen Max Heindel an. Nachdem er 1903 nach Los Angeles umgezogen war, wurde er Mitglied des Theosophischen Vereins. 1907 zog er nach Deutschland, um dort Steiner zu treffen. Steiner nahm ihn auch in seine Freimaurerei auf. Heindel

[43] Introvigne 2005, 1020.

[44] Siehe zur Anthroposophie als Rosenkreuzerische Organisation: Lamprecht 2004, 191-205.

[45] Siehe zum Verhältnis zwischen Steiner und Besant auch Zander 2007, Bd. 1, 138-144, 151-170.

[46] Siehe über die RF: Lamprecht 2004, 205-248.

Max Heindel.

Abb. 56: Max Heindel

war aber enttäuscht von der Lehre Steiners. Dann ‹erschien› ihm aber ein alter Rosenkreuzer als Lehrmeister. Dies führte, als er wieder in Amerika war, zu der 1909 erschienenen Publikation *The Rosicrucian Cosmo-Conception* (Deutsch: *Weltanschauung der Rosenkreuzer*). Noch 1908 bildete sich eine kleine Gruppe um ihn herum, die im nächsten Jahr zur Gründung von *The Rosicrucian Fellowship* führte. Es folgte die Publikation von vielen weiteren Büchern, wie *Freemasonry and Catholicism* und *Ancient and Modern Initiation*. Hauptsächlich nach Heindels Tod 1919 verbreitete sich die RF über die ganze Welt. 1927 entstand ein deutscher Zweig. Die RF ist deutlich religiös orientiert und praktiziert Rituale bei Eheschliessungen, Begräbnissen und spirituellen Heilungsdiensten. Auch der theosophische Einfluss ist noch immer deutlich bemerkbar. Die RF lehrt Reinkarnation und verlangt von ihren Mitgliedern, dass sie vegetarisch essen und keinen Alkohol trinken.

Das *Gnostische Rosenkreuzertum* umfasst, nach Lamprechts Einteilung, das *Lectorium Rosicrucianum* (LR) und ihre Abspaltungen.[47] Das LR entstand 1935 selbst als Abspaltung der niederländischen Studiengruppe von Max Heindels *Rosicrucian Fellowship*. Die führende Gestalt des LR war (und ist auch nach seinem Tod noch immer) Jan Leene (1896-1968), besser bekannt unter seinen Autorennamen Jan van Rijckenborgh und John Twine. Gleichzeitig mit ihm wurde 1954 auch Henny Stok-Huyser (alias Catharose de Petri, 1902-1990) von Antonin Gadal (1871-1962) als Grossmeisterin des LR eingesetzt. Das LR hat sich über die ganze Welt in etwa 70 Staaten verbreitet – in Deutschland seit 1955 – und hat weltweit etwa 15.000 Mitglieder. Die Lehre des LR hat sich von der des Max Heindel weit entfernt und ist stark von klassisch-gnostischen Konzepten, inklusive einem weltablehnenden Dualismus, geprägt.[48] Alkohol und Fernsehen werden abgelehnt.

Nachdem Henk Leene (geb. 1924) den Streit um die Leitung des LR nach dem Tod seines Vaters, Jan Leene (1968) verloren hatte, gründete er zusammen mit etwa 200 ihm treuen Mitgliedern die *Gemeinschaft R + C, Rosae Crucis*, namentlich in Kassel. 1972 wurde dieser Name geändert in *Esoterische Gemeinschaft Sivas*. Dies verweist auf die Umsiedlung der Gemeinschaft (möglich nach dem Vorbild der Find-

[47] Siehe über das LR: Lamprecht 2004, 250-286.
[48] Von 1936 bis 1945 hiess der Orden sogar Orden der Manichäer.

horn-Gemeinschaft in Schottland) auf das Grundstück Sivas bei Grenoble in Südfrankreich. Während diese Gruppe aber langsam zerfiel, gründete Eberhard Gerstmann ab 1980 die *Esoterische Gemeinschaft Siegen*. Diese übernahm dann die Reste der Gemeinschaft aus *Sivas* und nannte sich nun *Esoterische Gemeinschaft der Rosenkreuzer Sivas*. Henk Leene blieb aber in *Sivas*. Die Zahl der Mitglieder ist heute etwa 70.[49]

[49] Siehe zu den Abspaltungen vom LR: Lamprecht 2004, 286-296.

Bibliographie

Quellentexte

Von Dülmen, Richard (Hg.), 1994, *Johann Valentin Andreae: Fama Fraternitatis* (1614). Confessio fraternitatis (1615). *Chymische Hochzeit Christiani Rosencreutz anno* 1459 (1616), 4. Auflage, Stuttgart.

Wehr, Gerhard, 1984, *Die Bruderschaft der Rosenkreuzer. Esoterische Texte*, Diederichs: Köln.

Regardie, Israel, 1990, *The Complete Golden Dawn System of Magic*, Falcon: Scottsdale (Arizona).

Torrens, R.G., 1973, *The Secret Rituals of the Golden Dawn*, Aquarian Press: Wellingborough (Northamptonshire).

Bidez, Joseph Marie Auguste, 1913, *Philostorgius: Kirchengeschichte*. 3. Auflage, bearb. von F. Winkelmann, Berlin 1981. [Der griechische Originaltext.]

Enzyklopädieaufsätze

Anon., 1996, «Rosicrucians», in J. Gordon Melton (Hg.): *Encyclopedia of Occultism & Parapsychology*, 4th edition, II 1107-1110.

Braden, Charles Samuel, 1964, «Rosicrucianism», *Encyclopaedia Britannica*, ed. 1964, XIX 558.

Edighoffer, Roland, 2005a, «Andreae, Johann Valentin», in Wouter J. Hanegraaff (Hg.): *Dictionary of Gnosis & Western Esotericism*, Brill: Leiden & Boston, I 72-75.

——, 2005b, «Rosicrucianism I: First half of the 17th Century», in Wouter J. Hanegraaff (Hg.): *Dictionary of Gnosis & Western Esotericism*, Brill: Leiden & Boston, II 1009-1014.

——, 2005c, «Rosicrucianism II: 18th Century», in Wouter J. Hanegraaff (Hg.): *Dictionary of Gnosis & Western Esotericism*, Brill: Leiden & Boston, II 1014-1017.

——, 2005d, «Sincerus Renatus (ps. of Samuel Richter)», in Wouter J. Hanegraaff (Hg.): *Dictionary of Gnosis & Western Esotericism*, Brill: Leiden & Boston, II 1073-1074.

Introvigne, Massimo, 2005, «Rosicrucianism III: 19th-20th Century», in Wouter J. Hanegraaff (Hg.): *Dictionary of Gnosis & Western Esotericism*, Brill: Leiden & Boston, II 1018-1020.

Szónyi, György E., 2005, «Dee, John», in Wouter J. Hanegraaff (Hg.): *Dictionary of Gnosis & Western Esotericism*, Brill: Leiden & Boston, I 301-309.

Wells Fogarty, Harry, 1987, «Rosicrucians», in Mircea Eliade (Hg.): *Encyclopedia of Religion*, XII 476-477.

Weitere Literatur

Åkerman, Susanna, 1998, *Rose Cross over the Baltic. The Spread of Rosicrucianism in Northern Europe* (Brill's Studies in Intellectual History 87), Brill: Leiden usw.

Ariëns-Volker, Marijo J., 2008, «Rozekruisers-bewegingen in Frankrijk tijdens het fin-de-siècle en de eerste decennia van de twintigste eeuw», *Het Rozekruis* 82.1:3-8.

Bernheim, Alain, 1998, «La Stricte Observance», *Acta Macionica* 8:67-97.

Bogdan, Henrik, 2007, *Western Esotericism and Rituals of Initiation*, SUNY: Albany.

——, 2008, «Women and the Hermetic Order of the Golden Dawn: Nineteenth Century Occultist Initiation from a Gender Perspective» in Alexandra Heidle & Jan A.M. Snoek (Hg.): *Women's Agency and Rituals in Mixed and Female Masonic Orders*, Brill: Leiden & Boston.

Edighoffer, Roland, 1995, *Die Rosenkreuzer*, C.H. Beck: München.

Faivre, Antoine, 1990, *Toison d'Or et Alchemie*, Archè Edidit: Milano = *The Golden Fleece and Alchemy*, SUNY: Albany 1993.

Frey-Jaun, Regine, 1989, *Die Berufung des Türhüters: Zur «Chymischen Hochzeit Christiani Rosencreutz»* (1586-1654), Peter Lang: Bern.

Frick, Karl R.H., 1973, *Die Erleuchteten*, Akademische Druck- und Verlagsanstalt: Graz.

——, 1978, *Licht und Finsternis*, 2 Bände, Akademische Druck- und Verlagsanstalt: Graz.

Janssen, F.A. (Hg.), 1988, *Das Erbe des Christian Rosenkreuz*, In de Pelikaan: Amsterdam.

Jones, Bernard E., 1957, Freemasons' Book of the Royal Arch, Harrap: London. Verwendete Edition: 1975.

Kervella, André & Philippe Lestienne, 1997, «Un haut-grade templier dans des milieux jacobites en 1750: l'Ordre Sublime des Chevaliers Elus aux sources de la Stricte Observance», in *Renaissance Traditionnelle* 28/112:229-266.

King, Francis, 1976, *Magie – Eine Bilddokumentation*, Umschau Verlag: Frankfurt am Main. Übersetzung der Englische Ausgabe von 1975, bei Thames and Hudson Ltd: London.

Lamprecht, Harald, 2004, *Neue Rosenkreuzer. Ein Handbuch*, Vandenhoeck & Ruprecht: Göttingen.

Lindsay, Robert Strathern, 1971, *The Royal Order of Scotland*, [ROS: Edinburgh].

McIntosh, Christopher, 1992, *The Rose Cross and the Age of Reason*, Brill: Leiden etc.

——, 1997, *The Rosicrucians. The History, Mythology, and Rituals of an Esoteric Order*, Third revised edition, Weiser: York Beach (Maine).

—— (Hg.), 1999, *Schriften der Gold- und Rosenkreuzer*, Archiv für altes und geheimes Wissen: Sinzheim.

Möller, Horst, 1983, «Die Bruderschaft der Gold- und Rosenkreuzer» in Helmut Reinalter (Hg.): *Freimaurer und Geheimbünde im 18. Jahrhundert in Mitteleuropa*, Suhrkamp: [ohne Ort].

Smit, Frans, 1998, «De Roep van het Rozenkruis. Vier eeuwen levende traditie», in Anon. (Hg.): *De Roep van het Rozenkruis. Vier eeuwen levende traditie*, Rozekruis Pers: Haarlem & Koninklijke Bibliotheek: Den Haag, 21-88.

Smyth, Frederick, 1991, *Brethren in Chivalry*, Lewis Masonic: London.

Stewart, Trevor, 1996, «The H.R.D.M. A Fourth Visitation to a Curious 18th Century Masonic Phenomenon from the North East Region of England», *Acta Macionica* 6:43-93.

Yates, Frances Amelia, 1972, *The Rosicrucian Enlightenment*, Routledge & Kegan Paul: London & Boston. Deutsche Übersetzung: *Aufklärung im Zeichen des Rosenkreuzes*, Stuttgart 1975.

Zander, Helmut, 2007, *Anthroposophie in Deutschland: Theosophische Weltanschauung und gesellschaftliche Praxis 1884 - 1945*, 2 Bände, Vandenhoeck & Ruprecht: Göttingen.

10
DIE TRADITIONEN DER STEINMETZE

Die Freimaurerei in ihrer ganzen Komplexität kann hier unmöglich behandelt werden. Das einzige, worauf dieses Kapitelchen zielt, ist etwas aus aktueller wissenschaftlicher Sicht zu sagen über die Ursprünge der Freimaurerei in den Logen (Bauhütten) der Bauarbeiter, die an den Kathedralen arbeiteten. Etwa ein Jahrhundert haben wir der These von Robert Freke Gould (1836-1915) geglaubt, die Freimaurerei habe ihren Anfang in den Logen von ganz einfachen ‹operativen› Maurern gehabt, und sei Anfang des 18. Jahrhunderts – nach einer Übergangsphase, durch das Aufnehmen von immer mehr *Gentlemen*, die den ‹spekulativen› Aspekt einbrachten – zur modernen ‹spekulativen› Freimaurerei geworden. Im ersten Kapitel seines Buchs *The Craft. A History of English Freemasonry* zeigte John Hamill 1986, dass diese Theorie unmöglich wahr sein konnte. Jede Forschung seither hat dies bestätigt. Dadurch ist auch die Behauptung, die Freimaurerei sei 1717 gegründet worden, vom Tisch. Was wir aber sagen können, ist, dass die Freimaurerei irgendwann zwischen 1137 und 1598 entstanden sein muss. Das erste Jahr ist das, in dem der Anfang des Baus der ersten gotischen Kathedrale gemacht wurde; das zweite das, in dem William Schaw neue Statuten für die dann in Schottland existierenden Logen unterschrieb.

Die Gotik

Der Begründer der Gotik war Suger (ca. 1081-1151). 1122 wurde er Abt seiner Abtei in Saint Dénis, in der Nähe von Paris. Er war Günstling der Könige Ludwig VI und Ludwig VII von Frankreich. Saint Dénis ist die Abtei, wo die Krönungsregalien der französischen Könige aufbewahrt und die verstorbenen Könige begraben wurden. Sie wurde nach Dionysius dem Areopagiten[1] benannt, weil der der Schutzheilige Frankreichs und seiner Könige ist.

Der Philosoph Pierre Abélard (Petrus Abaelardus, 1079-1142) war ein Freund von Suger. Er war einer der brillantesten Geister seiner Zeit, sagte aber meistens, was er meinte, was ihn oft in grosse Probleme brachte. Etwa um 1120 flüchtete er in die Abtei Saint Dénis. Fern von jeglicher Universität entschied er, aus Langeweile, sich dem Studium der Reliquien und der Schriften des heiligen Dionysius, welche da vorhanden waren, zu widmen. Bald kam er zu der Schlussfolgerung, dass alle diese nicht Dionysius dem Areopagiten, sondern dem Pseudo-Dionysius[2] entstammten.[3] Das war natürlich wieder etwas, was er besser hätte verschweigen sollen, und so musste er wieder verschwinden. Aber das ‹Übel› war schon geschehen: Sugers Neugierde war geweckt, und er fing an die Texte von Pseudo-Dionysius – in der Übersetzung von Johann Scotus – zu lesen.[4] Und in diesen christlich-neuplatonischen Texten fand er eine Lehre, die ihn viel mehr befriedigte als die offizielle Lehre der Kirche.

Gott habe die Welt nicht aus dem Nichts geschaffen, sondern aus sich selbst. Das bedeutete also, dass alle Materie eigentlich materialisiertes Göttliches sei (Pantheismus). Für Suger bedeutete dies, dass die Materie ihren göttlichen Charakter zeigen müsste. Und die Merkmale Gottes, die dabei sichtbar werden sollten, konnten nur Licht und Schönheit sein. Wenn er also als Seelsorger die Menschen zu Gott führen wollte, konnte er ihnen nicht zeigen, dass Gott in einem dunklen Kerker wohnen würde, das heisst, in einer romanischen Kirche. Im Gegenteil: das Gebäude der Kirche selbst sollte seinen göttlichen Charakter als Licht und Schönheit zeigen, und dadurch die Menschen zu Gott hinaufführen. Für Dionysius, und damit für Suger, ist alles Göttliche Licht, und alles Materielle materialisiertes Licht. Alles hat also Teil am Göttlichen, das sich als Schönheit zeigt. Durch die Kontemplation schöner materieller Dinge steigt der Mensch auf zur Quelle dieser Schönheit:

[1] Siehe Apostelgeschichte 17:34.
[2] Siehe über ihn Kapitel 3: Neuplatonismus.
[3] Pott 1981, 163.
[4] Siehe Kapitel 3: Neuplatonismus.

Gott.[5] So kann Suger, in direkter Nachfolge des Pseudo-Dionysius, schreiben:

> Als daher mich einmal aus Liebe zum Schmuck des Gotteshauses die vielfarbige Schönheit der Steine von den äusseren Sorgen ablenkte und würdiges Nachsinnen mich veranlasste, im Übertragen ihrer verschiedenen heiligen Eigenschaften von materiellen Dingen zu immateriellen zu verharren, da glaubte ich mich zu sehen, wie ich in irgendeiner Region ausserhalb des Erdkreises, die nicht ganz im Schmutz der Erde, nicht ganz in der Reinheit des Himmels lag, mich aufhielt, und <glaubte,> dass ich, wenn Gott es mir gewährt, auch von dieser unteren <Region> zu jener höheren in anagogischer Weise hinübergetragen werden könne.[6]

Also fing Suger 1137 mit Hilfe seiner Steinmetze und Bildhauer an, die Abteikirche dem gemäss zu gestalten. Dies war die Geburt der Gotik (Abb. 57-60). Suger war ein klein gebauter Mann von einfachen Eltern. Sein Zeitgenosse Bernard Tescelin (1090-1153), der 1115 Abt von Clairvaux wurde und seit dem Bernhard von Clairvaux genannt wurde, war gross und von adliger Geburt. Ausserdem war Bernhard ein Verteidiger des Prinzips der Schlichtheit. Infolge dessen fühlte sich Suger immer dazu gedrängt, das, was er tat, Bernhard gegenüber im Vorhinein zu verteidigen, weshalb er alles mit Erklärungen aufschrieb. Diese Beschreibungen von Suger sind sehr instruktiv. Er schrieb z.B. über den erhöhten Chor seiner Kirche:

> In der Mitte nun erhoben zwölf Säulen, die die Anzahl der zwölf Apostel vorstellen, in zweiter Linie aber ebenso viele Säulen der Seitenschiffe, die die Zahl der Propheten bezeichnen, den Bau unvermittelt hoch, wie der Apostel sagt, indem er in geistlicher Weise baut: «Ihr seid nun nicht mehr Gäste und Fremdlinge, sondern Mitbürger der Heiligen und Hausgenossen Gottes, erbaut auf dem Fundament der Apostel und Propheten, mit Christus Jesus selbst als dem vorzüglichsten Eckstein», der beide Wände verbindet, «in dem das ganze Gebäude» – *sei es geistig oder mate-*

[5] Pott 1975, 21.

[6] Suger: *De administratione* 224 in Speer & Binding 2005, 345.

Abb. 57: Zeichnung der Abteikirche von St.-Denis, Rekonstruktion des Zustands von 1151

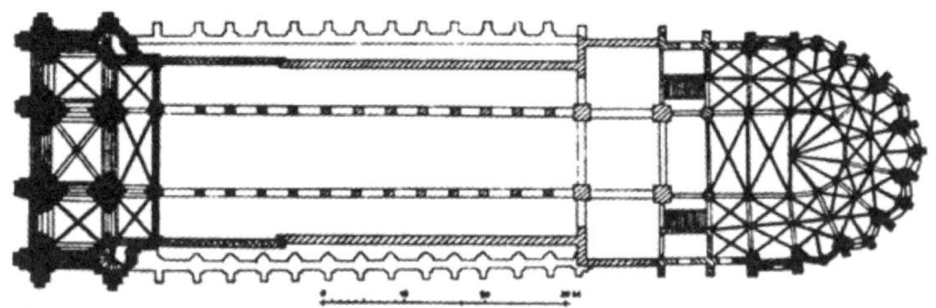

Abb. 58: Plan der Abteikirche von St.-Denis, Zustand von 1145

Abb. 59: Die Abteikirche von St.-Denis, aktueller Zustand. Der nördliche Turm musste abgebrochen werden wegen den untauglichen ‹Restaurationsarbeiten› in den Jahren 1813-1846

Abb. 60: Das Schiff der Abteikirche von St.-Denis

> *riell* – «zu einem heiligen Tempel im Herrn wächst». Je höher und je passender uns wir in ihm bemühen, materiell zu bauen, desto mehr werden wir belehrt, dass wir durch uns selbst geistlich «zu einer Wohnung Gottes im Heiligen Geist auferbaut werden».[7]

Dies zitiert klar den Bibeltext Epheser 2:19-22. Den Teil von Sugers Text, welchen ich kursiv gesetzt habe, hat er aber selbst hinzugefügt. Wir sehen hier, dass es Suger, wie den Neuplatonikern, bei seiner Kirche nicht um eine Metapher, ein Symbol des Heiligen Tempels geht, sondern dass die materielle Kirche selbst das Haus «von Gott erbaut, nicht mit Händen gemacht, ewig im Himmel» (2. Korinther 5:1) *ist*. Suger schrieb, als der neue Chor fertig war, über das Ziel seiner Bauarbeit: die Vollendung seiner Kirche durch den Bau des Mittelschiffs (‹die Halle›) zwischen dem neuen Chor (‹der neue Teil›) und der Westlichen Fassade (‹dem früheren›):

> Indem der neue Teil als späterer sich dem früheren verbindet
> erstrahlt die Halle, die in ihrer Mitte erhellt (*clarificato*) ist.
> Denn es erstrahlt (*claret*), was sich strahlend (*claris*) Strahlendem (*clare*) vermählt,
> und weil neues Licht (*lux nova*) es überströmt, strahlt (*claret*) das edle Werk,
> welches dasteht, erweitert zu unserer Zeit,
> ich, Suger, war es, unter dessen Leitung es ausgeführt wurde.[8]

Das hier so wichtige Konzept *Claritas* (Klarheit, Helligkeit) ist in der Luther-Übersetzung der Bibel wiedergegeben als *Herrlichkeit*:

> … [er zeigte mir] die heilige Stadt Jerusalem, herniederkommen aus dem Himmel von Gott, die hatte die Herrlichkeit (*claritatem*) Gottes; ihr Licht war gleich dem alleredelsten Stein, einem Jaspis, [klar] wie Kristall … (Offenbarung 21:11).

---

[7] Suger: *De consecratione* 58 in Speer & Binding 2005, 228/229.

[8] «Pars noua posterior dum iungitur anteriori, / Aula micat medio clarificata suo. / Claret enim claris quod clare concopulatur, / Et quod perfundit lux noua, claret opus / Nobile, quod constat auctum sub tempore nostro. / Qui Sugerus eram, me duce dum fieret.» (Suger: *De administratione* 181 (der Weiheinschrift der Weihe am 11. Juni 1144) in Speer & Binding 2005, 326/327).

Solche Bibelstellen, wo die Herrlichkeit Gottes, das Licht und das Material ‹Stein› unmittelbar mit einem Bau (das Neue Jerusalem) zusammen genannt werden, waren zentral für Sugers Konzept, in dem Bausymbolik und Lichtsymbolik aufs engste miteinander verknüpft wurden. Auf die vergoldeten bronzenen Türen mit der Darstellung des Leidens, der Auferstehung und Himmelfahrt Christi (Abb. 61) schrieb Suger:

> Wer du auch bist, der du die Herrlichkeit dieser Türen rühmen willst:
> bewundere [weder] das Gold – nicht [= noch] die Kosten! – <und> [= sondern] die Leistung dieses Werkes!
> Edel erstrahlt das Werk, doch das Werk, das da edel erstrahlt,
> soll die Herzen erhellen, so dass sie durch wahre Lichter
> zu dem wahren Licht gelangen, wo Christus die wahre Tür ist.
> Welcher Art dieses <wahre Licht> innen ist, das gibt die goldene Tür hiermit an.
> Der schwerfällige Geist erhebt sich mit Hilfe des Materiellen zum Wahren,
> und obwohl er zuvor niedergesunken war, ersteht er neu, wenn er dieses Licht erblickt hat.[9]

Der Bau ist also für Suger keine nur materielle, praktische Sache, sondern Erfüllung seines Auftrages, die Menschen zu Gott zu führen. Der Bau ist für ihn auch keine nur symbolische Sache. Das Gebäude selbst *ist* materialisiertes Licht, Stoff gewordener Gott, und *muss* darum wohl schön sein. Es ist die Aufgabe der Steinmetze, Bildhauer und weiteren Arbeiter am Bau, für diese Schönheit zu sorgen. Dazu sollen sie sich dieser Gedanken bewusst sein, also über die wahre Art ihrer Arbeit nachdenken, das heisst, spekulieren. Meines Erachtens ist die Entstehung der Freimaurerei nicht möglich vor Sugers Wiederentdeckung von Gott als dem Schönen, und der Verbindung, die er zwischen Licht und Bau

[9] «Portarum quisquis attollere queris honorem, / Aurum nec sumptus operis mirare laborem. / Nobile claret opus, sed opus, quod noblie (nobile) claret, / Clarificet mentes, ut eant per lumnia (lumina) uera / Ad uerum lumen, ubi Christus ianua uera. / Quale sit intus, in his determinat aurea porta. / Mens hebes ad uerum per materialia surgit / Et demersa prius hac uisa luce resurgit.» (Suger: *De administratione* 174 in Speer & Binding 2005, 324/325). Die zweite Zeile wird von Panofsky anders übersetzt: «Marvel not at the gold and the expense but at the craftsmanship of the work» (Panofsky 1979, 47). Im allgemeinen sind die Übersetzungen von Panofsky deutlicher als die von Speer & Binding.

Abb. 61: Kopie in Holz von einer der unsprünglich Bronzenen Türen der Abteikirche von St.-Denis

im Konzept der Gotik realisiert. Von der freimaurerischen Trias: Weisheit, Stärke, Schönheit waren die ersten zwei Tugenden schon in der Bibel als göttliche Attribute bezeugt.[10] Die Hinzufügung von Schönheit machen Pseudo-Dionysius und, in seiner Nachfolge, Suger. Und erst Suger legt die Verbindung zum Bau. Erst von da an ist eine Klasse von Bauarbeitern nötig, die realisieren, dass das Material, womit sie arbeiten, buchstäblich Gott selbst ist, damit sie überhaupt so bauen können, wie Suger es von ihnen verlangt. Diese Bauarbeiter werden damit zu einer Art von Priestern, und irgendwann werden sie auf die Idee gekommen sein, dass für dieses Amt dann auch eine Art von Priesterweihe, eine Initiation, angebracht sei. Als Vorbild für die ersten freimaurerischen Initiationsrituale werden wohl die der Kirche (Taufe, Priesterweihe, Mönchsweihe) gedient haben. Wann und wo genau dies geschah, bleibt unklar, aber bestimmt erst nach 1137 und offensichtlich irgendwo auf den britischen Inseln.

Die ‹Old Charges› oder ‹Old Manuscript Constitutions›

Der Ausdruck *Freestone Mason* erscheint in Grossbritannien zum ersten Mal – auf Latein – im 13. Jahrhundert: das *London Assize of Wages* von 1212 erwähnt: «sculptores lapidum liberorum» (Bildhauer die Freestone verwenden). Das Statut von Arbeitern aus dem Jahre 1351 verwendet den französischen Ausdruck «mestre meson de franche peer» (Meister Bildhauer von Freestone). Die älteste bis jetzt bekannte Erwähnung des Wortes *Freemason* auf Englisch ist ein Familienname: Nicholas le Freemason soll 1325 einer der Anstifter eines Ausbruchs aus einem Gefängnis gewesen sein. Im englischen Gedicht *Floris and Blancheflour* – einer Überarbeitung aus dem Ende des 13. oder der ersten Hälfte des 14. Jahrhunderts eines französischen Originals aus der zweiten Hälfte des 13. Jahrhunderts – wird *Blancheflour* gefangengehalten in einem wundervollen Turm. Floris, der sie retten will, wird geraten: «Nimm das Winkelmass und den Mass[stab] in die Hand, als ob du ein Freimaurer

[10] Z.B. «... denen aber, die berufen sind, Juden und Griechen, predigen wir Christus als Gottes Kraft (*dynamis*) und Gottes Weisheit (*sophia*)» (1. Korinther 1:24).

[free mason] seist».[11] Die Szene erinnert eigenartig an den Abschnitt VIII des Rituals von ‹Heredom of Kilwinning› des *Royal Order of Scotland.*

Zu den ältesten Dokumenten, welche wir mit den mittelalterlichen *Freestone Masons* in Verbindung bringen können, zählen aber vor allem die sogenannten *Old Manuscript Constitutions* oder *Old Charges.* Einige datieren schon aus dem 14. oder 15. Jahrhundert:

- die *Constitutions of the Masons of York* (1352, 1370, 1409),
- die *Ordonnances des masons de Londres* (1356),
- die *Constitutions of the Carpenters Guild of Norwich* (1375),
- das Regius Manuskript (1425-1450),
- das Cooke Manuskript (1425-1450) und
- die *Constituciones artis geometricae secundum Euclidem* (15. Jh.).

Ab 1583 gibt es mehr als hundert solcher Manuskripte, die meisten datieren aus den Jahren zwischen 1675 und 1725. Sie stammen überwiegend aus England. Manche wurden auf Buchrollen aus Pergament geschrieben,[12] andere in einen Kodex (Manuskript Büchlein).[13] Von denen aus dieser späteren Zeit wissen wir, dass sie während der Initiation eines neuen Mitglieds der ‹Acception› vorgelesen wurden. Ihre allgemeine Struktur ist immer ungefähr gleich:

- ein einführendes Gebet,
- eine legendenhafte ‹Traditionelle Geschichte›,
- die eigentlichen ‹Articles & Points›, auch ‹Charges› genannt,
- die Regeln für die grossen Versammlungen,
- Material betreffend das Verfahren für die Rechtsprechung,
- Material betreffend das Verfahren für die Annahme neuer Mitglieder, namentlich der Eid, der abgelegt werden sollte, und
- ein abschliessendes Gebet.

Aus dem Blickwinkel der Freimaurerforschung sind hiervon vor allem diese alten Texte des Eides interessant:

> Diese Pflichten, die Sie erhalten haben, sollen Sie gut und treu bewahren und die Geheimnisse unserer Loge weder Mann noch

[11] «Take the square and measure in your hand as if you were a free mason». Siehe für diesen Absatz Prescott 2004.

[12] Siehe Abb. 62: Das ‹Grand Lodge MS No. 1›, 25.12.1583.

[13] Siehe Abb. 63: Das ‹Bain› Manuskript, ca. 1670-1680.

Abb. 62: ‹Old Charges› in Form einer Buchrolle: Das ‹Grand Lodge MS No. 1›, 25.12.1583

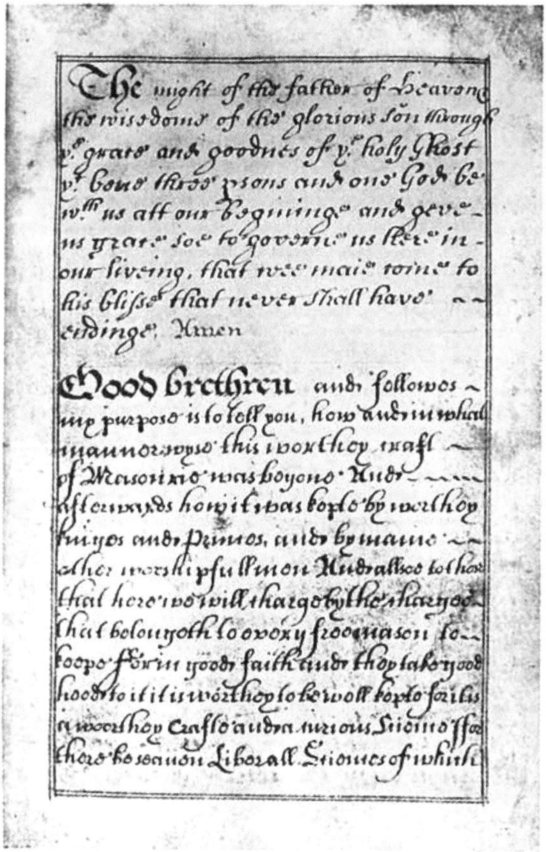
The might of the father of heaven
the wisdome of the glorious son through
ye grace and goodnes of ye holy Ghost
yt being three psons and one God be
wth us att our beginninge and give
us grace soe to governe us here in
our living, that wee maie come to
his blisse that never shall have
endinge. Amen

Good brethren and fellowes
my purpose is to tell you, how and in what
mannerwyse this worthey craft
of Masonrie was begune. And
afterwards how it was kepte by worthey
kinges and Princes, and by manie
other worshipfull men And allsoe to them
that here we will charge by the charges
that belongeth to every freemason to
keepe for in goode faith and they take good
heede to it it is worthey to be well kepte for it is
a worthey Craft and a curious Science for
there be seaven Liberall Sciences of which

Abb. 63: ‹Old Charges› in Form eines Kodexes: Das ‹Bain› Manuskript, ca. 1670–1680

> Frau oder Kind, weder Stock noch Stein, beweglichem oder unbeweglichem Ding enthüllen. So helfe Ihnen Gott und seine Heiligkeit. Amen. (Buchanan MS.1, um 1670)
>
> Die Zeichen und Griffe, die ich Ihnen kundtun werde, sollen Sie weder auf Sand, Papier oder grüne Blätter schreiben, und Sie sollen diese weder einer stummen Kreatur in Hörweite irgendeiner Person, noch Stock, Schaft oder Stein in Hörweite irgendeiner Person mitteilen, weder Mann noch Frau oder Kind, sondern nur dem, von dem Sie herausfinden, dass er ein Maurer ist. So helfe Ihnen Gott. (Drinkwater No.1 MS., um 1700)[14]

Interessant ist vor allem, dass diese alten Versionen des Eides niemals den Verfluchungsteil enthalten, der in den Texten von nach 1717 – namentlich in *A Mason's Examination* (1723), *A Mason's confession* (1727?), im Wilkinson Manuskript (1724-1730) und dann ab Prichards *Masonry Dissected* (1730) fast immer – vorkommt. Prichard gibt die ab dann übliche Form:

> All this under no less Penalty than to have my Throat cut, my Tongue taken from the Roof of my Mouth, my Heart pluck'd from under my Left Breast, them to be buried in the Sands of the Sea, the Length of a Cable-rope from Shore, where the Tide ebbs and flows twice in 24 Hours, my Body to be burnt to Ashes, my Ashes to be scatter'd upon the Face of the Earth, so that there shall be no more Remembrance of me among Masons. So help me God.[15]

[14] «These Charges that you haue Received you shall well and truly keepe not discloseing the secresy of our Lodge to man woman nor Child : sticke nor stone : thing moueable nur vnmoveable soe god you helpe and his holy Doome Amen» (Buchanan MS.1, um 1670) und «The Signs & Tokens, yt I shall declare unto you, you shall not write in Sand, paper, or Green leaves; And you shall not tell it to any Dumb Creature in ye hearing of any person, Neither to Stick, Stock nor Stone in ye hearing of any person, Neither to Man Woman nor Child but to such as you find to be a Mason. So help you God.» (Drinkwater No.1 MS., um 1700) (Knoop, Jones & Hamer 1943, 8).

[15] Prichard 1730, 12.

Einen Eid mit Verfluchungsteil zu schwören war in der Bibel schon verboten.[16] In Nachfolge dessen war ein derartiges Verbot auch kirchenrechtlich, und in Staaten, die eine Staatsreligion hatten, oft auch staatsrechtlich, üblich. Nur für souveräne Mächte wie Staaten und Kirchen machten solche Gesetze eine Ausnahme. Als die *Premier Grand Lodge* sich zwischen 1715 und 1725 unabhängig machte von der *Masons' Company of London* und einen Verfluchungsteil an den alten Eid hinzufügte, behauptete sie damit also Souveränität, was ein Grund war, warum sie von Staaten und Kirchen verboten wurde.[17]

Der Inhalt der *Old Manuscript Constitutions* war ausdrücklich christlich: man soll Gott, der (katholischen) Kirche, seinem Meister und den Mitgliedern dienen; man soll sich ordentlich benehmen, d.h. die Toten begraben, die Witwen unterstützen, regelmässig zur Kirche gehen, u.s.w. Das Handwerk (*the Craft*) und die Werkzeuge werden symbolisch interpretiert.[18] Am bekanntesten sind wohl das Regius Manuskript[19] und das Cooke Manuskript,[20] beide aus dem zweiten Viertel des 15. Jahrhunderts.[21] Als Illustration ihres christlichen Charakters hier der Anfang des einführenden Gebets aus dem Cooke Manuskript:

Thonkyd be god our glorious Fadir and foun- der and former of heuen and of erthe. and of alle. thyngis that in hym is that he wolde fochesaue of his glorious God-hed for to make so mony thyngis of di- uers vertu for mankynd.	Thanked be God our glorious Father and foun- der and former of heaven and of earth, and of all things that in him is that he would vouchsafe of his glorious Godhead for to make so many things of di- verse virtue for mankind.	Gedankt sei Gott unserem glorreichen Vater und Gründer und Former des Himmels und der Erde, und von allen Dingen die darin sind, dass er sich herabgelassen hat von seiner glorreichen Gottheit, um so viele Dinge von unter- schiedlicher Wirksamkeit für die Menschheit zu machen.

[16] Exodus 20:7, Matthäus 5:33-37.

[17] Siehe Snoek 2008.

[18] Siehe Scanlan 2004.

[19] Siehe Abb. 64.

[20] Siehe Abb. 65.

[21] Früher wurden sie auf um 1390 und 1400-1410 datiert. Für die heutige Datierung siehe Prescott 2005a.

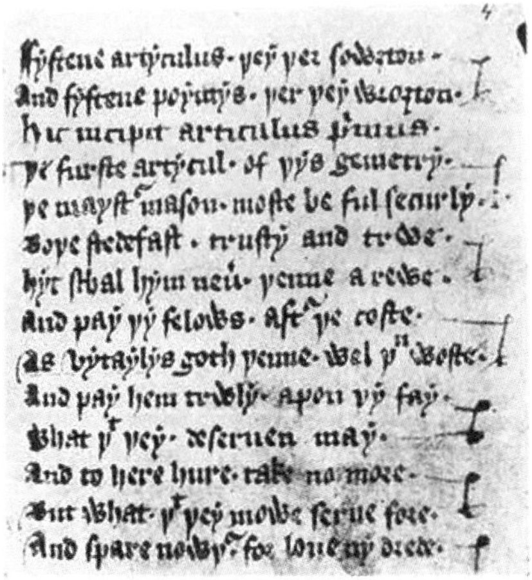

Abb. 64: Das Regius-Manuskript

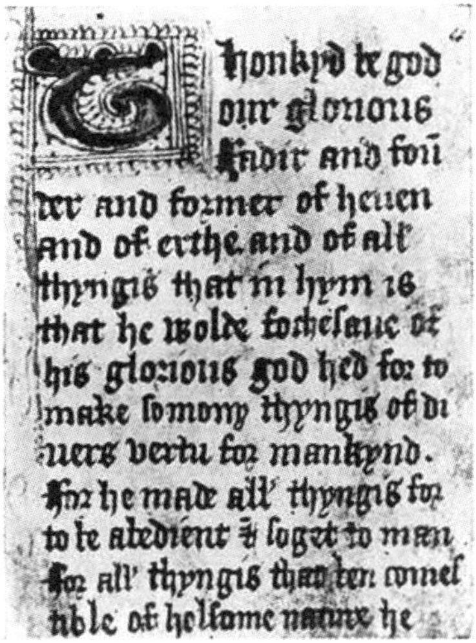

Abb. 65: Das Cooke-Manuskript

Prescott hat gezeigt, dass die legendenhafte ‹Traditionelle Geschichte› immer erwähnt, dass die *Freestone Masons* schon sehr früh von König Athelstan (der von 924 bis 939 regierte) eine Ausnahmeposition bekamen, verknüpft mit dem Recht auf ein höheres Gehalt als das der anderen Bauleute.[22] Er zeigte auch, dass die frühen *Constitutions* immer dann entstanden, wenn dieses Recht bedroht wurde. Da die späteren Könige immer wieder versuchten die maximale Höhe des Gehalts für alle Arbeiter gleich zu normieren, entstanden auch immer wieder neue Manuskripte der *Constitutions*, die auf die alten Rechte der *Freestone Masons* hinwiesen. Sogar in Andersons *Constitutions* von 1723 findet sich die Geschichte von König Athelstan noch.[23] Prescott konstatiert, dass die Entwicklung der *Constitutions* zeigt, dass die Freimaurer sich im 15. Jahrhundert zu einer Elite innerhalb des Baufachs entwickelten, eine Position, die sie bis zum Anfang des 18. Jahrhunderts mit Hilfe der *Constitutions* behaupten konnten.

Die Schaw-Statuten

1583 ernannte James VI. von Schottland (= James I. von England) William Schaw als «the King's Master of Works and General Warden of the Craft», also ungefähr zum Bauminister, der verantwortlich war für alle Bauaktivitäten in Schottland.[24] 1584/1585 machte Schaw eine Reise nach Frankreich und 1589/1590 eine nach Dänemark, um sich weiterzubilden. Am 28.12.1598 unterschrieb er die sogenannten ersten ‹Schaw Statutes›, «The statutis and ordinances to be obseruit be all the maister maissounis within this realme» (die Statuten und Verordnungen, die von allen Meister Maurern in diesem Königreich zu befolgen sind). Das Datum ist bemerkenswert. Der 27.12. ist der Tag des Johannes des Evangelisten. Es wird angenommen, dass an diesem Tag die Logen aus Schottland ihre alljährliche Tagung abgehalten hatten und auf dieser die neuen Statuten besprochen hatten, wonach sie am nächsten Tag von

[22] Prescott 2005b.
[23] Anderson 1723, 32.
[24] Siehe zu diesem Abschnitt Stevenson 1988 und Snoek 2002.

einem Schreiber ins Reine geschrieben und von Schaw unterschrieben wurden. Diese Statuten geben Regeln für die dann schon existierenden Logen.

Der Vorsitzender einer Loge hiess ‹Warden›, heute der Titel eines Aufsehers in einer englischsprachigen Loge. Er regierte seine Loge zusammen mit zwei ‹Deacons›. Stevenson beschreibt die Praxis der damaligen schottischen Logen wie folgt: Es gab einerseits die *Incorporation* (die Zunft), welche alle Baufacharbeiter umfasste, und daneben die Loge, worin nur die *Masons* sich auch noch trafen. Die *Masons* in Schottland waren, genau wie die *Freestone Masons* in England, die Bildhauer und Architekten (Baumeister), also eine Elitegruppe innerhalb der Zunft. Wer *Mason* werden wollte, liess sich von seinem Meister zuerst in der Loge als Lehrling einschreiben; jetzt war man *booked Apprentice*. Nach einiger Zeit wurde man dann, wiederum in der Loge, ein *entered Apprentice*. Nach mindestens zwei mal sieben Jahren Lehrzeit folgte die Meisterprüfung in der *Incorporation*, wodurch man *Master Mason* wurde. Anschliessend wurde man in der Loge *‹made› Brother and Fellow in the Craft*, eindeutig durch die Durchführung eines Rituals, allem Anschein nach einer frühen Form des Rituals des heutigen dritten Grades.

Genau ein Jahr später, am 28.12.1599, unterschrieb Schaw eine zweite, ergänzende, Sammlung von Regeln, die zweiten ‹Schaw Statutes›. Hieraus geht unter anderem hervor, dass der *Fellow in the Craft* £10 für das Diner nach seiner Aufnahme zahlte und den Meistern Handschuhe anbot. Der *entered Apprentice* zahlte auch für das Diner nach seiner Aufnahme als solcher, aber nur £6. Weiter geht aus den Schaw Statutes hervor, dass einige Schottische Logen schon vor 1598 existierten, namentlich die in Edinburgh, Kilwinning, und Sterling; alle drei gibt es noch immer, nämlich unter der Grossloge von Schottland. Diese Logen waren offensichtlich Organisationen wie die Logen heute auch. Unter ihren Mitgliedern gab es auch schon einige Gentlemen.

Auf Grund dieser *Schaw Statutes* ist klar, dass es 1598/1599 in Schotland, vermutlich schon längere Zeit, Logen gab, die etwas betrieben, was wir heute ohne Zweifel als Freimaurerei betrachten würden, auch wenn die Praxis sich in den vergangenen vier Jahrhunderten weiterentwickelt und recht stark verändert hat.

Ungefähr gleichzeitig findet eine parallele Entwicklung in London statt. Die Zunft ist hier die *Masons' Company of London*. In deren Archiven sind die Akten der Jahre am Ende des 16. und am Anfang des 17. Jahrhundert leider verlorengegangen. 1619 fangen sie wieder an. Schon in 1621 heisst es dann «At the making of Masons ...», 1630 werden Masons ‹accepted›, und die ‹Acception› wird mehrmals erwähnt zwischen 1645 und 1650. Vermutlich hat die ‹Acception› schon vor 1619 angefangen, vielleicht sogar vor 1598. Ihre Mitglieder gehörten zu den höchst Ausgebildeten ihrer Zeit. Sie waren meistens mindestens *Warden*, wenn nicht Meister der *Company* (oder sogar schon gewesen) und die Eintrittsgelder waren viel höher als die der *Company*. Während die Loge in Schotland eine Elitegruppe neben der Incorporation war, war die ‹Acception› eine Elitegruppe innerhalb der *Masons' Company of London*. Erst als sich die ‹Acception› zwischen 1715 und 1725 langsam von der *Company* unabhängig machte, entstand daraus die *Premier Grand Lodge*.[25]

Ab ungefähr 1600 gab es also jedenfalls frühe Formen von Freimaurerei, sowohl in Schottland als auch in England. Die Formen, die wir dann finden, sind aber offensichtlich schon so ausgearbeitet, dass es unwahrscheinlich ist, dass sie erst vor kurzem entstanden waren.

[25] Siehe Snoek 2008.

Bibliographie

Quellentexte

Panofsky, Erwin (Hg. & Übers.), 1979, *Abbot Suger on the Abbey Church of St.-Denis and its Art Treasures*, 2nd ed. Princeton University Press: Princeton (New Jersey).

Speer, Andreas & Günther Binding (Hg. & Übers.), 2005, *Abt Suger von Saint-Denis: Ausgewählte Schriften*, 2. Auflage. Wissenschaftliche Buchgesellschaft: Darmstadt.

Enzyklopädieaufsatz

Luscombe, David, 2005, «Dionysius Areopagita (Pseudo-)», in Wouter J. Hanegraaff (Hg.): *Dictionary of Gnosis & Western Esotericism*, Brill: Leiden & Boston, I 312-313.

Weitere Literatur

Anderson, James, 1723, *The Constitutions of the Free-Masons*, Senex & Hooke: London.

Berger, Joachim & Klaus-Jürgen Grün, 2002, *Geheime Gesellschaft. Weimar und die deutsche Freimaurerei*, Carl Hanser Verlag: München & Wien.

Brankovic, Branislav, 1990, *Saint-Denis' Basilica*, Editions du Castelet: Boulogne.

Büchsel, Martin, 1997, *Die Geburt der Gotik: Abt Sugers Konzept für die Abteikirche St.-Denis* (Rombach Wissenschaften: Reihe Quellen zur Kunst 5); Rombach: Freiburg i. Br.

Erlande-Brandeburg, Alain, 1984, *The Abby Church of Saint-Denis. Volume I, History and Visit*, S.I.D.E.S./Editions de la Tourelle: Fontenay-sous-Bois.

Hamill, John, 1986, *The Craft. A History of English Freemasonry*, Crucible: Wellingborough (Northamptonshire, England). 2. Edition: *The History of English Freemasonry*, 1994.

Knoop, D., G.P. Jones & D. Hamer, 1938, *The Two Earliest Masonic MSS.*, Manchester University Press: Manchester.

——, 1943, *The Early Masonic Catechisms*, Manchester University Press: Manchester.

Naudon, Paul, 1981, *Histoire générale de la Franc-Maçonnerie*, Office du Livre: [Paris?].

Poole, H. & F.R. Worts, 1935, *The «Yorkshire» Old Charges of Masons*, Ben Johnson & Co. Ltd.: York.

Pott, Pieter Hendrik, 1975, «De Bouw- en Lichtsymboliek der vroege Gotiek: Abt Suger en de Kerkbouw van St.-Denis», *Thoth* 26.I 1-28.

——, 1981, «De Conceptie van de Gotische Kathedraal», *Thoth* 32.4 154-166.

Prescott, Andrew, 2004, «The Earliest Use of the Word ‹Freemason›», *Year Book of the Grand Lodge of the Antient Free and Accepted Masons of Scotland 2004*, Grand Lodge of Scotland: Edinburgh, 64-67.

——, 2005a, «Some literary contexts of the Regius and Cooke manuscripts», in: T. Stewart (Hg.): *Freemasonry in Music and Literature* (The Canonbury Papers 2), CMRC: London, 43-77.

——, 2005b, «The Old Charges Revisited», *Transactions of the Lodge of Research No. 2429 (2005)*, 25-38 [reprinted in *Hibiscus Masonic Review*, 2 (2008)].

Prichard, Samuel, 1730, *Masonry Dissected*, London. Facsimile in *Harry Carr's World of Freemasonry*, Lewis Masonic: London 1984, after page 410.

Scanlan, M.D.J.: «Operative versus Speculative», *Acta Macionica* 14 (2004) 25-54.

Snoek, J.A.M., 2002, «The earliest development of masonic degrees and rituals: Hamill versus Stevenson», in M.D.J. Scanlan (Hg.): *The Social Impact of Freemasonry on the Modern Western World* (The Canonbury Papers 1), CMRC: London, 1-19.

——, 2008, «Researching Freemasonry; Where are we?» in CRFF working paper series (Internet Journal: http://www.freemasonry.dept.shef.ac.uk/ ==> Working Papers) 2 (2008) 1-28.

Stevenson, David, 1988, *The Origins of Freemasonry, Scotland's century 1590-1710*, Cambridge University Press, Cambridge (UK).

Von Simson, Otto, 1992, *Die gotische Kathedrale. Beiträge zu ihrer Entstehung und Bedeutung*, 5. Auflage, Wissenschaftliche Buchgesellschaft: Darmstadt.

11
OKKULTISMUS

Definition

Der Terminus ‹okkult› / ‹Okkultismus› (das was verborgen ist) kommt zum ersten Mal in dem Titel von Agrippa von Nettesheims *De occulta philosophia* (1533, geschrieben 1510) vor.[1] Es war aber erst Eliphas Lévi (Alphonse-Louis Constant, 1810-1875), der mit seinem Buch *Dogme et Rituel de la haute magie* (1856) nicht nur das Wort ‹Esoterik› (*l'ésotérisme*) popularisierte, sondern auch ein zweites Substantiv von ungefähr gleicher Bedeutung erfand: ‹Okkultismus› (*l'occultisme*).[2] Lévi verwendete beide Wörter für die traditionellen ‹okkulten Wissenschaften› und die damit assoziierten Strömungen, das, was wir heute Westliche Esoterik nennen. In der modernen wissenschaftlichen Literatur ist es aber üblich, ‹Okkultismus› als Andeutung einer spezifischen Strömung innerhalb der Westlichen Esoterik zu verwenden, nämlich für die Versuche von Menschen, Esoterik Sinn zu geben aus der Perspektive einer entzauberten, säkularisierten Welt.[3] Diese Strömung entstand im Laufe des 19. Jahrhunderts. Sie unterscheidet sich von der Romantik[4] darin, dass letztere die Existenz der säkularisierten Welt verneint und versucht die Welt neu zu verzaubern, während im Okkultismus die Existenz einer säkularisierten Welt sehr wohl anerkannt wird – obschon sie oft als sinnentleert abgewiesen werden mag. Im Okkultismus wird grundsätzlich versucht, Renaissance-Magie (die Welt der Korrespondenzen) und moderne Wissenschaft (die Welt der Kausalität) miteinander zu verknüpfen.

Der Okkultismus verwendet Komponenten aus den meisten bisher präsentierten westlich-esoterischen Strömungen, namentlich aus der Astrologie, dem Neuplatonismus, dem Gnostizismus, dem Kabbalismus, dem Hermetismus, den Rosenkreuzerschriften und der Freimau-

[1] Siehe über Agrippa: Valente 2005.
[2] Siehe über Lévi: Laurant 2005a.
[3] Hanegraaff 1996, 422.
[4] Siehe über den Romantik: McCalla 2005a.

rerei. Daneben verwendet er auch Elemente aus der swedenborgischen christlichen Mystik, dem Mesmerismus, dem Spiritismus und dem Kartenlegen. Die Magie ist ein Bestandteil, der seit der neuplatonischen Theurgie in vielen dieser westlich-esoterischen Traditionen vorkam und im Okkultismus neu aufgegriffen wird.

Swedenborg, Mesmer und Spiritismus

Ein wichtiger Vorläufer des Okkultismus war Swedenborg (Emanuel Swedberg, 1688-1772).[5] Er war schon 57, als er 1744 anfing seine Visionen zu empfangen, welche den Anlass zu seinen esoterischen Publikationen gaben. In diesem Moment war er ein wichtiger und angesehener Wissenschaftler; er arbeitete erfolgreich für die schwedische Regierung im Bergbau und seine *Opera philosophica et mineralogica* waren 1734 in Leipzig veröffentlicht worden. Auf Grund dieses Hintergrunds war für ihn das Konzept der Natur als ein grosses *lebendiges* Ganzes – eines von Faivres intrinsischen Merkmalen der Esoterik[6] – unakzeptabel. Hanegraaff zeigt, wie das Weltbild Swedenborgs ein erster Versuch ist, ein esoterisches mit einem wissenschaftlichen Weltbild zu kombinieren, und hierdurch eine Übergangsform zum Okkultismus bildet.[7] Die Lehre Swedenborgs kann annähernd folgendermassen zusammengefasst werden. (1) Swedenborg übernahm die Lehre der zwei Bücher: Gott drückt sich aus in, und kann daher gekannt werden durch, zwei Bücher: die Bibel und die Natur. (2) Es gibt drei Reiche, Welten, oder Niveaus der Realität: das natürliche, das spirituelle / geistliche, und das himmlische Reich. Alles in der natürlichen Welt korrespondiert mit etwas in der geistlichen, und dadurch mit etwas in der himmlischen Welt. (3) Leben ist immer göttlich. Es fliesst von Gott aus, manifestiert sich, und verteilt sich in drei Ströme, die durch die drei Reiche strömen. (4) Das Symbol des Anbrechens einer Neuen Ära ist das Neue Jerusalem, wie beschrieben im letzten Bibelbuch. (5) Gott ist Liebe, und Liebe möchte sich an einen Anderen schenken. Daher schuf Gott die Mensch-

[5] Siehe über Swedenborg: Williams-Hogan 2005; Snoek 2003.

[6] Siehe Kapitel 1.

[7] Hanegraaff 1996, 424-429.

heit im natürlichen Reich. Dies ist die materielle Welt, woraus der menschliche Körper gemacht wurde, und welche Gott den Menschen geschenkt hat. Der Geist des Menschen funktioniert aber nach den Prinzipien der himmlischen Welt. (6) Jeder Mensch, der sich entscheidet ein Abbild Gottes zu sein, ist ein Edelstein, welcher ein Aspekt des ‹Grossen Menschen›, des ‹Adam Kadmons›, das heisst, der Gemeinschaft der himmlischen Wesen (z.B. die Engel), ist. (7) Gott ist Licht und Wärme, und Licht und Wärme sind göttlich. Gott kann man sehen in der geistlichen Sonne der geistlichen Welt. (8) Des Menschen Grösse ist seine Anbetung Gottes, dadurch, dass er ein aktives und nützliches Leben lebt.[8]

1778, also nur kurz nach Swedenborgs Tod, reiste der Arzt Franz Anton Mesmer (1734-1815) von Wien nach Paris.[9] Hier erregte er Aufsehen mit seinen neuen Heilungsmethoden, basierend auf der Annahme, dass das Universum – in all seinen Aspekten, geistig sowohl als auch materiell – von einem unsichtbaren natürlichen Fluidum, dem *spiritus animalis* («tierischer Magnetismus», eine moderne Variante von Platos *ochēma*, Aristoteles' *pneuma*, und dem neuplatonischen Konzept des ‹astralen Körpers›) durchdrungen sei. Wenn die Verteilung dieses Fluidums über die Komponenten des Universums (darunter der menschliche Körper) nicht im Gleichgewicht sei, sei dies die Ursache von Krankheiten. Es gebe also nur eine Krankheit und auch nur eine Heilung. Diese Heilung entstehe dadurch, dass das Fluidum wieder ins Gleichgewicht gebracht werde. Mesmer entwickelte dazu unterschiedliche Therapien. Patienten stellten sich z.B. in einen Kreis, Hand in Hand; er berührte sie mit magnetischen Stäben; oder er behandelte sie mittels Massage unter Hypnose. Das (psychologisch) Wirksame an Mesmers Heilungsmethode war im Nachhinein die Hypnose oder der Trancezustand, den er meistens induzierte. Aber Mesmers Erklärung war wieder ein typischer Versuch, Esoterik (in diesem Fall letztendlich Neuplatonismus) und Wissenschaft miteinander zu verknüpfen. Er selbst präsentierte und verstand seine Theorie als wissenschaftlich, was 1775 in München akzeptabel genug war, um ihn zum Mitglied der Bayerischen Akademie der Wissenschaften zu machen, aber nicht verhinderte, dass er später in

[8] Siehe Snoek 2003, 24/25.
[9] Siehe für Mesmer: Hanegraaff 1996, 430-435; Meheust 2005.

Paris durch die wissenschaftlichen und medizinischen Autoritäten dort als ein Betrüger verurteilt wurde. Die Frage war nicht, ob seine Methode effektiv sei (das wurde allgemein akzeptiert), sondern ob seine Methode natürlich (also wissenschaftlich) oder übernatürlich sei. Offensichtlich konnte Mesmers Theorie auf beide Weisen verstanden werden.

Swedenborgianismus und Mesmerismus zusammen schufen einen Kontext, in dem ein schon länger existierendes Phänomen, der Spiritismus (Kommunikation mit Verstorbenen), populär werden konnte.[10] Es handelt sich um ein im Prinzip universales Phänomen. Schon Saul gab der Wahrsagerin von Endor den Auftrag, Samuel aufzurufen (1 Sam. 28:7 ff.). Am 31.3.1848 gelang es den Schwestern Margaret und Kate Fox, Töchtern eines Bauern in Hydesville im Staat New York, mit einem hinderlichen ‹Poltergeist› zu kommunizieren. Die Sache wurde in der Presse weltweit kommentiert und dies führte zu einer sehr schnellen und weit verbreiteten Begeisterung, sowohl in Amerika als auch in Europa. Swedenborgianismus lieferte den theoretischen Hintergrund und Mesmerismus die Technologie, um ein Medium in Trancezustand zu versetzen, worin es mit Geistern kommunizieren konnte. Séancen mit einem Medium wurden seitdem populär, und der Spiritismus entwickelte sich mehr und mehr als eine ‹wissenschaftliche› Religion. Zum Teil waren die Motive durchaus ernsthaft: sie bestanden z. B. in der Faszination durch das Übernatürliche, das Suchen nach Erfahrungs- (statt Glaubens-) sicherheit über das Leben nach dem Tode, oder das Herstellen von Kontakt mit verstorbenen geliebten Menschen. Die Mode führte zu der Gründung von zahlreichen spiritistischen Gesellschaften und Vereinigungen. Faszinierend ist, dass der Spiritismus, obwohl er den Materialismus bekämpfte, gleichzeitig die Welt der Geister als wissenschaftlich erfassbar, und damit grundsätzlich als materiell betrachtete.

[10] Zu Spiritismus, siehe Hanegraaff 1996, 435-441; Deveney 2005.

Kartenlegen

Schon im 18. Jahrhundert hatte die westliche Esoterik immer mehr Traditionen integriert. Dieser Prozess setzte sich auch im 19. Jahrhundert fort. Eine der neu aufgenommenen Komponenten war das Kartenlegen. Spiel- und Wahrsagekarten scheinen mehrmals erfunden worden zu sein. Schon früh sind sie belegt in u.a. China, Indien, Arabien und Ägypten. Immer werden sie sowohl für das Wahrsagen, als für das Meditieren, als auch zum Spielen verwendet. In Europa waren sie vielleicht schon seit dem 13. Jahrhundert bekannt, aber seit dem Ende des 14. Jahrhunderts werden sie überall in Europa erwähnt. Der Tarot ist hier die älteste Form; er ist zuerst in Italien belegt.[11] Ab dem 15. Jahrhundert wurden Spielkarten durch die Kirche, als ‹Buch des Teufels›, verurteilt. Trotzdem wurden sie viel zum Lernen von Geschichte, Geographie, usw. verwendet. Auch ab dem 15. Jahrhundert finden wir die ‹Grosse Arcana› des Tarots als ‹mystische Leiter›. Eliphas Lévi (Alphonse-Louis Constant, 1810-1875) kombinierte diese 22 ‹Trumpfkarten› mit den 22 Buchstaben des Hebräischen Alphabets. Seit der Französischen Revolution (1789) lebte das Kartenlegen wieder auf (Abb. 66 & 67): es erschienen neue Systeme, neue Entwürfe und neue Bücher. Die wohl berühmteste Wahrsagerin war Marie-Anne Adélaïde Lenormand (1772-1843, Abb. 68). Ihre Kollegin Julia Orsini schrieb ein Buch über ihre Methode: *Le Grand Etteila, ou l'art de tirer les cartes* (1853).[12] Éliphas Lévi schrieb ausführlich über den Tarot in seinem *Dogme et rituel de la haute magie* (1856, Teil I, Kap. 10). Der ‹Magier› Papus (Gérard Analect Vincent Encausse, 1865-1916) schrieb *Le Tarot des Bohémiens – le plus ancien livre du monde* (1889) und Samuel Liddell MacGregor Mathers (1854-1918) *The Tarot. Its Occult Significance, Use in Fortune-Telling, and Method of Play* (1888).[13] Berühmte Tarot-Spiele wurden entworfen von u a. Oswald Wirth (in der Schweiz, unter Anweisungen von seinem Lehrmeister Stanislas de Guaita, 1889, Abb. 70) und Aleister Crowley (1875-1947) & [Marguerite] Frieda Harris-Bloxam (‹Lady Frieda Harris›, 1877-1962): die *Thoth Tarot Cards* (1944 als Buchillustrationen in Crowleys *The Book of Thoth*, 1969 als Deck).

[11] Siehe über Tarot: Laurant 2005b.

[12] Etteilla kommt von Jean-Baptiste Alliette, ein Pariser Wahrsager der diesen Satz Karten (Abb. 69) entwarf. Siehe Faivre 2005.

[13] Siehe über Papus: Laurant 2005, und über Mathers: Pasi 2005b.

Abb. 66 & 67: Zwei Tarotkarten von Blanche, Besançon, 19. Jahrhundert

Abb. 68–70: Zwei Wahrsagekarten (aus dem ‹Grand Jeu de Melle Lenormand› und aus dem ‹Grand Etteilla›) und eine Tarotkarte (aus dem ‹Oswald Wirth Tarot-Spiel›) im egyptomanischen Stil.

Magie

Schon im Hellenismus finden wir in unterschiedlichen Traditionen Formen der Theurgie. Auch in den ‹Grimoires› (‹Schwarze Bücher›, ‹Zauberbücher›) des Mittelalters sind Formen von Magie ständig präsent. Einer der berühmtesten Grimoires war der *Clavicula Salomonis*, der wahrscheinlich im 14. oder 15. Jahrhundert geschrieben wurde. Die Grimoires enthielten unter anderem Beschreibungen von Invokationsmethoden, d.h., Methoden zum Aufrufen von Geistern. Die Kirche verdammte solche Zauberpraktiken, aber, wie Cornelius Agrippa (1486-1535) bemerkte: «Magier waren die ersten Anhänger unseres Heilands in dieser Welt».[14] Pico della Mirandola (1463-1494) praktizierte das Anfertigen von Talismanen und John Dee (1527-1608) benützte das Medium Edward Kelley (alias Edward Talbot, 1555-1595), um ‹Engel› aufzurufen (Abb. 71).[15] Diese ‹Engel› lehrten ihn die ‹Henochianische Magie›.

1801 publizierte Francis Barrett (1774 - um 1830): *The Magus, or Celestial Intelligencer; being a complete system of Occult Philosophy*, ein Buch, das eine breite Zusammenfassung der magischen Tradition zur Verfügung stellte und im 19. Jahrhundert das Magie-Lehrbuch schlechthin für England und Amerika wurde (Abb. 72).[16] 1870 wurde ein zweiter Druck verlegt. Barrett gründete auch eine magische Gesellschaft. Ein zweiter Gründungsvater der okkultistischen Magie war Eliphas Lévi (Abb. 73 & 74), der selbst von Edward Bulwer-Lytton (1803-1873) beeinflusst war, besonders von dessen okkultistischem Roman *Zanoni* (1842). Nach einem misslungenen Versuch einer kirchlichen Laufbahn, und etwa zwanzig Jahren als politischer Aktivist, begegnete er in den 1850er Jahren dem polnischen Messianist Hoëné Wronski (seit 1815 Józef Marie Wronski, 1776-1853).[17] Wronski weckte Lévis Interesse für rituelle Magie, welches zuerst zu Lévis Experimenten in ritueller Magie in London, und dann 1856 zur Publikation der zwei Teile seines *Dogme et rituel de la haute magie* (Lehre und Ritual der hohen Magie) führte. Lévi war namentlich ein Theoretiker einer romantisierten Magie. Seine

[14] Er dachte dabei an Matthäus 2:1-2. Die Lutherübersetzung gibt hier «Weise», aber die *Vulgata* hat hier «magi».

[15] Siehe über Mirandola: Kapitel 7 und Lelli 2005, und über Dee: Kapitel 8 und Szónyi 2005.

[16] Siehe über Barrett: Gilbert 2005a.

[17] Siehe über Wronski: McCalla 2005b.

Abb. 71: John Dee und Edward Kelly wiederbeleben einen Toten;
Stich aus The Astrologer of the Nineteenth Century, 1825

A Table shewing the names of the Angels governing the 7 days of the week with their Sigils Planets Signs &c.

Sunday	Monday	Tuesday	Wednesday	Thursday	Friday	Saturday
Michaël	Gabriel	Camael	Raphaël	Sachiel	Anaël	Cassiel
☉ ♌	☽ ♋	♂ ♈ ♏	☿ ♊ ♍	♃ ♐ ♓	♀ ♉ ♎	♄ ♑ ♒
Machen.	Shamain.	Machon.	Raquie.	Zebul.	Sagun.	No Angels ruling above the 6th Heaven

Abb. 72: Stich aus Francis Barrett: The Magus, 1801

Abb. 73: Éliphas Lévi (Alphonse Louis Constant)

Abb. 74: «Das grosse Symbol von Salomo»

drei ‹Dogmen der Magie› waren 1. das Gesetz der Entsprechungen,[18] 2. die Kraft des menschlichen Willens, und 3. die Existenz des ‹astralen Lichts›, das unsichtbar ist, aber alles durchdringt, und durch den menschlichen Willen sichtbare Formen annehmen kann. Diese Lehre des ‹astralen Lichts› geht deutlich auf Mesmers *spiritus animalis* zurück. Fast gleichzeitig mit Lévis Hauptwerk erschien *The Indian Religions* (1858) von Hargrave Jennings (1817?-1890), in dem der Buddhismus in perennialistischem Sinne als die Urreligion präsentiert wurde. Auch die deutschen Romantiker entdeckten in dieser Zeit die asiatischen Religionen. Das alles führte zu einem – aus christlich-kirchlicher Perspektive – Neuheidentum, worin das Christentum nicht mehr war als eine Religion unter vielen.

Okkultistische Organisationen des ‹Fin-de-Siècle›

Das ‹Fin-de-Siècle›, das wir in diesem Kontext von etwa 1880 bis zum ersten Weltkrieg rechnen können, war eine Zeit von einer enormen kulturellen Blüte in Westeuropa. Es fällt zusammen mit der Zeit des Symbolismus, einer Strömung in der bildenden Kunst, wozu Künstler wie Gustave Moreau (1826-1898), Edvard Munch (1863-1944), Odilon Redon (1840-1916), Auguste Rodin (1840-1917), Félicien Joseph Victor Rops (1833-1898), und Jan Toorop (1858-1928) gehörten. Ab 1890 gab es daneben, initiiert durch das Werk von Alphonse Mucha (1860-1939), den ‹Art Nouveau› (‹Jugendstil›, ‹Stile Liberty›). Mucha war Freimaurer. Er arbeitete in Prag und Paris. Zu den berühmtesten Künstlern der ‹Art Nouveau› gehörten weiter Victor Horta (1861-1947, in Brüssel), Henry van de Velde (1863 Antwerpen-1957 Zürich), Gustav Klimt (1862-1918, in Wien) und Aubrey Vincent Beardsley (1872-1898 in London). Wichtige Zentren waren weiter Darmstadt, Berlin, Den Haag und Glasgow. Ab 1907 schufen Pablo Picasso (1881-1973) und Georges Braque (1882-1963) die Strömung des Kubismus, wozu auch Juan Gris (1887-1927) gehörte. Picasso fertigte auch Bühnenbilder für das 1909 von Sergei Pawlowitsch Djagilew (1872-1929) in Paris

[18] Siehe Kapitel 1.

gegründete ‹Ballet Russe› an, das Ballette von u.a. Igor Fjodorowitsch Strawinski (1882-1971) aufführte. Die Tänzer waren u.a. Vaslav Nijinsky (ca. 1889-1950) und Anna Pawlowna Pawlowa (1881-1931). Alle diese Strömungen in der Kunst wurden stark vom Okkultismus beeinflusst, und in dieser Szene wurden viele okkulte Vereine gegründet.

Nachdem 1803 Louis Claude de Saint-Martin gestorben war, dauerte es bis in die 1880er Jahre, bevor Papus seine Schüler wieder in einem Martinisten-Orden (*Ordre Martiniste*) zusammenfügte.[19] Papus entwarf für den Orden ein System von drei Einweihungsgraden, nach dem Beispiel der Freimaurerei: 1. Mitglied, 2. Initiierter, und 3. Initiator oder *Superieur Inconnu* (S*I*), der Autorname von Saint-Martin. Ab 1884 fanden die ersten Initiationen statt. Zwischen 1887 und 1890 wurden die ersten Logen und die Zeitschrift *Cahier de l'Ordre Martiniste* gegründet. 1891 folgte die Gründung des *Ordre Martiniste* selbst.[20] 1894 gründete Jules Stanislas Doinel (Jules-Stanislas Benoît, 1842-1902) die [*Nouvelle*] *Église Gnostique* [*Universelle*], die ihre Bischöfe hauptsächlich aus dem *Ordre Martiniste* bezog.[21]

In den 1880er Jahren entdeckte Markies Stanislas de Guaïta (1861-1897) die Bücher von Eliphas Lévi und *Le vice suprême* (1884) von Péladan.[22] Dadurch begeisterte er sich für den Okkultismus. Zusammen mit Papus und Joséphin Péladan (1858-1918, Autor von fantastischen Romanen wie *Comment on devient fee*, 1893) gründete de Guaïta 1887 den *Ordre Kabbalistique de la Rose+Croix*, der bis 1916 existierte.[23] Guaïta hatte eine heidnische (also, nicht-christliche) Auffassung des Okkultismus, während Péladan katholisch war. Péladan wollte sich nicht einlassen mit Spiritismus, Freimaurerei und Buddhismus. Das führte dazu, dass Péladan sich nach zwei Jahren von de Guaïtas Orden abspaltete und 1890 seinen eigenen *Ordre de la Rose+Croix Catholique et Esthetique, du Temple et du Graal* gründete, der bis zum Tod von Péladan 1918 existierte. Dieser Orden behauptete ein dreifacher geistlicher Orden für Römisch-Katholiken, Künstler und Frauen zu sein. De Guaïta und Péladan blieben anfänglich befreundet. Ab 1893 bekämpften sich die zwei Orden aber heftigst (der ‹Rosenkrieg›). In den Jahren 1892

[19] Siehe über Saint-Martin und den Martinismus: Kapitel 9 und Var 2005.
[20] Siehe über den *Ordre Martiniste* Ariëns-Volker 2004, 31-36; Introvigne 2005a.
[21] Siehe über die *Église Gnostique* Ariëns-Volker 2004, 38-44; Toth 2005, Introvigne 2005b.
[22] Siehe über Guaïta: Laurant 2005d und über Péladan: Laurant 2005e.
[23] Siehe über den hier genannten Orden als Rosenkreuzerorden Kapitel 9.

bis 1897 war es Péladan, der die sechs *Salons de la Rose+Croix* organisierte. Hier stellten, mit Ausnahme von Gustave Moreau (1826-1898), fast alle Künstler aus, die zu der Strömung des Symbolismus gehörten, wie Emile-Antoine Bourdelle (1861-1929), Félicien Joseph Victor Rops (1833-1898, Abb. 75), Alexandre Séon (1855-1917), Armand Point (1860-1932), Fernand Khnopff (1858-1929), Odilon Redon (1840-1916), Jean Delville (1867-1953), Felix Vallotton (1865-1925), Charles Filiger (1863-1928), Emile Bernard (1868-1941), Ferdinand Hodler (1853-1918), Georges Rouault (1871-1958), Jan Toorop (1858-1928), und Graf Leonce de Larmandie (1851-1921). Péladan organisierte auch Konzerte, in denen die Musik von Alfred Éric Leslie Satie (1866-1925) gespielt wurde. Erik Satie wandte sich später von Péladan ab und gründete seinen eigenen Orden, die ‹Metropolitanische Kirche der Kunst von Jesus dem Dirigenten›. Da der *Ordre Kabbalistique de la Rose+Croix* ungefähr die gleichen Mitglieder hatte wie der *Ordre Martiniste*, wurde 1892 ein *traité d'alliance organique* geschlossen, wonach in der Zukunft nur Personen die den S*I*-Grad des *Ordre Martinistes* hatten, in den *Ordre Kabbalistique de la Rose+Croix* aufgenommen werden würden. Nach dem Tod von de Guaïta 1897 übernahm Papus sogar die Führung des *Ordre Kabbalistique de la Rose+Croix*, der weiter existierte bis zum Tod von Papus 1916. In diesen Jahren gründete Papus auch eine Abteilung in Russland, die den letzten Zaren beeinflusste.

In der gleichen Periode finden wir in England vergleichbare Ereignisse. 1887 soll Pfarrer Adolphus Frederick A. Woodford in dem Nachlass des verstorbenen Kenneth Robert Henderson Mackenzie (1833-1886, ein Schüler und Bewunderer von Lévi) ein kodiertes Manuskript entdeckt, und es William Wynn Westcott (1848-1925) übergeben haben.[24] Diesem gelang es nicht, das Manuskript zu entziffern, und er bat daher Samuel Liddell MacGregor Mathers (Abb. 76) um Hilfe. Als dieser es schaffte, stellte es sich als anglisierte Versionen der Rituale der Grade Neophyt, Zelator, Theoricus, Practicus und Filosofus der ‹Gold und Rosenkreuzer› heraus. Westcott und Mathers erweiterten darauf diese Rituale und gründeten 1888 mit William Robert Woodman (1828-1891) den *Isis-Urania Temple of the Hermetic Order of the*

[24] Siehe über Westcott: Pasi 2005d.

Abb. 75: Frontispiz von Félicien Rops für Joséphin Péladan: Le Vice Suprême, 1884

Abb. 76: Samuel Liddell MacGregor Mathers (1854–1918) im Kostüm des Hohenpriesters von Isis (Golden Dawn)

Golden Dawn.[25] Soweit die offizielle Gründungslegende des Ordens der goldenen Morgendämmerung. In Wirklichkeit ähneln diese von Mackenzie geschriebenen Rituale denen der Gold und Rosenkreuzer aber nur in den Namen der Grade, und sind die Rituale dieses Ordens selbst denen der *Societas Rosicruciana in Anglia* (SRIA) – wovon alle in dieser Geschichte genannten Personen Mitglied waren – viel ähnlicher. Der Unterschied ist lediglich, dass die des *Golden Dawn* noch viel magischer sind als die der 1867 gegründeten SRIA, welche aber durchaus schon typisch okkultistisch sind. 1892 entwarf Mathers Rituale für den Grad des Adeptus [Magus] Minor, und gründete den ‹inner Order›: *Ordo Rosae Rubreae et Aureae Crucis*. Mathers fügte eine vierte Komponente an die drei von Lévi hinzu, nämlich die magische Phantasie. Schon zwischen 1900 und 1903 fiel der *Golden Dawn* durch Rivalität und Streit zwischen den Mitgliedern auseinander.

Eines der Mitglieder des *Golden Dawn* war Aleister Crowley (1875-1947, Abb. 77 & 78).[26] 1908 gründete er seinen eigenen Orden, den *Astrum Argentinum* (A.·.A.·., den Orden des silbernen Sterns). Hier kombinierte er die Magie des *Golden Dawn* (worin er 1898 eingeweiht wurde) mit Yoga und sonstigen orientalischen Elementen (Crowley war 1900-1906 in Ceylon, Indien und China gereist). Seit 1902 waren Carl Kellner (1850-1905), Franz Hartmann (1838-1912) und Theodor Reuss (1855-1923) in ein Projekt involviert, das – als Reuss zwischen 1910 und 1912 Crowley traf – 1912 zu der Gründung des *Ordo Templi Orientis* (OTO) führte. Im gleichen Jahr wurde Crowley von Reuss zum Haupt der OTO in Grossbritannien ernannt.[27] 1920 gründete er auf Sizilien seine ‹Abtei von Thelema› auf Basis des ‹Gesetzes von Thelema›: das *Liber Legis* (Buch des Gesetzes), das ihm 1904 in Cairo durch den Geist Aiwass diktiert worden war. Nach dem *Liber Legis* war Crowley ‹The Great Beast 666› (oder das griechische Äquivalent: ‹To Mega Therion›, oder gemischt Englisch und Griechisch: ‹The Master Therion›), ein Verweis auf Offenbarung 13:1-18. 1923 wurde er aus Italien ausgewiesen; Reuss starb, und Crowley wurde sein Nachfolger als Führer des OTO. Das umfassendste System, das Crowley letztendlich

[25] Siehe über den Golden Dawn: King 1976 (für eine Beschreibung seiner Arbeitsweise); Gilbert 2005b (für eine wissenschaftliche Beschreibung seiner Geschichte); Bogdan 2007, 121-144 (beides); Bogdan 2008.

[26] Siehe über Crowley: Pasi 2005a.

[27] Siehe über den OTO: Pasi 2005c.

Abb. 77: Aleister Crowley (1875–1947) ein ‹Magick› Ritual ausführend, vor 1914

schaffte, nannte er ‹Magick›. Dies hatte vier Komponenten: die zwei vom *Astrum Argentinum* (die Magie des *Golden Dawn* und Yoga), das Gesetz von Thelema, und die sexuelle Magie des OTO. Crowley zeigt damit in seiner Entwicklung die immer weiterführende Tendenz zu Integration auf, die so charakteristisch ist für den Okkultismus.

Schliesslich sollen, von den vielen okkultistischen Organisationen, hier noch der Theosophische Verein und seine Abspaltung, der Anthroposophische Verein, genannt werden. Ihre Geschichten sind zu bekannt, um hier ausführlich besprochen werden zu müssen, aber eine kurze Zusammenfassung ist notwendig. Die *Theosophical Society* wurde 1875 in New York gegründet. Hauptziel war die Praxis der *occulta philosophia* – darunter begriffen das vergleichende Studium der Religionen – in der Hoffnung dadurch die *philosophia perennis*, die Urtradition zu entdecken, damit die universale Bruderschaft der Menschheit gefördert würde. Sein erster Vorsitzender war Kolonel Henry Steel Olcott (1832-1907),[28] aber das wichtigste Gründungsmitglied war das 1873 nach New York gekommene charismatische spiritistische Medium Helena Petrovna Blavatsky (1831-1891).[29] Zwischen 1879 und 1885 reisten Blavatsky und Olcott nach Indien und Sri Lanka (Ceylon). Hauptsitz des Theosophischen Vereins wurde Adyar (damals ein Ort, heute ein Stadtteil) an der Ostküste Indiens, südlich des Zentrums von Chennai (damals Madras). Danach wohnte Blavatsky in England. 1888 gründete sie die *Esoteric Section* (ES) des Theosophischen Vereins, nach Blavatskys Tod *Eastern School of Theosophy* genannt. 1889 wurde Annie Besant (1847-1933) Mitglied.[30] Bald war sie Blavatskys Lieblingsschülerin, und als Blavatsky 1891 starb, folgte Besant ihr als Führerin der ES nach. Nach Olcotts Tod 1907 folgte Besant auch ihm nach, als Vorsizende des Theosophischen Vereins. Ihr vertrautester Mitarbeiter wurde Charles Webster Leadbeater (1854-1934).[31] Unter Besants Führung verschob sich der indische Fokus des Theosophischen Vereins vom Buddhismus zum Hinduismus. 1909 identifizierte Leadbeater Jiddu Krishnamurti (1896-1986) als den neuen Welt-Lehrer, wofür George Arundale (1878-1945) 1911 in Benares den *Order of the Star in the East* gründete. Aber 1929

[28] Siehe über Olcott: Gomes 2005.

[29] Siehe über Blavatsky und den Theosophischen Verein: Santucci 2005a & 2005c; Hanegraaff 1996, 443-455, 470-482.

[30] Siehe über Besant: Santucci 2005b und Prescott 2008.

[31] Siehe über Leadbeater: French 2005.

wies Krishnamurti die ihm zugewiesene Rolle ab und hob den *Order of the Star* auf. 1913 spaltete Rudolf Steiner (1861-1925), der Generalsekretär der deutschen Sektion, sich mit 55 seiner 69 Logen ab und gründete die Anthroposophische Gesellschaft.[32] 1915 gründeten James Ingall Wedgwood (1883-1950) und Leadbeater die *Liberal Catholic Church* (als eine Abspaltung der *Old Catholic Church*) innerhalb des Theosophischen Vereins. Als Annie Besant 1933 starb, folgte Arundale ihr als Vorsitzender des Theosophischen Vereins nach. Als der Theosophische Verein gegründet wurde, war Blavatsky eine mehr oder weniger ‹normale› Schülerin der westlichen Esoterik. Als sie, zusammen mit Olcott, aus perennialistischen Gründen, versuchte eine Synthese der westlichen mit Elementen der östlichen Esoterik, namentlich mit dem Buddhismus, zu realisieren, entstand etwas Neues. Besant, die sowohl an christlicher Mystik als auch am Hinduismus interessiert war, baute dieses hybride System noch aus. Die westliche Welt war reif für eine derartige Strömung, was bezeugt wird durch das erste *World's Parliament of Religions*, 1893 in Chicago.[33] Zentral blieb aber immer die westliche Perspektive. Wohl gerade dadurch hat keine esoterische Strömung die westliche Kultur so sehr beeinflusst wie die Theosophie von Blavatsky und Besant.

Der Okkultismus des 19. Jahrhunderts ist aus heutiger Perspektive nur schwierig zu verstehen. Er versuchte nämlich eine Integration von Wissenschaft in die esoterische Tradition, propagierte aber ein antimechanistisches Weltbild, Entsprechungen statt linearer Kausalität, Natur als Organismus statt als Mechanismus, und Holismus statt wissenschaftlichem Reduktionismus. Im Grunde genommen versuchte er das Unvereinbare zu vereinigen. Das konnte natürlich nur misslingen und führte letztendlich zu einer Trivialisierung der Esoterik. Der Okkultismus ist also ein Krisenphänomen in der westlich esoterischen Tradition, als Folge der Konfrontation mit dem positivistischen, materialistischen Weltbild des 19. Jahrhunderts. Trotzdem hat die Erwartung, dass die Wissenschaft die Religion verdrängen würde, sich nicht realisiert. Zwar haben im 20. Jahrhundert die traditionellen religiösen Organisationen

32 Siehe über Steiner und seine Anthroposofie: Leijenhorst 2005a & 2005b.

33 Siehe über das Weltparlament der Religionen von 1893: Lüddeckens 2002.

der westlichen Kultur (namentlich die Kirchen) immer mehr Mitglieder verloren, aber nicht weil diese sich von der Religion abwandten, sondern weil sie neue Formen von Spiritualität suchten. Dies führte ab den 1960er Jahren zu den Neuen Religiösen Bewegungen und der New Age Bewegung. Aber deren Geschichte würde den Umriss dieses Büchleins sprengen.

Abb. 78: Aleister Crowley

Bibliographie

Quellentexte

Lévi, Éliphas (Alphonse Louis Constant), 1913, *The History of Magic*, Rider: London. Ursprünglich: *Histoire de la Magie*, 1860.

Enzyklopädieaufsätze

Deveney, John Patrick, 2005, «Spiritualism», in Wouter J. Hanegraaff (Hg.): *Dictionary of Gnosis & Western Esotericism*, Brill: Leiden & Boston, II 1074-1082.

Faivre, Antoine, 2005, «Etteille (ps. of Jean-Baptiste Alliette)», in Wouter J. Hanegraaff (Hg.): *Dictionary of Gnosis & Western Esotericism*, Brill: Leiden & Boston, I 343-345.

French, Brendan, 2005, «Leadbeater, Charles Webster», in Wouter J. Hanegraaff (Hg.): *Dictionary of Gnosis & Western Esotericism*, Brill: Leiden & Boston, II 685-686.

Gilbert, Robert A., 2005a, «Barrett, Francis», in Wouter J. Hanegraaff (Hg.): *Dictionary of Gnosis & Western Esotericism*, Brill: Leiden & Boston, I 163-164.

——, 2005b, «Hermetic Order of the Golden Dawn», in Wouter J. Hanegraaff (Hg.): *Dictionary of Gnosis & Western Esotericism*, Brill: Leiden & Boston, I 544-550.

Gomes, Michael, 2005, «Olcott, Henry Steel», in Wouter J. Hanegraaff (Hg.): *Dictionary of Gnosis & Western Esotericism*, Brill: Leiden & Boston, II 894-895.

Introvigne, Massimo, 2005a, «Martinism: second period», in Wouter J. Hanegraaff (Hg.): *Dictionary of Gnosis & Western Esotericism*, Brill: Leiden & Boston, II 780-783.

——, 2005b, «Neo-Catharism», in Wouter J. Hanegraaff (Hg.): *Dictionary of Gnosis & Western Esotericism*, Brill: Leiden & Boston, II 826-828.

Laurant, Jean-Pierre, 2005a, «Lévi, Éliphas (ps. of Alphonse Louis Constant)», in Wouter J. Hanegraaff (Hg.): *Dictionary of Gnosis & Western Esotericism*, Brill: Leiden & Boston, II 689-692.

——, 2005b, «Papus (ps. of Gérard-Anaclet-Vincent Encausse)», in Wouter J. Hanegraaff (Hg.): *Dictionary of Gnosis & Western Esotericism*, Brill: Leiden & Boston, II 913-915.

——, 2005c, «Tarot», in Wouter J. Hanegraaff (Hg.): *Dictionary of Gnosis & Western Esotericism*, Brill: Leiden & Boston, II 1110-1112.

——, 2005d, «Guaïta, Stanislas, Marquis de», in Wouter J. Hanegraaff (Hg.): *Dictionary of Gnosis & Western Esotericism*, Brill: Leiden & Boston, I 441-442.

——, 2005e, «Péladan, Joseph-Aimé (Joséphin)», in Wouter J. Hanegraaff (Hg.): *Dictionary of Gnosis & Western Esotericism*, Brill: Leiden & Boston, II 938-939.

Leijenhorst, Cees, 2005a, «Anthroposophy», in Wouter J. Hanegraaff (Hg.): *Dictionary of Gnosis & Western Esotericism*, Brill: Leiden & Boston, I 82-89.

——, 2005b, «Steiner, Rudolf», in Wouter J. Hanegraaff (Hg.): *Dictionary of Gnosis & Western Esotericism*, Brill: Leiden & Boston, II 1084-1091.

Lelli, Fabrizio, 2005, «Pico della Mirandola, Giovanni», in Wouter J. Hanegraaff (Hg.): *Dictionary of Gnosis & Western Esotericism*, Brill: Leiden & Boston, II 949-954.

McCalla, Arthur, 2005a, «Romanticism», in Wouter J. Hanegraaff (Hg.): *Dictionary of Gnosis & Western Esotericism*, Brill: Leiden & Boston, II 1000-1007.

——, 2005b, «Wronski, Jozef Maria Hoëné», in Wouter J. Hanegraaff (Hg.): *Dictionary of Gnosis & Western Esotericism*, Brill: Leiden & Boston, II 1177-1179.

Meheust, Bertrand, 2005, «Animal Magnetism/Mesmerism», in Wouter J. Hanegraaff (Hg.): *Dictionary of Gnosis & Western Esotericism*, Brill: Leiden & Boston, I 75-82.

Pasi, Marco, 2005a, «Crowley, Aleister», in Wouter J. Hanegraaff (Hg.): *Dictionary of Gnosis & Western Esotericism*, Brill: Leiden & Boston, I 281-287.

——, 2005b, «Mathers, Samuel Liddell ‹Mac Gregor›», in Wouter J. Hanegraaff (Hg.): *Dictionary of Gnosis & Western Esotericism*, Brill: Leiden & Boston, II 783-785.

——, 2005c, «Ordo Templi Orientis», in Wouter J. Hanegraaff (Hg.): *Dictionary of Gnosis & Western Esotericism*, Brill: Leiden & Boston, II 898-906.

——, 2005d, «Westcott, William Wynn», in Wouter J. Hanegraaff (Hg.): *Dictionary of Gnosis & Western Esotericism*, Brill: Leiden & Boston, II 1168-1170.

Santucci, James A., 2005a, «Blavatsky, Helena Petrovna», in Wouter J. Hanegraaff (Hg.): *Dictionary of Gnosis & Western Esotericism*, Brill: Leiden & Boston, I 177-185.

——, 2005b, «Besant, Annie», in Wouter J. Hanegraaff (Hg.): *Dictionary of Gnosis & Western Esotericism*, Brill: Leiden & Boston, I 170-173.

——, 2005c, «Theosophical Society», in Wouter J. Hanegraaff (Hg.): *Dictionary of Gnosis & Western Esotericism*, Brill: Leiden & Boston, II 1114-1123.

Szónyi, György E., 2005, «Dee, John», in Wouter J. Hanegraaff (Hg.): *Dictionary of Gnosis & Western Esotericism*, Brill: Leiden & Boston, I 301-309.

Toth, Ladislaus, 2005, «Gnostic Church», in Wouter J. Hanegraaff (Hg.): *Dictionary of Gnosis & Western Esotericism*, Brill: Leiden & Boston, I 400-403.

Valente, Michaela, 2005, «Agrippa, Heinrich Cornelius», in Wouter J. Hanegraaff (Hg.): *Dictionary of Gnosis & Western Esotericism*, Brill: Leiden & Boston, I 4-8.

Var, Jean-François, 2005, «Martinism: First Period», in Wouter J. Hanegraaff (Hg.): *Dictionary of Gnosis & Western Esotericism*, Brill: Leiden & Boston, II 770-779.

Williams-Hogan, Jane, 2005, «Swedenborg, Emanuel», in Wouter J. Hanegraaff (Hg.): *Dictionary of Gnosis & Western Esotericism*, Brill: Leiden & Boston, II 1096-1105.

Weitere Literatur

Ariëns-Volker, Marijo, 2004, *De wangen van de Macroprosopus. Een nieuwe interpretatie van het schilderij Les Demoiselles d'Avignon van Pablo Picasso*, Den Haag.

Bogdan, Henrik, 2007, *Western Esotericism and Rituals of Initiation*, SUNY: Albany.

——, 2008, «Women and the Hermetic Order of the Golden Dawn: Nineteenth Century Occultist Initiation from a Gender Perspective», in: Alexandra Heidle & Jan A.M. Snoek (Hg.): *Women's Agency and Rituals in Mixed and Female Masonic Orders*, Brill: Leiden & Boston 245-263.

Hanegraaff, Wouter J., 1996, *New Age Religion and Western Culture. Esotericism in the Mirror of Secular Thought*, Brill: Leiden etc. [namentlich Kap. 15, Section 1, Subsection B: The Emergence of Occultism (421-442)].

King, Francis, 1976, *Magie – Eine Bilddokumentation*, Umschau Verlag: Frankfurt am Main. Übersetzung der Englische Ausgabe von 1975, bei Thames and Hudson Ltd: London.

Lüddeckens, Dorothea, 2002, *Das Weltparlament der Religionen von 1893. Strukturen interreligiöser Begegnung im 19. Jahrhundert,* De Gruyter: Berlin & New York.

Prescott, Andrew, 2008, «‹Builders of the Temple of the New Civilisation›: Annie Besant and Freemasonry», in: Alexandra Heidle & Jan A.M. Snoek (Hg.): *Women's Agency and Rituals in Mixed and Female Masonic Orders*, Brill: Leiden & Boston 359-391.

Snoek, Jan A.M., 2003, «Swedenborg, Freemasonry, and Swedenborgian Freemasonry: An Overview» in: Mikael Rothstein & Reender Kranenborg (eds): *New Religions in a Postmodern World*, Aarhus University Press, Aarhus 2003, 23-75.

12
FREIMAURERREI UND WESTLICHE ESOTERIK

Der mit der Freimaurerei vertraute Leser wird wohl schon in den vorangegangenen Kapiteln mehrmals ihm bekannt vorkommende Inhalte gesehen haben. Um langweilige Verdoppelungen so weit wie möglich zu vermeiden, habe ich aber versucht, bis hier die Zusammenhänge mit der Freimaurerei so wenig wie möglich explizit zu machen. Dieses Kapitel versucht aber einen Überblick der Einflüsse der hiervor besprochenen Strömungen auf die Freimaurerei zu geben. Das Mass der Sicherheit, womit darüber Aussagen gemacht werden können, ist nicht für jede Strömung gleich. Manchmal kann man nicht anders als spekulieren, aber dies wird so weit wie möglich vermieden werden. Die Strömungen werden wieder in der gleichen Reihenfolge abgehandelt werden, wie sie in den vorherigen Kapiteln präsentiert wurden, was ungefähr der Ordnung ihrer Entstehung entspricht. Zum Schluss wird die Frage nach der Chronologie der Einflüsse besprochen werden.

Astrologie

Wie schon erwähnt hat die Astrologie keinen grossen Einfluss auf die Freimaurerei gehabt. Am auffallendsten ist wahrscheinlich, dass beide (und auch die Alchemie) die ‹Königliche Kunst› genannt werden. Die hervorstechendsten Elemente in der Freimaurerei, die der Domäne der Astrologie nahekommen könnten, sind die Abbildungen von Sonne, Mond und einem flammenden Stern, meistens auf dem ‹Teppich› inmitten des Fussbodens der Loge. Davon ist vor allem letzterer interessant. Seine frühesten Abbildungen zeigen ihn als einen Kometen, d.h., als den

‹Stern von Bethlehem›. Oft wird ein Buchstabe G in dem Kometen oder dem flammenden Stern gezeigt. In Samuel Prichard's *Masonry Dissected* von 1730 wird gefragt: «Wen bezeichnet dieses G? ... Antwort: Den Grossen Architekten und Planer des Universums, oder den, der auf die Zinne des Heiligen Tempels geführt wurde.» Der zweite Teil dieser Antwort verweist auf den Bibeltext «Da führte ihn [= Jesus] der Teufel mit sich in die heilige Stadt und stellte ihn auf die Zinne des Tempels ...» (Matthäus 4:5). Und in *L'Ordre des Francs-Maçons Trahi* von 1745 heisst es: «Frage: Was bedeutet der Buchstabe G? ... Antwort: God, was (*auf Englisch*) «Gott» bedeutet» (p. 162).[1] Das Konzept, dass ein ‹Stern› eine Gottheit repräsentieren kann, ist sicherlich ein Basisgedanke der Astrologie.

Neuplatonismus

Als Michelangelo di Lodovico Buonarroti Simoni (1475-1564) bezüglich seiner Statue von David (1504) gefragt wurde, wie er etwas so Schönes schaffen konnte, soll er – der apokryphen Überlieferung nach – geantwortet haben: «Der David war immer schon da gewesen. Ich musste lediglich den überflüssigen Marmor um ihn herum entfernen». Auch wenn diese Geschichte apokryph ist, zeigt sie doch, dass noch in der Renaissance der Plotin-Text über den Bildhauer nicht vergessen war. Plotins Bildhauer-Metapher war, wie wir gesehen haben, von Pseudo-Dionysius Areopagita weiter tradiert worden, von dem wieder Suger, und letztlich Pico della Mirandola, beeinflusst wurden. Das Konzept des Bildhauers als Prototyp des Suchenden auf dem Weg zur Vervollkommnung, zeigt sich von Anfang an als eines der Fundamente der Freimaurerei. Die in den unterschiedlichen Versionen der Metapher zu findende Beschreibung der Arbeit, überflüssiges Material wegzunehmen, damit die Vervollkommnung erreicht wird, ist noch heute zentral in den freimaurerischen Ritualen.

Anfänglich ist die Verwandtschaft zwischen der Bildhauer-Metapher und der Freimaurerei sogar noch viel stärker. Denn in der Neu-

[1] «God, qui (*en Anglois*) veut dire, Dieu.»

platonik geht es darum, die absolute Schönheit zu erreichen, und damit den Zustand, worin die mystische Vereinigung mit Gott möglich ist. Dieses Konzept finden wir vor allem bei Suger. Noch in den Ritualen aus dem 18. Jahrhundert für den Meistergrad geht es nicht nur um eine Identifikation des Kandidaten mit dem Baumeister des Salomonischen Tempels, Hiram Abiff, sondern repräsentiert letzterer eindeutig Gott / Christus. Es geht hier also um das Erreichen einer rituellen *Unio Mystica*.[2] Aber nicht umsonst bilden Weisheit, Stärke und *Schönheit* noch immer die zentrale Tugend-Trias der Freimaurerei. Neuplatonische Gedanken sind also von Anfang an einer der Ecksteine der Freimaurerei.

Gnostizismus

Viele Freimaurer unterstellen eine starke Verwandtschaft zwischen Gnostizismus und Freimaurerei. Es ist aber wichtig zu realisieren, dass der eigentliche – das heisst, der dualistische – Gnostizismus ausdrücklich weltverneinend ist. Dadurch unterscheidet er sich ausgesprochen von der Freimaurerei. Auch die im Gnostizismus übliche Abweisung des alttestamentlichen Gottes JHVH – als böser Schöpfer (Demiurg) einer, dem guten, weit über ihn erhabenen, höchsten Gott gegenüberstehenden, schlechten Welt – findet sich in der Freimaurerei nicht, denn die Freimaurerei ist weltbejahend.

Die wichtigste Gemeinsamkeit der beiden scheint mir die Anwendung von Ritualen, um eine metaphysische Erfahrung in den Initianden zu induzieren. Hierfür brauchte die Freimaurerei aber nicht auf den Gnostizismus zurückzugreifen; die kirchlichen Initiationsrituale (Taufe, Priesterweihe, Mönchsweihe, usw.) sind hierfür wohl eher die auf der Hand liegenden Vorbilder gewesen. Der Unterschied zwischen den kirchlichen Ritualen einerseits, und den gnostischen und freimaurerischen andererseits, ist allerdings, dass erstere nur eine Statusänderung des Kandidaten beabsichtigen (und daher auch *ex opere operato* funktionieren können), während letztere primär auf das Erwerben von Erfah-

[2] Siehe Snoek 2004.

rungswissen abzielen. Das ‹Geheimnis› der Freimaurerei ist gerade diese Erfahrung.[3]

Schliesslich ist die *Orient*ierung im Perlenlied bemerkenswert: das «Licht unserer Heimat», die Heimat der Seele, das Vaterhaus, die Wohnung des Vaters, König der Könige, und der Mutter, Herrscherin des Ostens, ist immer wieder explizit im *Osten*. Das erinnert durchaus an den freimaurerischen ‹ewigen Osten›, und an den Platz des Stuhlmeisters im Osten der Loge, denn «so wie die Sonne den Tag erleuchtet und regiert und der Mond die Nacht, so erleuchtet und regiert der Meister seine Loge». Die Lichtsymbolik in der Freimaurerei könnte tatsächlich der engste Berührungspunkt mit gnostischem Gedankengut sein. Forscher des Gnostizismus weisen nämlich immer wieder darauf hin, dass mehrere Texte aus dem Neuen Testament selbst – darunter das Evangelium nach Johannes und die Briefe von Paulus – eine starke Verwandtschaft zum Gnostizismus aufweisen. Die Lichtsymbolik – namentlich die Opposition zwischen Licht und Finsternis – ist in diesen Texten sehr ausgeprägt,[4] und es ist deutlich, dass gerade auch diese Texte eine wichtige Quelle für die Lichtsymbolik in der Freimaurerei wurden.

Alchemie

Die Freimaurerei zeigt zweifelsohne wichtige Parallelen zur Alchemie auf. Dem alchemistischen Prinzip der Transformation von Unedlem in Edles entspricht das freimaurerische Konzept der Selbstverbesserung. Und beide verwenden die initiatische Metaphorik von Tod und Wiedergeburt, um diesen Prozess zu beschreiben. Es ist daher nicht verwunderlich, dass innerhalb der Freimaurerei, namentlich in der zweiten Hälfte des 18. Jahrhunderts, Rituale, Grade und sogar ganze Riten entstanden, die explizit alchemistisch gestaltet waren. Am nächsten kommen aber wohl beide einander in ihren christlichen Varianten. In der christlichen Alchemie ist das Endprodukt des alchemistischen Prozesses

3 Siehe Snoek 2003a.

4 Z.B. Johannes 1:1-14, 3:19, 8:12, 12:35-36; Römer 2:19, 13:12; 1. Korinther 4:5; 2. Korinther 4:6, 6:14; Epheser 5:8-14; Kolosser 1:12-14; 1. Thessalonicher 5:4-5. Das Anziehen des Lichtkleides aus dem Perlenlied hat interessante Parallelen in Jesaja 51:9, 52:1, 59:17, 61:10; Römer 13:14; 1. Korinther 15:53-54; Galater 3:27; Epheser 4:24, 6:11; Kolosser 3:12-14.

der ‹Stein der Weisen› in der Gestalt von Christus. Als Allegorie der Transformation des Alchemisten soll dieser also ein Christus werden. Und in der klassisch-hiramischen Freimaurerei (um 1720 bis um 1800) wird im Meistergrad der Kandidat mit dem Baumeister Hiram Abiff identifiziert, von dem sich dann herausstellt, dass er Gott / Christus ist. In Systemen wie dem Schwedischen Ritus oder dem Rektifizierten Schottischen Ritus ist dies noch heute explizit so. Trotzdem liegt hier nicht immer unbedingt eine direkte Beeinflussung der Freimaurerei durch die Alchemie vor. Anders ist dies, vermute ich, bei der Verwendung des Symbols des kubischen Steins.

Die Freimaurer, *Freestone Masons*, waren anfänglich Bildhauer. Ihre Arbeit war das Verarbeiten von Steinen zu Skulpturen. Hierzu passt auch die Bildhauer-Metapher, welche wir bei Plotin und bei Pseudo-Dionysius Areopagita gesehen haben. Aber so bald wir, ab 1696, rituelle Texte der Freimaurerei haben, ist hiervon keine Rede mehr. Die zentrale Symbolik ist nun die des Bauens des Tempels von Salomo. Die Freimaurer bearbeiten noch immer (symbolisch) Steine, aber diese sollen nicht Skulpturen, sondern Bausteine dieses Tempels werden. Die Gestalt dieser Steine wird in den Ritualen beschrieben.

Erstens werden sie *ashlar* genannt, das heisst, grosse rechteckige Bausteine, gehauen aus Naturstein. Mit einer Ausnahme[5] wird immer ein Adjektiv hinzugefügt: *perpend*,[6] oder *square*,[7] heisst einfach nochmal rechteckig; *dinted* bedeutet: mit einer (Steinmetz)Marke versehen, also: fertig.[8]

In *A Mason's Confession* (1727?) wird hinzugefügt, wozu dieser Stein (*dinted ashler*) dienen soll: «*to adjust the square, and make the gages by*» (um das Winkelmass zu eichen, und die Messgeräte anzufertigen).[9] Auch finden wir in diesem Text zum ersten Mal einen zweiten Stein, den *broached dornal*, der ist «*for me, younger and last-entered prentice, to learn to broach upon*» (für mich, jüngeren und letztangenommenen Lehr-

[5] *A Mason's Examination* (1723) (Knoop, Jones & Hamer 1943, 73; idem. 1963, 73).

[6] Im *Edinburgh Register House Manuscript* (1696), *Chetwode Crawley Manuscript* (um 1700) und *Kevan Manuscript* (1714-1720) (Knoop, Jones & Hamer 1943, 32, 38 resp. 43; idem. 1963, 32, 38 resp. 43).

[7] In *The Grand Mystery of Free-Masons Discover'd* (1724) (Knoop, Jones & Hamer 1943, 78; idem. 1963, 78).

[8] Im *Sloane Manuscript* 3329 (um 1700), *A Mason's Confession* (1727?), *Wilkinson Manuscript* (um 1727) (Knoop, Jones & Hamer 1943, 48, 103; idem. 1963, 48, 103, 131).

[9] Knoop, Jones & Hamer 1943, 103; idem. 1963, 103.

ling, um darauf das ‹broachen› zu lernen).[10] Das englische Verb ‹to broach› ist hier in einer fachspezifischen Bedeutung verwendet, nämlich mit einem ‹broach› – einem schmalen, spitzen Steinmetzmeissel – einen Steinblock grob in Form meisseln. Das gleiche Verb hat auch eine zweite Bedeutung, nämlich: die letzte Bearbeitung eines Bausteines, der schon die richtige Form hat, aber dessen Oberfläche jetzt mit einem breiten Meissel mit feinen Rillen versehen wird (broschieren).[11] Aber die in *A Mason's Confession* erwähnte Erklärung, wofür der ‹broached dornal› gemeint ist, macht klar, dass hier die erste Bedeutung zutrifft.

In Prichard's *Masonry Dissected* von 1730 finden wir den «*Rough Ashler for the Fellow-Craft to try their Jewels upon*» (den rauhen[12] Baustein für die Gesellen, um ihre Werkzeuge zu testen), und den «*Broach'd Thurnal for the Enter'd 'Prentice to learn to work upon*» (den grob behauenen Stein für den Lehrling, um zu lernen daran zu arbeiten), während der *dinted ashlar* mutiert ist zu der «*Indented Tarsel the Border round about [the Ground Floor]*», offensichtlich der gezackte Rand um den ‹Teppich›.[13] Nach 1730 wird es immer zwei Steine geben: den, woran die Lehrlinge, und den, woran die Gesellen arbeiten. Ich konnte nicht finden, welche Form ein *Dornal / Urnall / Thurnal* hat, aber ein *Ashlar* ist jedenfalls länglich, so wie es für einen anständigen Baustein auch notwendig ist.

Wir wissen, dass die französische Übersetzung von *Masonry Dissected* in *La Reception Mystérieuse* (1738) via die holländische (von um 1735) entstand.[14] In letzterer sind diese zwei Steine «der rohe Haustein für einen arbeitenden Bruder [= Geselle], um ihre Gesteine [= ihre Juwele = ihre Werkzeuge] darauf zu prüfen; und die spitze Kelle, für einen angenommenen Lehrling, um zu lernen, damit zu arbeiten».[15]

---

10 Knoop, Jones & Hamer 1943, 103; idem. 1963, 103. In dem *Wilkinson Manuscript* (um 1727) wird der *broached dornal* ein *broach Urnell* (Knoop, Jones & Hamer 1963, 131) und in Prichard's *Masonry Dissected* von 1730, ein *Broach'd Thurnel* (Knoop, Jones & Hamer 1943, 112/113; idem. 1963, 131, 162/163).

11 Das ist bestimmt im nächsten Absatz gemeint, wenn Prichard ‹rough ashler› schreibt.

12 ‹Rauh› im zweiten Sinne von ‹broached› im vorigen Absatz, brochiert.

13 Knoop, Jones & Hamer 1943, 112; idem. 1963, 131, 162.

14 Bernheim 1993, 142.

15 «... de ruwe Hardsteen voor een werkende Broeder om 'er hun gesteentes op te toetzen; en de spitze Troffel, voor een aangenome Leerling om 'er meê te leeren werken» (Samuel Prichard: *Het Collegie der Vrye Metselaars ontleedt*, Uitrecht [um 1735], hier zitiert aus *Thoth* 5.2 (1954) 77-94, hier 85). Der «Indented Tarsel» wurde hier «stof met goud geborduurt», denn «de wandt rondom is met stof, met goud doorwerkt bekleedt» (die Wand rundum ist mit Stoff, mit Gold gestickt, verkleidet).

In der französischen Übersetzung wird das dann: «der Stein ist für den Arbeiter [= Gesellen], um seine Werkzeuge zu schärfen, der Spitzhammer wird verwendet von einem angenommenen Lehrling».[16] Und im *Catechisme des Franc-Maçons* (1744) wird dies: «Der rohe Stein für die Lehrlinge, der kubische Stein mit einer Spitze (Spitzstein), um die Werkzeuge der Gesellen zu schärfen, ...».[17] Das englische *dinted* (mit einer (Steinmetz-)Marke versehen) scheint in all diesen drei Übersetzungen zu Unrecht als das französische *denté* (gezahnt, spitz) interpretiert worden zu sein.[18] In der letzteren Übersetzung ist er auch wieder vom Lehrling zum Gesellen zurückgesetzt worden. Tatsächlich wird auf dem darin abgebildeten ‹Teppich› dieser Kubus mit darauf einer vierseitigen Pyramide, und darauf eine Axt, gezeigt.

Der kubische Stein verliert im Laufe der Zeit seine Spitze wieder und wird damit zum Kubus pur.[19] Der Grund, warum der britische Baustein in Frankreich zum Kubus (Würfel) wird, obwohl man nur mit Kubussen gar nicht bauen kann, scheint mir eindeutig die hier, im kontinentalen Europa, geläufige Emblematik des kubischen Steins zu sein. Dadurch, dass dem Stein diese Form gegeben wird, schwingen die Bedeutungen von ‹Stein der Weisen› und ‹Eckstein›, und mit diesen beiden auch die Bedeutung von ‹Christus›, für den gelehrten Teilnehmer am Ritual, automatisch mit. Bis heute ist dieser kubische Stein in den Ritualen der kontinental-europäischen Freimaurerei erhalten. Sein

[16] Meine Übersetzung nach der englischen Übersetzung in Carr (Hg.) 1971, 22: «... the stone is for the Workman [*Ouvrier*] to sharpen his tools, the pointed hammer is used by an accepted-Apprentice». Der «Indented Tarsel» ist nun «a room [une pièce] decorated with gold», denn «the Room is carpeted all round with a brocade of gold» (das Zimmer ist rundum mit Teppich aus Goldbrokat verkleidet).

[17] «La Pierre brute pour les Apprentifs, la Pierre cubique à pointe, pour aiguiser les outils des Compagnons, ...» (*Catechisme des Franc-Maçons*, Jérusalem [= Paris] 1440 depuis le Déluge [= 1744], 43, hier zitiert aus *Acta Macionica* 14 (2004) 335-349, hier 345). Der «Indented Tarsel» wurde nun «la Houpe dentelée» (der gezahnte Quaste, S. 42), welche hier auf dem ‹Teppich› als Knotenschnur (mit zwei Knoten und zwei Quasten) gezeigt wird, und woraus später auch der gezackte Rand des Teppichs entsteht.

[18] Tatsächlich liegen beide Begriffe nahe beieinander. *Dinted* bezieht sich buchstäblich auf eine Oberfläche mit einem Eindruck, verursacht von einem *dint*. Und ein *dint* ist ein spitzer Gegenstand, sogar eine Turmspitze.

[19] Im Ritual des Rektifizierten Schottischen Ritus aus 1782 ist dies jedenfalls schon der Fall, aber wahrscheinlich fängt es schon früher an. Die Rituale des «Ordre des Chevaliers maçons Elus-Coëns de l'univers» von Martines de Pasqually (1727-1774), die mindestens ab 1767 praktiziert wurden, waren eindeutig alchemistisch beeinflusst (Coudert 2005, 47), und Jean-Baptiste Willermoz (1730-1824), der Autor der Rituale des Rektifizierten Schottischen Ritus, war ein Schüler von Martines de Pasqually und Mitglied der Elus-Coëns.

Hinweisen auf den Text des Epheser-Briefs (Eckstein = Christus) ist für manche Freimaurer noch immer erkennbar; sein Verweisen auf den ‹Stein der Weisen› wohl kaum mehr.

Kabbalismus

Eines der ersten Dinge, die auffallen, wenn jemand sich, auch alte, freimaurerische Rituale anschaut, ist die Präsenz von hebräischen (und persischen) Wörtern und Namen. Das sollte aber eigentlich nicht verwundern, denn das zentrale symbolische Thema der Freimaurerei ist nun mal der Bau des salomonischen Tempels. Und dieser Bau wird ja beschrieben im Alten Testament, das auf Hebräisch geschrieben wurde. Wenn wir über kabbalistische Elemente in der Freimaurerei reden wollen, soll es also etwas Spezifischeres sein. Ein erster Punkt könnte die Übereinstimmung der freimaurerischen Trias Weisheit – Stärke – Schönheit mit drei der *Sefirot* sein: (2) *Chokhma* (Weisheit), (5) *Gevura* (Kraft / Stärke) und (6) *Tiferet* (Schönheit). Aber warum sollten gerade die *Sefirot* 2, 5 und 6 als freimaurerische Trias gewählt worden sein? Hier scheint der Neuplatonismus aussagekräftiger zu sein (siehe oben).

Wir kommen der Sache wohl etwas näher, wenn wir realisieren, dass die Entwicklung der freimaurerischen Rituale, so wie wir sie kennen, in die Zeit des christlichen Kabbalismus fällt, und zwar in die Epoche – 17. und 18. Jahrhundert – worin einerseits der Nachdruck auf der Buchstaben- und Zahlenmystik der hebräischen Bibeltexte lag, während anderseits die Beteiligten kein Hebräisch mehr lernten, sondern die kabbalistischen Schriften höchstens noch in Übersetzung lasen. Was dann übrig bleibt, sind Methoden, die in erster Instanz gemeint waren und Sinn machten für hebräische, aber angewendet wurden auf im lateinischen Alphabet geschriebene Wörter oder Namen. Am deutlichsten tritt dies in der Freimaurerei hervor bei dem Buchstabieren der heiligen Wörter des ersten und des zweiten Grades: der Namen der beiden Säulen vom Tempel Salomos.[20] Diese sind in manchen Ritualen auf unübliche Weise geschrieben. Die alten französischen Texte aus der

[20] Ausführlicher hierüber: Snoek 2004, namentlich 22-25.

‹écossais›-Tradition schreiben nicht Jachin und Boas, sondern Jakin und Bojas oder Bohas. Tatsächlich steht im Hebräischen inmitten des ersten Wortes nur *ein* Konsonant, und inmitten des zweiten Wortes ein Ayin, gesprochen als ‹Asper›-Laut. Auch die amerikanische Tradition hat eine abweichende Buchstabierung: hier wird in jedem der beiden Wörter das ‹a› voran gestellt: aJchin und aBos. Beide Formen haben eins gemeinsam: wenn sie in lateinischer Transkribierung von zwei Personen abwechselnd buchstabiert werden, wie dies in der Freimaurerei üblich ist, werden alle Vokale immer von der gleichen Person ausgesprochen: Jakin & Bohas respektive aJchin & aBos. Das erinnert natürlich an das alte Hebräisch, wo nur die Konsonanten geschrieben wurden. Man konnte die geschriebenen Wörter also nur aussprechen, wenn man die Vokale kannte. Das Geheimnis, das man kennen musste, war also das Wissen um die Vokale. Und das gilt natürlich auch für das alte Meisterwort, den Gottesnahmen JHVH. Nun wurde dies von frommen Juden gewöhnlich nicht als solches ausgesprochen. Stattdessen verwendeten (und verwenden) sie das Ersatzwort *Adonai* (‹Herr› oder ‹mein Herr›). Die Vokale von Adonai sind aber genau die von Jachin & Boas: aoai respektive aioa. Als im frühen Mittelalter in dem masoretischen Bibeltext zum ersten Mal Vokalpunkte zum Bibeltext hinzugefügt wurden, um die Aussprache zu vereinfachen, wurden, ganz logisch, an das Tetragrammaton JHVH die Vokalpunkte des Adonai hinzugefügt. Der christliche Übersetzer Petrus Galatinus verstand 1518 nicht, dass die Vokalpunkte die des Adonai waren, und las sie zusammen mit den Konsonanten des Tetragrammatons als ‹Jehovah›. Wir sehen nun, dass der Kandidat im (heutigen) ersten und zweiten Grad die Vokale bekommt, und im dritten Grad die Konsonanten des alten Meisterworts und ein Ersatzwort dafür. Tatsächlich wird in der ältesten Form des Rituals für den Grad der ‹Schottischen Meister› der Tempel zerstört, wobei die Säulen Jachin und Boas kreuzweise übereinander fallen und damit zusammen ihre Vokale physisch in das Tetragrammaton hineinfügen. Dies ist ein klarer Fall von christlicher Kabbala. Dabei handelt es sich auch noch um die Wörter

Jachin und Boas, die schon ab dem ältesten Ritualtext von 1696 als die Träger des freimaurerischen Geheimnisses schlechthin auftreten. Dieses Geheimnis betrifft also das Wissen um die Vokale, und damit um die Aussprache des Gottesnamens.[21]

In manchen ‹Hochgrad-Systemen› kommt explizit christlicher Kabbalismus vor. Ein schönes Beispiel dafür ist der Schwedische Ritus, so wie er von Herzog Karl von Södermanland (1748-1818, der spätere König Karl XIII von Schweden) überarbeitet wurde. Herzog Karl entwarf u.a. seine eigene Form des kabbalistischen Lebensbaums (Abb. 79), welche er sogar abbilden liess auf der Rückseite der rituellen Kleidung (Abb. 80), die er als Ordens+Meister im Kapitel der höchsten Grade getragen hat. [22]

Hermetismus

Der Einfluss des Hermetismus auf die Freimaurerei kann in einer Reihe von Aspekten vermutet werden. Eine erste auffallende Übereinstimmung zwischen beiden ist ihre optimistische, weltbejahende Einstellung (der Kosmos ist grundsätzlich gut), und die damit verbundene Unterstellung der Verbesserbarkeit der Welt durch die Selbstverbesserung des Menschen.

Monika Neugebauer-Wölk zeigt,[23] dass die Quelle der Toleranz der Renaissance, der mit dem Hermetismus verbundene Perennialismus, für ihre selbstverständlich christlichen Anhänger vor allem mit zwei Bibelgeschichten verknüpft war: die der Schöpfung (Adam und Eva) und die der Sündflut (Noah). Denn wenn man die Urreligion und die Ursprache (also, die von Adam und Eva) wiederfinden wollte, wurden diese von ‹uns› getrennt durch die Sündflut. Es galt also zu erklären, wie namentlich die Urreligion über diese Schwelle getragen wurde. Dazu gab es zwei Lösungen: die Erinnerung von Noah und seinen Söhnen,

[21] Ausführlicher hierzu: Bogdan 2006.
[22] Siehe Ottoson 2010.
[23] Neugebauer-Wölk 2010.

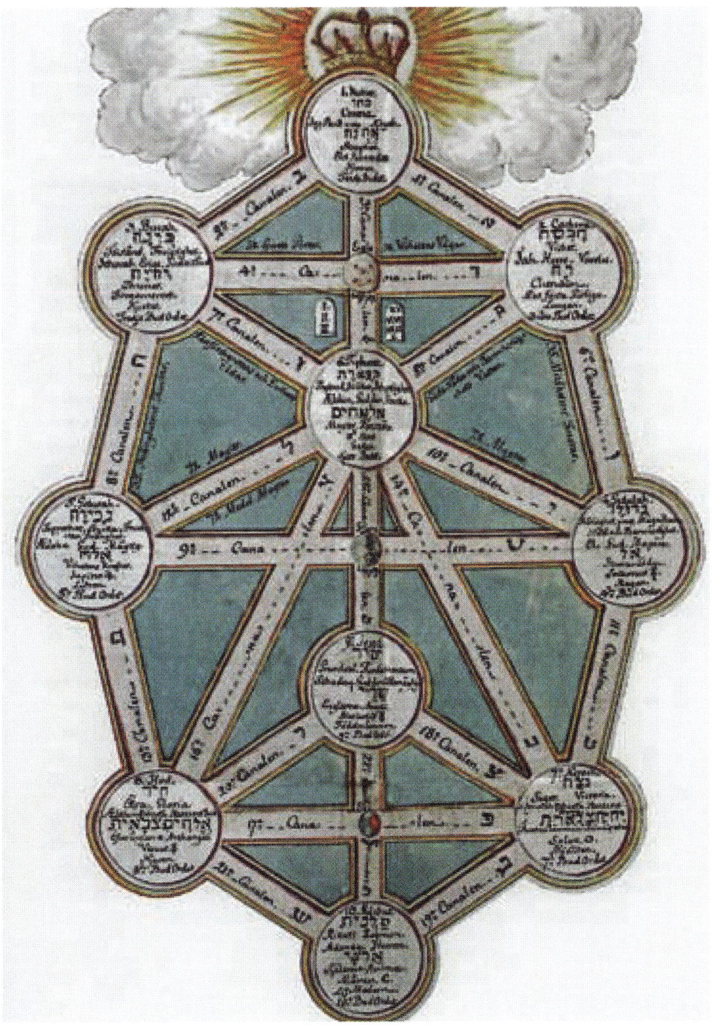

Abb. 79: Herzog Karls kabbalistischer Lebensbaum

Abb. 80: Herzog Karls Kleidung als Kapitelmeister

und das Einmeisseln des Wissens in den Stein der sogenannten antediluvianischen Säulen.[24] Monika Neugebauer-Wölk zeigt auch, wie prominent diese Themen in Andersons *Constitutions* von 1723 auftauchen. Aber Anderson kompilierte seinen Text aus älteren Manuskriptversionen. Schon das Cooke-Manuskript (zweites Viertel des 15. Jahrhunderts) lässt die Freimaurerei, zwar noch nicht mit Adam, aber jedenfalls mit Jabal anfangen.[25] Direkt nach der Geschichte von Jabal, Jubal, Tubal-Kain und Naama folgt dann die Erzählung über die antediluvianischen Säulen, natürlich direkt gefolgt von der Geschichte von Noah und dem Wiederentdecken der Säulen nach der Flut.[26] Das perennialistische Thema des Rettens des ursprünglichen Wissens über die Sündflut hinweg ist also in der Freimaurerei noch älter als der Hermetismus selbst. Tatsächlich lassen sich der Perennialismus und der dazugehörige Toleranzgedanke von da ab bis zu Anderson und weiter in das 18. Jahrhundert hinein verfolgen. Monika Neugebauer-Wölk hat also völlig recht, wenn sie sagt: «Das Verhältnis zwischen esoterischer Religiosität und religiöser Aufklärung, wie es sich in der Geschichte der Freimaurerei ausdrückt, ist kein Zwei-Phasen-Modell, nach dem die Maurer in kluger Erkenntnis des Zeitgeistes auf das schon galoppierende Pferd des Enlightenment aufsprangen und den Ballast ihres alten Aberglaubens abwarfen. Die Freimaurerei passt sich nicht der Aufklärung an – sie gehört zu den Ursprüngen der Aufklärung».[27]

Faszinierend aus freimaurerischer Perspektive ist das hermetische Konzept von Gott und Mensch als Werkmeister. Auch der Kosmos, aufgefasst als ein vollkommenes Kunstwerk (*Asclepius*), ist den Gedanken der Freimaurerei nahe. Intrigierend ist die Betrachtung von Künstlern, namentlich Bildhauern, als Menschen, die, wie Gott, die von ihnen geschaffenen Bilder mit ihrem Lebensatem beleben. Dies liegt sehr dicht bei der neuplatonischen Metapher des Bildhauers, führt sie aber weiter:

[24] Antediluvianisch heisst: von vor der Sintflut. Es handelt sich um die Vorstellung (frei nach Judas 14-16), dass Henoch prophezeit haben würde, dass die Erde durch entweder Feuer oder Wasser vernichtet werden würde. Darauf habe er zwei Säulen errichtet und in jeder davon alles eingeritzt, was man danach noch wissen möchte, um die Welt wieder aufzubauen. Die eine Säule machte er aus Marmor, die andere aus ungebrannten Steinen von getrocknetem Ton. Im Feuer würde der Marmor zerspringen, aber der Ton nur gebrannt werden. Das Wasser hingegen würde den Ton wegspülen, den Marmor aber nicht.

[25] Genesis 4:20. Cooke-MS 159 ff. Für die moderne Datierung des Cooke-MS siehe Prescott 2005, 53.

[26] Cooke-MS 255 ff. respektive 303 ff. und 318-326.

[27] Neugebauer-Wölk 2010.

der Mensch wird zum Mitarbeiter Gottes an einer zu vervollkommnenden Welt. Picos Deutung des «Kenne dich selbst» als: «Kenne deine eigene Göttlichkeit», liegt dann natürlich auch nahe.

Das Bild von Gott als einem Kreis, dessen Mittelpunkt überall, und dessen Umfang nirgendwo ist, wie es im hermetischen *Liber viginti quattuor philosophorum* (ca. 1200 geschrieben) zum ersten Mal vorkommt, taucht erst in der Renaissance, und dann in der Freimaurerei immer wieder auf.[28] Solche hermetischen Konzepte wie Gott als Licht und das Schöpfungswort sind im Hintergrund der Freimaurerei ständig anwesend. Die Reinigung der Welt durch «Wasserfluten oder mit Feuer» wird von Anderson zitiert.[29] Schliesslich hat sich die Freimaurerei mit Hingabe an der Ägyptomanie beteiligt, vom Glauben, dass die ägyptische Religion die Urquelle der Freimaurerei sei,[30] bis hin zu ägyptisch gestalteten freimaurerischen ‹Tempeln›.[31]

Astrea-Kult

Eine – nicht haltbare – Theorie über die Entstehung der Freimaurerei leitet sie ab aus der Rosenkreuzerbewegung rund um Friedrich V von der Pfalz und Johan Valentin Andreae. Frances Yates spekuliert dahingegen, dass beide eine gemeinsame Wurzel gehabt haben könnten, nämlich eine Bewegung – zur Promotion von Elisabeth von England als Astrea – um John Dee herum, womit Philip Sidney (1554-1586) assoziiert war.[32] Nennen wir diese hypothetische Geheimgesellschaft den Astrea-Orden von John Dee. Ob es den nun gab oder nicht, bemerkenswert ist jedenfalls eine Parallele zwischen dem Astrea-Kult einerseits und demjenigen Teil des ursprünglichen ersten Grads der

[28] Wind 1958/1968, 227.

[29] James Anderson: *Constitutions of the Freemasons*, London 1723, p. 3 (note on «… Enoch … prophecying of the final Conflagration … and likewise of the General Deluge …»).

[30] Z.B.: Ignaz von Born: «Über die Mysterien der Aegyptier», *Journal für Freymaurer* 1 (1784) 17-132 und Br. Decius [= Carl Leonhard Reinhold]: *Die Hebräischen Mysterien, oder die älteste religiöse Freymaurerey*, Göschen: Leipzig 1788.

[31] Z.B.: Eugène Warmenbol: «19th Century Masonic Temples in Egyptian Style in Brussels and Antwerp» in: Andréa Kroon, Marty Bax & Jan Snoek (Hg.): *Masonic and Esoteric Heritage. New Perspectives for Art and Heritage Policies*, OVN: Den Haag 2005, 132-147.

[32] Yates 1972, 215-217.

Freimaurerei, der 1725 als der heutige zweite Grad davon abgespalten wurde, andererseits. Denn beide zeigen die Kombination von drei im Prinzip nicht miteinander assoziierten Symbolen: zwei Säulen, Kornähren und einen Stern. In der Freimaurerei sind alle drei natürlich im biblischen Kontext eingeordnet: die Säulen von Herkules wurden die Säulen vor dem Tempel von Salomo; die Kornähren als Symbol des Überflusses im Goldenen Zeitalter wurden zum Passwort Schibbolet,[33] das noch im heutigen englischen Ritual als *plenty*, Überfluss gedeutet wird; und Astrea, buchstäblich ‹Stern›, wurde zum Flammenden-Stern. Jede dieser drei Parallelen könnte Zufall sein, aber als alle drei zusammen sind sie schon bemerkenswert.

Noch erstaunlicher ist aber wohl, dass das Astrea-Thema selbst noch im 18. Jahrhundert explizit in der freimaurerischen Literatur – vor allem in Gedichten und Liedern – vorkommt. Das Überraschende ist dabei nicht, dass in einem – um diese Zeit noch eindeutig – christlichen Orden eine heidnische Göttin verherrlicht wird (das war im 18. Jahrhundert durchaus üblich),[34] sondern, dass dies mehr als ein Jahrhundert nach der Schlacht auf dem Weissen Berg (1620) geschah. In England wurde 1738 in der zweiten Edition von Andersons *Constitutions* das Gedicht *An Ode on Masonry* von Bruder J. Banks aufgenommen (213-215), worin folgende Strophe vorkommt:

And thou ASTRÆA (tho' from Earth,
When Men on Men began to prey,
Thou fled'st to claim celestial Birth)
Down from *Olympus* wing thy Way;
And mindful of thy antient Seat,
Be present still where MASONS meet.[35]

Und Du, Astrea (obwohl Du, als Menschen anfingen, Menschen zu berauben, von der Erde flüchtetest, um [deine] himmlische Geburt in Anspruch zu nehmen), fliege vom Olymp deinen Weg herunter, und sei – gedenkend deines alten Sitzes – noch dort zugegen wo Maurer sich treffen.

[33] Richter 12:5-6.

[34] Siehe z.B.: Manuel 1959.

[35] James Anderson: *The New Book of Constitutions of the Antient and Honourable Fraternity of Free and Accepted Masons*, Ward & Chandler: London 1738, 214.

Wesentlich mehr solche Texte sind mir bekannt aus Frankreich und anderen Ländern, wie Belgien und den Niederlanden, wo im 18. Jahrhundert das Französische die Sprache der Elite war.[36] Einige Beispiele:

Le but où tendent nos desseins, Est de faire revivre Astrée, Et de remettre les humains Comme ils étoient du tems de Rhée.[37]	Das Ziel, worauf unsere Absichten abzielen, Ist Astrea wieder aufleben zu lassen, Und die Menschen wieder herzustellen, Wie sie im Zeitalter von Rhea waren.
C'est ici [dans la Franc-Maçonnerie] que de fleurs La Sagesse parée, Rapelle les douceurs De l'Empire d'Astrée.[38]	Es ist hier [in der Maurerei], dass, mit Blumen Geschmückt, die Weisheit Die Lieblichkeiten hervorruft Von Astreas Herrschaft.
Lorsque sous le règne d'Astrée, L'innocence guidoit nos pas, L'on ne voyoit point de combats, Ni la terre de morts jonchée. En voici, Frère, la raison: Chaque Homme étoit un Franc-Maçon.[39]	Als unter der Herrschaft von Astrea Die Unschuld unsere Schritte führte, Sah man absolut keine Kämpfe, Noch die Erde mit Toten besät. Und dies, Bruder, ist der Grund: Jeder Mann war ein Freimaurer.

Die Brüder Procope (Michel Procopio dei Coltelli, 1684-1753) und Jacques-Christophe Naudot (um 1690-1762), die jeder einen der hier zitierten Texte schrieben, gehörten zu den bekanntesten Freimaurern in Paris und ihre Gedichte und Lieder wurden im In- und Ausland immer

[36] Für England habe ich dies selbst nicht erforscht und Publikationen von anderen hierüber sind mir nicht bekannt. Durchaus wird im Moment aber das Thema freimaurerische Musik in England von Andrew Pink erforscht. Zu erwarten ist, dass seine zukünftigen Publikationen zeigen werden, wie gängig dieses Thema auch hier war.

[37] Aus: Bruder Procope: «Apologie des Francs-Maçons», hier zitiert aus Anon.: *Chansons de la très-vénérable confrérie des Francs-Maçons, précédées de quelques pièces de poësie*, gebunden nach *L'Ordre des Francs-Maçons Trahi*, Amsterdam 1745, 5/6.

[38] Aus: Anon.: «Suite de la Chanson des Apprentifs», in Anon.: *Chansons de la très-vénérable confrérie des Francs-Maçons, précédées de quelques pièces de poësie*, gebunden nach *L'Ordre des Francs-Maçons Trahi*, Amsterdam 1745, 20.

[39] Aus: Bruder Naudot: «Duo pour les Francs-Maçons», hier zitiert aus Anon.: *Chansons de la très-vénérable confrérie des Francs-Maçons, précédées de quelques pièces de poësie*, gebunden nach *L'Ordre des Francs-Maçons Trahi*, Amsterdam 1745, 22.

wieder gedruckt.[40] Naudot war in London initiiert worden und 1736 Gründungsmitglied der Loge ‹Coustos-Villeroy› in Paris. Er war der Herausgeber des ersten freimaurerischen Liederbüchleins: *Chansons Notées De la très vénérable Confrerie des Francs Maçons*, wovon die erste Edition 1737, und die zweite, erweiterte, 1744 erschien. Alle drei der oben zitierten Texte finden wir schon hier. 1744 erschien die erste französische Pseudo-Verräterschrift des Abbé Gabriel Louis Calabre Perau: *Le Secret des Francs-Maçons*.[41] Diese enthält die Rituale der ersten beiden Grade, wo wir in einer Ansprache an den Kandidat lesen:

> ... die dienenden Brüder genossen mit ihren Meistern die gleichen Vergnügen, sie erfreuten sich der gleichen Vorteile wie sie. Welch anderes Beispiel könnte uns heute getreuer das glückliche Zeitalter der göttliche Astrea vergegenwärtigen?[42]

Noch klarer wird es in der Pseudo-Verräterschrift *Le Maçon démasqué*, 1751 publiziert unter dem Pseudonym Thomas Wolson. Vermutlich handelt es sich hier um die erste gedruckte Version von in Deutschland verwendeten Ritualen. Hier wird dem Kandidaten erzählt:

> ... es ist, um diesem Tempel [von Salomo], den es nur noch in unserem Herzen gibt, einen neuen Glanz zu geben, dass wir [die Freimaurer], versammelt unter dem Schutz der Weisheit, in einer lieblichen Bruderschaft die Tugenden des Goldenen Zeitalters von Astrea neu erleben lassen.[43]

[40] Siehe über Naudot: Davies 2005, 62 ff. und über Procope *idem* 81n9.

[41] Carr (Hg.) 1971 sagt noch, dass die erste Edition von *Le Secret* 1742 erschien, aber dies wurde wiederlegt von Bernheim 1993, 143/144.

[42] «... les Frères Servans goûtent avec leurs Maitres les mêmes plaisirs, ils jouïssent comme eux des mêmes avantages. Quel autre exemple pourroit aujourd'hui nous retracer plus fidèlement les tems heureux de la divine Astrée ?» (Dieses Büchlein wurde integral in Anon.: *L'Ordre des Francs-Maçons Trahi*, Amsterdam 1745, aufgenommen. Da findet sich das Zitat auf S. 53/54. Die Englische Übersetzung von *Le Secret* 1744 in Carr (Hg.) 1971, da das Zitat auf S. 66).

[43] «... c'est pour donner un lustre nouveau à ce Temple [de Salomo] qui n'existe plus que dans nos cœurs, qu'assemblés sous les auspices de la Sagesse nous [les Franc-Maçons] faisons revivre dans une aimable fraternité les vertus de l'âge d'Or, & le siécle d'Astrée.» (Thomas Wolson: *Le Maçon démasqué ou le vrai secret des Francs Maçons*, Owen: Londres 1751, 38; die Englische Übersetzung in Carr (Hg.) 1971, 438). Siehe für den vermutlichen echten Autor, Verleger und Ort: Snoek 2006 & 2013.

Stichwörter, woran das Thema erkannt werden kann, sind nicht nur der Name Astrea, sondern auch die klassischen Namen der Göttin der Liebe (Venus, Cythére / Cithere,[44] oder einfach die Göttin,[45] oder die Jungfrau[46] – da sich Astrea als der Morgenstern, Venus, an den Himmel zurückgezogen hatte), ein Stern (Venus), das Goldene Zeitalter[47] und Arcadia (das geographische Pendant des Goldenen Zeitalters), Celadon und Aurora[48] (als Person respektive Göttin oder als Farben), Saturn (Herrscher über die Erde im Goldenen Zeitalter) und seine Gattin Rhée / Rhea,[49] usw. Sogar Namen von (Gross)Logen und – da wo dies üblich war – Unterscheidungsfarben wurden dem Astrea-Thema entliehen. So hiess die russische Grossloge *L'Astrée*, eine niederländische Loge *Astrea*, eine andere *L'Age d'Or* mit der Farbe Rosa-Rot, wieder eine andere *La Vertu* (die Tugend, eines der üblichen Epitheta von Astrea) mit

44 Z.B. «Chanson» in Anon.: *Recueil de Poësies Maçonnes*, Jérusalem 1748, 61-63, hier 61. *Chansons de l'Ordre de l'Adoption*, Den Haag 1751, 22. In «L'Etablissement de la parfaite union à Montpellier» und «Envoy à Mlle. de Brouquére Ire. Grande Maitresse» in *Almanach des Francs-Maçons pour l'Année 1751*, Den Haag [1750], (Seiten nicht numeriert).

45 «... Déesse, sois propice au feu qui nous anime, ... Ce jour fortuné vous rappelle Les plus beaux jours de l'Age d'Or.» («Le Triomphe de la Maçonnerie, Cantate» in Anon.: *Recueil de Poësies Maçonnes*, Jérusalem 1748, 21-24, hier 22-24). «C'est à tes loix, sage Déesse, Que je dois ma félicité.» («Invocation à Astrée. Cantatille» in Anon.: *Recueil de Poësies Maçonnes*, Jérusalem 1748, 29-30, hier 29). «... Cet Age plein d'attraits? ... Ne le sera-t-il pas renaitre? ... Ce tems heureux peut revenir ... Suis-moi, dit la Déesse, & que ton cœur admire Le rapide progrès de mon naissant empire. ... La troupe que tu vois, par mes soins réunie, A choisi pour ses loix les mœurs du Siècle d'or.» (Anon.: «Les Francs-Macons» *Chansons de la très-vénérable confrérie des Francs-Maçons, précédées de quelques pièces de poësie*, gebunden nach *L'Ordre des Francs-Maçons Trahi*, Amsterdam 1745, 7-10).

46 «Vierge aimable, divine Astrée ... Descend de la voute azurée, Viens, nos Loges seront tes Palais.» («Les plaisirs parfaits» in De Vignoles & Du Bois: *La Lire Maçonne*, Den Haag 1787, 170).

47 «Age d'Or, siécle qu'on nous vante, ... N'est-tu qu'une fable charmante, Une agréable illusion; ... Mais pourquoi traiter de prestiges Ce qu'on nous dit de l'âge d'Or, Ce ne sont point de vains prodiges, Cet heureux tems renaît encor; Siécle de Saturne & de Rhée ... Vous revenez chez les mortels ... Francs-Maçons ... C'est de vous dont je veux parler ...» («Les Francs-Maçons, Ode» in Anon.: *Recueil de Poësies Maçonnes*, Jérusalem 1748, iii-vi). «... Tragten wy te doen herleeven, D'eeste gulde tyd alhier» («Afbeelding eener Loge» in De Vignoles & Du Bois: *La Lire Maçonne*, Den Haag 1787, 64). Das gleiche in «Den Tempel van Astrea» in *idem*, 72/73. «L'Age d'Or retrouvé par la société des vrais Francs-Maçons» in [J.D.] Ramier: *L'Ulissipeade, Poëme ... suivi de ... quelqu'autres pièces fugitives du même auteur ou se trouve l'idée la plus juste du système des véritables franc-maçons*, [Leiden?, 1758?], 145 ff. [J.D.] Ramier: «L'Age d'Or. Ode» in Du Bois: *Le Code Maçon et la Muse Maçonne*, Teil II: *La Muse Maçonne*, Van Laak: Den Haag 1778, 8-11.

48 Z.B. in «Morphée Franc-Maçon» in Anon.: *Recueil de Poësies Maçonnes*, Jérusalem 1748, 9-12, hier 9.

49 «... l'Empire de Rhée.» («Compliment fait en loge, par le Frère T. le jour de sa réception» in Anon.: *Recueil de Poësies Maçonnes*, Jérusalem 1748, 17-18, hier 18). «Chez nous de Saturne & de Rhée Renaît le siécle vertueux: Et pour nous la divine Astrée Est de retour en ces bas lieux.» («Félicité du Maçon» in De Vignoles & Du Bois: *La Lire Maçonne*, Den Haag 1787, 50).

der Farbe Céladon-Grün, und gab es in Frankreich mehrere Logen *L'Age d'Or* und *La Vertu*. Worum es in allen Fällen eigentlich geht, wird vielleicht am klarsten in einem niederländischen Lied von 1762:

DE DEUGD WINT ALLES

*

Wanneer *Astréa* zig op Aarde,
Na haar lenge vlugt,
Weer aan het Menschdom openbaarde,
Was het d'ed'le vrugt
Der Liefde, voor de *Metz'larye*;
Door wie, zy weêr wierd ingehaald;
Na dat die op de Dwing'landye,
En d'Ondeugd had gezegenpraalt.

*

Die Hemeltelg was ons ontweeken;
Om dat hier op Aard',
Geweld, Bedrog en slinkse streeken
T'zaam gingen gepaart.
De Gramschap, Haat en Smaat verwekte,
(Waar voor het Meed'ly zwigten moest)
Die d'ed'le Vriendschap snood bedekte,
Met veinzery en vuile roest.

*

De Broederschap verderf die snoden;
Herriep weer de Deugd,
En boog zig onder haar geboden,
By schuld'looze vreugd;
De Staatsgelykheid, Trouw en Vreede,
Hernamen weer by hun haar stêe;
Zy bragten onbesproken Zeede
En 't eeuwig bly Genoegen mêe.

DIE TUGEND UBERWINDET ALLES

*

Als Astrea sich auf Erde,
Nach ihrer langen Flucht,
Wieder der Menschheit offenbarte,
War es die edle Frucht
Der Liebe für die Maurerei
Durch die sie wieder hereingeholt wurde;
Nachdem diese die Tyrannei
Und die Untugend besiegt hatte.

*

Der Himmelsspross war uns entwichen,
Weil hier auf Erden
Gewalt, Betrug und falsche Streiche
in Paaren zusammen gingen
Der Zorn erzeugte Hass und Schmach
(Wofür das Mitleid weichen musste),
Welche die edle Freundschaft niederträchtig bedeckte
Mit Heuchelei und schmutzigem Rost.

*

Die Bruderschaft verdarb die Bösewichte,
Rief die Tugend wieder zurück,
Und fügte sich unter ihre Gebote,
Bei unschuldiger Freude;
Gleichheit von Status, Treue und Frieden
Nahmen wieder ihre Wohnung bei ihnen;
Sie brachten unbescholtene Sitten
Und das ewig frohe Vergnügen mit.

*

Zo ras *Astréa* dus beschouwde,
Uit des Hemels Boog;
Dat men hier Tempels voor haar bouwde,
Sloeg zy straks een oog,
Van teedr' ontferming op ons neder
En daalde weer ten Hemel af;
Zy bragt de guld' Eeuw aldus weder,
En maakt' een eind' aan onze straf.

*

Komt, laat ons dan ter eere zingen
Der *Metzelary*!
De bron van 't Heil, dat wy ontfingen,
Maakt ons vry en bly;
Wy willen vrolyk verg'noegd leeven,
In d'enge band der Broederschap,
En thans daar van de blyken geeven
Met Zang, Gejuich en Handgeklap.[50]

*

Sobald Astrea so betrachtete
Aus des Himmels Bogen,
Dass man hier Tempel für sie baute,
Warf Sie sofort ein Auge
Voll zärtlichem Erbarmen auf uns
Und kam wieder vom Himmel herab;
Sie bracht' so das Gold'ne Zeitalter wieder
Und beendete unsere Strafe.

*

Komm, lasst uns dann singen zur Ehre
Der Maurerei!
Die Quelle des Heils, das wir empfingen,
Macht uns frei und froh;
Wir wollen fröhlich vergnügt leben,
Im engen Bund der Bruderschaft,
Und jetzt davon Zeugnis geben
Mit Sang, Gejauchze und Händeklatschen.

Hier wird überdeutlich, was aber – im nachhinein – auch in den anderen Zitaten schon sichtbar ist, nämlich, dass – für die Freimaurer des 18. Jahrhunderts – die Rückkehr von Astrea nicht in einer fernen Zukunft erwartet wird, sondern vor kurzem schon geschehen oder sehr bald zu erwarten ist, und zwar, weil es jetzt die Freimaurerei gibt. Denn die Freimaurerei hat dafür gesorgt, dass die Welt wieder so ist wie im Goldenen Zeitalter. Dieses Lied ist nicht das einzige, woraus dies so explizit hervorgeht; es gibt mehr solcher Beispiele:

Enfin grace aux Maçons la Paix est adorée,
Comme elle étoit du tems de Rhée: …[51]

Endlich wird, dank der Maurer, der Frieden,
Wie es ihn zur Zeit von Rhea gab, geehrt.

[50] Zum ersten Mal publiziert in Witwe Jean François Joly: *Recueil de Chansons … qui concernent les Loges de Franc-Maçons et la Maçonnerie*, Amsterdam 1762. Hier zitiert nach De Vignoles & Du Bois: *La Lire Maçonne*, Den Haag 1787, 40-41.

[51] «Discours prononcé dans la loge D**» in Anon.: *Recueil de Poësies Maçonnes*, Jérusalem 1748, 14-16, hier 15.

Cette Fille du Ciel, de la Terre éxilée, Par les Frères Maçons, s'y trouve rappellée; …[52]	Diese von der Erde verbannte Himmelstochter, wird dort von den Brüdern Maurern wieder zurückgerufen; …
Du haut du céleste Empirée, La vertu nous dicta des loix, Et quittant la voute sacrée, Parmi nous la divine Astrée Paroît une seconde fois. …[53]	Von der Höhe des himmlischen Reichs, Wird die Tugend uns Gesetze vorschreiben, Und, das heilige Gewölbe verlassend, Wird die göttliche Astrea unter uns Ein zweites Mal erscheinen. …
Chez vous de Saturne & de Rhée, Renaît le siécle vertueux, Et pour vous la divine Astrée, Est de retour en ces bas lieux.[54]	Unter euch, durch Saturn und Rhea, wird das tugendhafte Zeitalter wiedergeboren, Und für euch ist die göttliche Astrea zurückgekehrt in diese niedrigen Regionen.

Dies ist von einem erstaunlichen Utopismus, ja, Millenarismus. Vor diesem Hintergrund ist es dann auf einmal viel verständlicher, warum die ‹Strikte Observanz› einen freimaurerischen Staat in Labrador (Amerika) gründen wollte.[55] Auch das Ziel des Bayrischen ‹Illuminatenordens›: die Überwindung des die menschliche Natur deprivierenden Despotismus und die Errichtung eines kosmopolitischen Republikanismus, in dem die aufgeklärte Vernunft den Naturzustand des Menschen von Gleichheit und Freiheit wieder herstellen würde; und das ‹Schurkenregiment› der Pfaffen und Despoten durch das dann auch ausserhalb des Ordens aufzubauende Sittenregiment ersetzen würde, passt in diesen Rahmen. Beide sind deutsche Formen des gleichen Utopismus, der in Frankreich und den Niederlanden als Spätform des Astrea-Kults in Erscheinung tritt. Da die deutsche Freimaurerei ab den 1740er Jahren stark auf Frankreich orientiert war, sollte es also nicht verwundern, auch hier einen lebendigen Utopismus vorzufinden. Verblüffend ist eher, wie diese begeisterte deutsche Elitefreimaurerei sich nach dem Konvent von Wil-

52 «Compliment fait en loge, par le Frère T. le jour de sa réception» in Anon.: *Recueil de Poësies Maçonnes*, Jérusalem 1748, 17-18, hier 17.

53 «Les Francs-Maçons, Cantate» in Anon.: *Recueil de Poësies Maçonnes*, Jérusalem 1748, 25-28, hier 25.

54 «Chanson» in Anon.: *Recueil de Poësies Maçonnes*, Jérusalem 1748, 33-35, hier 33.

55 Nach dem Beispiel der Jesuitenrepublik in Paraguay.

helmsbad (1782) so widerstandslos in die Arme der Kleinbürgerlichkeit drängen liess.

Rosenkreuzer

Es gibt sehr viele Publikationen, worin die Tradition der Rosenkreuzer verglichen wird mit der der Freimaurer. Fast alle sind das Papier, worauf sie gedruckt sind, nicht wert, weil die Autoren sich mit wenigstens einer der zwei nicht ausreichend auskannten.[56] Klar ist jedenfalls, dass man bei einem derartigen Vergleich sehr vorsichtig sein sollte. Vom Anfang der Publikation der Rosenkreuzermanifeste an hat man eine Verwandtschaft zwischen Rosenkreuzern und Freimaurern vermutet. Henry Adamson schrieb in seinem *The Muses Threnodie* (Edinburgh 1638, p. 32):

For what we do presage is not in grosse,	Denn was wir prophezeien ist nicht unsicher,
For we be brethren of the *Rosie Crosse*;	Denn wir sind Brüder des Rosenkreuzes;
We have the *Mason word*, and second sight,	Wir haben das Maurerwort und das zweite Gesicht,
Things for to come we can fortell aright;[57]	Dinge, die geschehen werden, können wir richtig vorhersagen;

Ein Zwischenspiel (*divertisement*), publiziert in *Poor Robin's Intelligence* vom 10. Oktober 1676 fängt so an:

> Dies ist um bekannt zu machen, dass die modernen Kabbalisten mit grünen Bändern, zusammen mit der alten Bruderschaft des Rosenkreuzes, den Meistern des Hermetismus, und der Gesellschaft der angenommenen Maurer, vorhaben alle zusammen zu essen am nächsten 31. November, ...[58]

[56] Einer der wenige Ausnahmen ist wohl Jackson 1984.

[57] Knoop, Jones & Hamer 1945, 30.

[58] «These are to give notice, that the Modern Green-ribbon'd Caball, together with the Ancient Brother-hood of the Rosy-Cross; the Hermetick Adepti, and the Company of accepted Masons, intend all to Dine together on the 31 of November next, ...» (Knoop, Jones & Hamer 1945, 30).

Obwohl es sich offensichtlich um eine Satire handelt (den 31. November gibt es genau so wenig wie die angekündigten Speisen: pochierte Phönixeier, Einhornkeule, u.s.w.), bleibt die Tatsache, dass die Bruderschaft der Rosenkreuzer und die Genossenschaft der angenommenen Maurer hier als offensichtlich vergleichbare Instanzen in einem Satz erwähnt werden. 1723 schrieb ‹Quidam› ein Gedicht: *The Knight* (der Ritter). In einer Strophe davon wird der Rosikruzianismus, und in einer anderen werden die Freimaurer genannt:

And in the *Rosi-crucian* Trade, He knew all has been writ or said,	Und in dem *rosenkreuzerischen* Handwerk, Kannte er alles was geschrieben oder gesagt war,
And might for an *Adeptus* pass, As most Men think indeed he was.	Und er könnte für einen *Schüler* durchgehen, Was die meisten auch denken, dass er es war.
…	…
A Charm for Masons and for Sclaters, That should be writ in Golden Letters, He had, …[59]	Er besass einen Zauberspruch für Maurer und für Schieferdecker, Der in goldenen Buchstaben geschrieben werden sollte, …

In einer satirischen Anzeige vom Freitag, dem 24. Dezember 1725, in *The Daily Journal* vom 27. Dezember 1725 heisst es:

> Die Brüder der *Schere* und des *Ladenbretts* werden hiermit informiert, dass ihre wunderlichen Verwandten des Mörteltrogs und der Maurerkelle [= die Freimaurer], es (auf Grund von neuem Licht, empfangen von einigen würdigen *Rosenkreuzern*) richtig gefunden haben, sowohl ihren *Schutzheiligen* als auch ihren *Festtag* zu ändern, …[60]

[59] Knoop, Jones & Hamer 1945, 110.

[60] «The Brethren of the *Shears* and *Shopboard* are hereby Informed, that their Whimsical kinsmen of the *Hod* and *Trowel*, having (on new Light received from some worthy *Rosicrucians*) thought fit to change both their *Patron* and *Day*, …» (Knoop, Jones & Hamer 1945, 156).

Offensichtlich geht es hier um die Änderung von Johannes dem Täufer (24. Juni) zu Johannes dem Evangelisten (27. Dezember), wie klar wird aus den Behauptungen eines anonymen Autors (‹A. Z.›) in der gleichen Zeitung, *The Daily Journal*, vom 5. September 1730:

> Man muss zugeben, dass es im Ausland eine Gesellschaft gibt, wovon die englischen Freimaurer einige Zeremonien kopiert haben, und sich grosse Mühe geben, die Welt zu überzeugen, dass sie von ihnen abstammen und mit ihnen identisch sind: Diese werden *Rosenkreuzer* genannt, weil ihre wichtigsten Amtsträger … sich an ihren hohen Festtagen durch rote Kreuze auszeichnen. … Auf diese Gesellschaft haben unsere «Moderns», wie wir schon sagten, versucht sich aufzupfropfen, obwohl sie nichts über ihre wichtigsten Einrichtungen wissen, und nur vertraut sind mit einigen ihrer *Bewährungszeichen und Eintrittszeichen*, in den Massen, dass sie nur seit einigen Jahren (seit sie besser informiert wurden von einem freundlichen *Rosenkreuzer*) wissen, dass Johannes der Evangelist ihr richtiger Schutzheiliger ist, wo sie zuvor den Tag, der Johannes dem Täufer gewidmet ist, für den seinen gehalten hatten …[61]

Solche Texte zeigen, dass sowohl die Freimaurer als auch die Rosenkreuzer als obskure Gesellschaften, die Rituale praktizierten und Unübliches konnten und wussten, angesehen wurden. Das letzte Zitat behauptet sogar explizit, dass die Freimaurer ihren Ursprung von den Rosenkreuzern herleiten würden, aber es ist kein einziger Text bekannt, welcher dies bestätigt.

Ein Einfluss der Gedanken der Rosenkreuzer auf die der ersten drei Grade der Freimaurerei ist kaum nachweisbar. Jackson sieht als einzig mögliche Ausnahme, dass sowohl in der *Fama* als auch im frei-

[61] «It must be confessed, that there is a Society abroad, from whom the English Free-Masons … have copied a few Ceremonies, and take great Pains to persuade the World that thay are derived from them, and are the same with them: These are called *Rosicrucians*, from their Prime Officers … being distinguished on their High Days with Red Crosses. … On this Society have our Moderns, as we have said, endeavour'd to ingraft themselves, tho' they know nothing of their most material Constitutions, and are acquainted only with some of their Signs of *Probation* and *Entrance*, insomuch that 'tis but of late Years, (being better inform'd by some kind *Rosicrucian*) that they knew John the Evangelist to be their right Patron, having before kept for his Day that dedicated to John the Baptist» (Knoop, Jones & Hamer 1945, 235/236).

maurerischen Meistergrad «*information from the dead for the benefit of the living*» (Information von dem Verstorbenen für das Wohl der Lebenden) gefunden wird, ein Thema, das auch im *Graham Manuskript* (1726) vorkommt.[62] Allerdings ist die Ausarbeitung dieses Themas in allen drei Fällen sehr unterschiedlich.

Anders liegt der Sachverhalt, wenn wir die ‹Hochgradfreimaurerei› mit einbeziehen. Hier ist es bemerkenswert, dass nicht weniger als viermal eine direkte Verbindung zwischen einem freimaurerischen Ritus und einem oder mehreren Rosenkreuzgraden entstand:
1. nicht später als 1750 folgte der *Knighthood of the R.Y.C.S. [= Rosy-Cross]* als zweiter Grad auf den Grad der *H.R.D.M. [= Heredom oder Harodim] of K.L.W.N.N.G. [= Kilwining]* der Harodim-Freimaurerei in England;
2. ab 1760 kennen wir (durch das ‹Ritual Strassburg›) den ‹französischen› Rosenkreuz-Grad, welcher in den *Rite Moderne* von 1786 und in den ‹Alten und Angenommenen Schottischen Ritus› von 1801 integriert wurde;
3. 1766 entwarf Martines de Pasqually sein System der *Chevaliers Elus Coën*, dessen höchster Grad der *Réau Croix* war; und
4. 1777 wandelte der ‹Orden der Gold- und Rosenkreuzer› sich in ein freimaurerisches Hochgradsystem um.

Auch wurde ein Teil der in den Rosenkreuzerschriften vorkommenden Thematik in dem freimaurerischen Grad des Königlichen Gewölbes (*Royal Arch*) ausgearbeitet. Es handelt sich dabei um den Gedanken, dass, bei Restaurationsarbeiten, ein verborgenes Gewölbe mit einem Altar im Zentrum, worauf ein kostbarer Schatz liegt (*Fama*), gefunden und dabei jemand in dieses Gewölbe an einem Seil hinunter gelassen und daraus wieder herauf gezogen wurde (*Chymische Hochzeit*). Dieser Grad entstand spätestens am Ende der ersten Hälfte des 18. Jahrhunderts. Er wurde sowohl durch die *Antients* als auch durch die *Moderns* wahrscheinlich von den *Harodim* übernommen. Bei der Gründung der Vereinigten Grossloge von England 1813, wurde dieser Grad aufgenommen in die berühmte Definition von ‹Freimaurerei›, als zweiter der 21 *Articles of Union*: «echte alte Freimaurerei umfasst drei

[62] Jackson 1984, 129. Der Text des *Graham Manuskripts* in Knoop, Jones & Hamer 1943/1963, 89-96, hier 92/93.

Grade, und nicht mehr; nämlich die von Lehrling, Geselle und Meister, mit Einbeziehung des Höchsten Ordens des Heiligen Königlichen Gewölbes».[63]

Schliesslich wird in der *Fama* nicht weniger als vier Mal das «Liber M.» (*Liber Mundi*) oder «Buch M» (Buch der Welt) erwähnt. Als dann 1736 der den *Harodim* zugehörige Freimaurer William Smith das *Book M; or, Masonry Triumphant* publizierte, hat er bei der Wahl dieses Titels bestimmt an die *Fama* gedacht.

Dies alles zeigt, wie sehr die Freimaurer des 18. Jahrhunderts sich mit dem Erbe der Rosenkreuzer verwandt fühlten. Umgekehrt wurde die Thematik des freimaurerischen Meistergrades in einem Einweihungsritual u.a. des *Lectorium Rosicrucianum* verwendet.

Die Traditionen der Steinmetze

Der Beitrag der Traditionen der alten Bauhütten der Steinmetze und Bildhauer der gotischen Kathedralen an die moderne Freimaurerei ist eindeutig grösser als der von jeder der einzelnen westlich-esoterischen Strömungen für sich alleine. Die Bausymbolik, die organisatorische Struktur, die Namen der Beamten, die Kombination von Hierarchie und Demokratie, und das Konzept des Hütens von Geheimnissen (anfänglich den Fachgeheimnissen der gotischen Bautechnik, der Konstruktion des Pentagramms, und zweifelsohne auch den ‹formalen Geheimnissen›: Wörter, Zeichen, Griffe und standardisierte Fragen und Antworten, um seinen Status innerhalb des Faches kennbar zu machen) stammen alle daher. Allerdings sollte klar geworden sein, dass – neben dem Vorbild der Kirche mit ihren Initiationsritualen in mehreren Stufen: Taufe, Firmung, Priesterweihe, u.s.w. – schon in diesen Bauhütten auch mindestens ein sehr starker neuplatonischer Einfluss von grösster Bedeutung war. Das gilt nicht nur für die Metapher des Bildhauers und die Idee von Schönheit als göttliches Attribut, sondern auch für die Verbindung der Lichtsymbolik mit der Bausymbolik. Man darf vermu-

[63] Article II: «... pure Ancient Masonry consists of three degrees, and no more; viz. those of the Entered Apprentice, the Fellow Craft, and the Master Mason, including the Supreme Order of the Holy Royal Arch» (Hugan 1913, 28).

ten, dass andere hier behandelte Strömungen sich gerade mit diesem Neuplatonismus leicht verknüpfen liessen und dass genau dadurch das eklektische Geflecht der Freimaurerei entstehen konnte.

Okkultismus

Etwa seit der Französischen Revolution (1789; in Deutschland seit der Aufhebung der ‹Strikten Observanz› auf dem Konvent von Wilhelmsbad, 1782) geriet die Freimaurerei in Europa in die Hände des Bürgertums. Damit änderte sie sich von einem christlich mystischen System, zur Erreichung (mindestens symbolisch) einer mystischen Vereinigung (*Unio Mystica*) mit Gott, in ein romantisches, moralistisches, protoviktorianisches System «um gute Menschen noch besser zu machen» (wie die amerikanische Definition der Freimaurerei es ausdrückt).[64] Der Einfluss der Romantik zeigt sich z.B. darin, dass ab jetzt ‹der Tod› (statt der *Unio Mystica*) das zentrale Thema des dritten Grades sein soll, ein typisches Thema der Romantik. Eine derartige Auffassung der Freimaurerei liess nur wenig Platz für okkultistische Aspekte. Gerade das muss einige Mitglieder dazu gebracht haben, alternative Formen der Freimaurerei zu gründen. Beispiele davon sind die *Societas Rosicruciana in Anglia* (SRIA, 1867) und der *Hermetic Order of the Golden Dawn* (Hermetischer Orden der goldenen Morgendämmerung, 1888).[65]

Swedenborg war kein Freimaurer. Trotzdem haben Freimaurer mehr als einmal Swedenborgische Gedanken in freimaurerische Systeme inkorporiert. Am weitesten geht darin wohl der Swedenborgische Ritus von Samuel Beswick (1822-1903),[66] welchen er, wohl erst kurz vor der Publikation seines Buches *Swedenborg Rite and the Great masonic Leaders of the Eighteenth Century* (1870), gründete.[67] Im Gegensatz zu Swedenborg war Mesmer sehr wohl Freimaurer.[68] Vermutlich wurde er es

[64] Snoek 2009.

[65] Siehe zu diesen zwei Orden Kapitel 9 und 11.

[66] Siehe über Beswick: Gilbert 1995, 124-128.

[67] Siehe Snoek 2003b.

[68] Amadou 1987, 816-817.

schon in Wien, in der Loge *La Vérité et l'Union*,[69] jedenfalls vor 1784, da er in diesem Jahr für den *Convent des Philalèthes* – zu dem nur Freimaurer eingeladen wurden und der im nächsten Jahr stattfinden würde – eingeladen wurde. Die *Société de l'harmonie universelle*, welche er 1783 gründete, war keine freimaurerische Gesellschaft, aber ihre Symbole und Rituale waren denen der Freimaurerei ähnlich. Zwischen 1824 und 1830 soll weiter ein Hochgradsystem, der *Ordre de l'harmonie universelle*, existiert haben, welches die Freimaurerei nach den Prinzipien des Mesmerismus interpretierte.[70] Spiritismus und Freimaurerei haben, so viel mir bekannt, keine Überlappungen. Zwar wird im Meistergrad der Leichnam von Hiram Abiff erhoben und beobachtet, ob dabei das verlorene alte Meisterwort erkennbar wird – man versucht also, Information von einem Verstorbenen zu bekommen –, aber dieser Mythus ist etwa 120 Jahre älter als der Spiritismus der Fox-Schwestern und basiert wohl eher auf schottischer Nekromantie des 17. und frühen 18. Jahrhunderts. Die Verknüpfung der Freimaurerei mit dem Okkultismus ist aber wesentlich grösser, als sich aus dem Vorhergehenden vermuten lässt.

Die von Papus entworfenen Rituale für den *Ordre Martiniste* waren grundsätzlich freimaurerisch. Das gleiche gilt für eigentlich alle okkultistischen rosenkreuzerischen Orden, bis hin zu der SRIA, dem *Golden Dawn* und Crowleys *Astrum Argentinum*. Zwar nannten diese Orden sich nicht ‹Freimaurerei› und waren sie organisatorisch davon unabhängig, aber ihre Rituale basierten immer auf denen der Freimaurerei.

Interessant ist die Situation bei Annie Besants Theosophischem Verein.[71] 1902 liess sie sich in der Pariser Loge des gemischten freimaurerischen Ordens *Le Droit Humain* aufnehmen. Noch im gleichen Jahr gründete sie eine Loge in London. Gebrauch machend von ihrer Position innerhalb des Theosophischen Vereins, hatte sie ein Jahr später schon zehn Logen gegründet, darunter eine in ihrem Wohnort Adyar in Indien, und in den nächsten fünfzehn Jahren wuchs diese Zahl bis auf über 400 weltweit. Das Ritual für diese englischsprachigen Logen wurde nicht aus dem Französischen übersetzt. Stattdessen adaptierte

[69] Bergé & Méheust 2000, 566.
[70] Nach Amadou 1987, 817, wurde das Ritual dieses Ordens publiziert in Amadou 1971, 376-386.
[71] Siehe Snoek 2008a, namentlich 12/13; Prescott 2008.

Besant ein Ritual einer Loge der Grossloge von Schottland für ihr Ziel. Dabei wurde das ursprünglich ausschliesslich für Männer gemeinte Ritual natürlich für den Gebrauch in gemischten Logen angepasst. Aber zugleich wurden auch theosophische Elemente hinzugefügt. Ein Beispiel ist die Anwesenheit eines Porträts des ‹Haupts aller Freimaurer›, des Grafen von Saint-Germain, in den Logen. Mit dieser Ritualreform traf Besant offensichtlich ins Schwarze, gemessen an dem Bedürfnis ihrer Zeit, denn kaum jemals zuvor oder nachher ist das Wachstum eines freimaurerischen Ordens so gross gewesen.[72] Aber als 1933 die charismatische Besant starb, nahmen die Mitglieder sowohl im Theosophischen Verein als auch im Orden *Le Droit Humain* bald ab.

In dem Streit zwischen Besant und Steiner, der 1913 zur Gründung der Anthroposophischen Gesellschaft führte, empfand Steiner offensichtlich das Bedürfnis, über eine eigene Form von Freimaurerei für seine deutsche Sektion der Theosophischen Gesellschaft zu verfügen.[73] Ab 1904 beschäftigte sich Steiner mit dem Thema ‹Freimaurerei›. Im nächsten Jahr nahm Theodor Reuss Steiner als Freimaurer in seinen Memphis-Misraim-Ritus auf. Steiner bekam von Reuss ein Patent für ein eigenes Kapitel ‹Mystica Aeterna›, und zwischen 1906 und 1914 nahm er etwa 600 Mitglieder – immer nur Theosophen, Mitglieder seiner Esoterischen Schule – in seine, zweifelsohne von ihm selbst stark modifizierte, Variante der Freimaurerei auf. Mit dem Anfang des ersten Weltkriegs legte Steiner seine freimaurerische Aktivität still (und hob sogar die Esoterische Schule auf). Man könnte denken, dass sie, nach der Verselbständigung seines Anthroposophischen Vereins 1913, als Waffe in seinem Streit mit Annie Besant überflüssig geworden war. Zander schreibt aber: «Für das Jahr 1919 gibt es einen Hinweis, dass Steiner kein prinzipielles Problem mit der Freimaurerei hatte, ... Wenig später versuchte Steiner, an seine maurerische Arbeit wieder anzuschliessen und beabsichtigte, neue Rituale einzurichten; nur der Tod [1925] hat ihn von ihrer Realisierung abgehalten».[74]

[72] Snoek 2008b.
[73] Siehe hierzu Zander 2007 II, Kap. 10 (961-1015).
[74] Zander 2007 II, 992.

Chronologie der Einflüsse

Es ist klar, dass keine Tradition die Freimaurerei beeinflussen konnte, bevor es beide gab. Aber der Einfluss einer Strömung auf die Freimaurerei kann auch erst mit Verzögerung auftreten. Dabei braucht die Strömung selbst nicht (mehr) vorhanden zu sein: die Personen, die für solche Einflüsse verantwortlich waren, waren mindestens bis zur Französischen Revolution extrem gelehrte, intelligente, aber vor allem belesene Brüder, die auch die relevante ältere Literatur kannten. Das bedeutet, dass die Sequenz des Einflusses der behandelten Traditionen nicht unbedingt die gleiche sein muss, wie die ihrer Entstehung.

Einige Einflüsse scheinen schon von Anfang an – wann das auch genau war – vorhanden gewesen zu sein. Die Traditionen der Steinmetze umfassten sicherlich vom Anfang der Gotik an eine ausführliche Symbolik. Nicht nur biblische und auf Heilige bezogene, sondern auch mathematische Symbolik ist in dieser Zeit schon vorhanden. Suger beschreibt, wie er im erhöhten Chor seiner Kirche «in der Mitte … zwölf Säulen» hat errichten lassen, welche die «zwölf Apostel vorstellen» und «in zweiter Linie … ebenso viele Säulen der Seitenschiffe, die die Zahl der Propheten bezeichnen». Eindeutig gibt es hier also Zahlensymbolik. Aber auch geometrische Figuren wie Dreieck, Quadrat, Pentagramm oder Hexagramm werden bestimmt schon bewusst eingesetzt wegen der ihnen zugedachten symbolischen Bedeutung. Das Dreieck deutet in der abendländischen christlichen Kultur von alters her auf die göttliche Dreieinigkeit. Der Kirchenvater Irenäus von Lyon (um 135-202) assoziierte die vier Evangelisten mit den vier Windrichtungen (Quadrat).[75] Das Pentagramm war nicht nur schon seit dem klassischen Altertum – weil es den goldenen Schnitt enthält – Symbol der perfekten Harmonie, sondern auch – weil man um jedes Pentagramm ein grösseres, und in jedem ein kleineres konstruieren kann, und das in endloser Wiederholung – Symbol der Unendlichkeit. Das Hexagramm vereint in der Alchemie die Symbole von Wasser (das nach unten weisende Dreieck) und Feuer, und ist so selbst Symbol für den Stein der Weisen und das Lebenselixier (Feuerwasser). Wir haben auch gesehen, dass der Neuplatonismus für Suger von grösster Bedeutung war und daher im

[75] *Adversus haereses* Buch III.

Konzept der Gotik integriert ist. Damit ging auch die Metapher des Bildhauers für den nach Perfektion strebenden Mensch einher. Dies führte in der Renaissance dazu, dass grosse Bildhauer tatsächlich als ‹göttlich› bezeichnet wurden. Durchaus kann die neuplatonische Auffassung der Göttlichkeit der Materie dazu geführt haben, dass die Bildhauer schon im Mittelalter anfingen ihre Arbeit als ein Amt zu verstehen, wozu man geweiht sein sollte. Vorbilder solcher Weiherituale in ihrer Umgebung waren die kirchlichen Initiationsrituale, die vor einem neuplatonischen Hintergrund auch als Wege zu Erfahrungswissen verstanden werden konnten. Auch die Lichtsymbolik war sowohl in der Bibel als auch in den neuplatonischen Texten von Anfang an vorhanden.

In der Renaissance und im 17. Jahrhundert strömten wahrscheinlich schon einige Elemente des Hermetismus in die Traditionen der Bildhauer ein. Wir haben gesehen, wie stark der Hermetismus die Kunst der Renaissance beeinflusst hat. «… im Mittelalter und in der Renaissance, beide besessen von Symbolik und Metaphorik, war es für jedes Handwerk wahrscheinlich, eine auf seinen Werkzeugen oder Produkten basierende Symbolik zu entwickeln …».[76] Die Werkzeuge der Steinmetze finden wir spätestens in den ‹Emblemata› des 16. und 17. Jahrhunderts als Symbole verwendet.[77] Die in der Freimaurerei so stark ausgeprägte Toleranz, oft der Aufklärung zugeschrieben, ist – wie wir sahen – eher Resultat des Einflusses des Hermetismus. Pico della Mirandola nannte 1486 Gottvater «den höchsten Baumeister dieses Hauses, der Welt», wie Platon vor ihm. Neuplatonismus und Hermetismus zusammen stimulierten ein Suchen von in der Natur verborgenem geheimem Wissen über Gott und das Universum. Dieses Wissen sollte, wenn einmal gefunden, nicht mit allen geteilt werden, sondern nur mit anderen Wissenden. So führte dies in der Renaissance «zu einem wahrhaftigen Kult von Geheimgesellschaften».[78] Offensichtlich hat diese Tendenz dazu beigetragen, dass auch die Freimaurerei sich zu einer Geheimgesellschaft entwickelte. Aus dem 17. Jahrhundert datieren die Erwähnungen des ‹Mason Word› als Jachin und Boas, welche das Geheimnis der Freimaurerei ausmachen. Zwar finden wir die erste

[76] Stevenson 1988, 96.

[77] Siehe z.B.: Henkel & Schöne 1967, namentlich die Spalten 1077-1078 (Hausbau, Maurer), 1116 (Bildhauer), 1361 (Winkelmass) und 1415-1424 (Kran, Leiter, Elle, Winkelmass, Zirkel, Lot, Bleiwaage), 1815 (Zirkel & Winkelmass).

[78] Stevenson 1988, 79. Siehe auch Wind 1958/1968.

Erwähnung des Buchstabierens dieser Wörter erst in einem Text von ca. 1727, aber es ist sicherlich denkbar, dass dies schon längst geschah, nur bis dahin nicht aufgeschrieben wurde. Mir scheint es durchaus plausibel zu vermuten, dass die christlich-kabbalistischen Aspekte – namentlich das Thema des Suchens des Gottesnamens – schon im 17. Jahrhundert Teil der freimaurerischen Tradition waren.

Nach der Einführung des Hiram-Mythos und des Drei-Grad-Systems zwischen etwa 1720 und 1725 scheinen im zweiten Viertel des 18. Jahrhunderts weitere esoterische Elemente zum ersten Mal aufzutauchen. Den flammenden Stern mit dem Buchstaben G finden wir zum ersten Mal in den französischen ‹Pseudo-Verräterschriften› (Rituale) von 1744, aber dieser französischen Form muss die britische, in der der Stern noch ein Komet (*blazing Star*) ist, so wie er in den englischen Katechismen auch beschrieben wird, vorangegangen sein.[79] Allerdings wird im Manuskript *A dialogue between Simon, a town mason, & Philip, a traveling mason* von ca. 1725 der Buchstabe G noch von einer Raute (*diamond*), respektive einem Kreis mit Strahlenkranz – also weder von einem Kometen, noch von einem flammenden Stern – umgeben. Das Symbol des Kometen (Stern von Bethlehem) / flammenden Sterns (Astrea) mit dem Buchstaben G muss also zwischen etwa 1725 und 1744 entstanden sein, während das G alleine etwas älter ist. Seit etwa den 1740er Jahren finden wir dann viele freimaurerische Texte, die in utopistischem und millenaristischem Sinne auf Astrea verweisen. Die Publikation 1736 des freimaurerischen *Book M* verweist auf die *Fama*, und ist damit der früheste Beleg eines wirklich freimaurerischen Verweises auf die Rosenkreuzer. Spätestens in den 1740er Jahren finden wir dann, besonders bei den Harodim, die frühesten Formen der Hochgrade *Royal Arch* (Königliches Gewölbe) und *Knight of the Rosy Cross* (Ritter vom Rosenkreuz), welche beide die Rosenkreuzerthematik aufgreifen. Letztere hat z. B. einen ‹Bruststern›, der sieben Zacken (‹Triangel›) hat, welche einen Kreis umgeben, worauf *Gloria in Excelsis Deo* (Ehre sei Gott in der Höhe) geschrieben ist.[80]

[79] Die Abbildungen aus der angelsächsischen Freimaurerei, die diese Form zeigen, sind zwar nicht älter als die des ‹flammenden Sterns›, aber da der ‹flammenden Stern› durch eine falsche Übersetzung von ‹blazing Star› (Komet) in ‹étoile flamboyante› entstand, muss das Symbol des Kometen älter sein.

[80] Lukas 2:14. Vergleich in der *Fama*: «Dei gloria intacta» (Gottes uneingeschränkter Ruhm).

Die zweite Hälfte des 18. Jahrhunderts war nicht nur die Blütezeit der Freimaurerei schlechthin, sondern auch der freimaurerischen Hochgrade,[81] darunter mehrere alchemistische- und Rosenkreuz-Grade. Alchemistische Themen tauchten auch in den ‹blauen› Graden auf, z.B. einige der Symbole in der ‹Dunklen Kammer›, wie Schwefel,[82] während andere – wie das Salz, das vorher als das biblische «Salz der Erde» (Matthäus 5:13), und der Hahn (Matthäus 26:34, 74-75), der als Symbol der Wachsamkeit verstanden wurde – durch die Anwesenheit von solchen alchemistischen Symbolen nun auch alchemistisch gedeutet wurden. Der ideale Stein, woran die Freimaurer arbeiten, wurde in dieser Zeit zum kubischen Stein, das heisst, zum alchemistischen Stein der Weisen. Letztendlich war dieser dann wieder Christus, der Eckstein im Tempel (Epheser 2:20). Schliesslich tauchte in dieser Zeit die Ägyptomanie in der Freimaurerei auf. Von Born (1784) und Reinhold (1788) sahen in den ägyptischen Mysterien die Urform der Freimaurerei, und Terrassons *Sethos*-Roman (1731) – worin zum ersten Mal eine Beschreibung einer Initiation mit Prüfungen durch die Elemente vorkommt – stand Pate für Schikaneders Libretto von Mozarts ‹Freimaurer-Oper› «Die Zauberflöte», uraufgeführt am 30. September 1791.

Im 19. Jahrhundert zeigte sich zuerst der Einfluss der Romantik in den dramatischen Änderungen der Rituale in vielen Ländern Europas, wobei besonders der Meistergrad von einem christlich-mystischen (auf eine symbolische *Unio Mystica* ausgerichteten) zu einem proto-viktorianisch-moralistischen Grad (mit ‹dem Tod› als Hauptthema) umgewandelt wurde. In der ‹Mainstream›-Freimaurerei wurden dann die Rituale fixiert. Versuche, okkultistische Formen der Freimaurerei zu gestalten, nahmen daher notwendigerweise die Form von para-freimaurerischen Orden (auf English oft *fringe Masonry* genannt)[83] an, am Rande (*fringe*) der Freimaurerei-im-strikten-Sinne. Solche Orden, die sich dann auch meistens nicht ‹Freimaurerei› nannten, entstanden relativ häufig, vor allem in der zweiten Hälfte des 19. und am Anfang des 20. Jahrhunderts. Es handelte sich dabei aber fast immer um sehr kleine, und nur relativ kurz lebende, Grüppchen. Die einzige wirklich erfolg-

[81] In dieser Zeit entstehen u.a. der Schwedische Ritus (1757), die Strikte Observanz (1760-1782), der Bayerische Illuminatenorden (1776-1785/87), der *Rite Ecossais Rectifié* (1779/82), der *Rite Français = Rite Moderne* (1786), und der *Ancient and Accepted Scottish Rite* (1801).

[82] So z.B. in dem französischen Rite Moderne von 1786.

[83] Siehe z.B. Howe 1972

reiche Form von okkultistischer Freimaurerei wurde Annie Besants theosophischer Zweig des gemischten freimaurerischen Ordens *Le Droit Humain*, welcher – wie der Theosophische Verein – dem Zeitgeist am besten entsprach. Wie gross der Einfluss der Theosophie, inklusive Besants ‹Co-Masonry›, auf die westliche Kultur damals war, zeigt sich z.B. darin, dass Elemente – wie die Regel, dass in der Loge immer ‹mit der Sonne›, also rechtsherum, gelaufen wird – *fast unbemerkt* aus dieser auch in andere Formen der Freimaurerei übernommen wurden.[84]

Zum Abschluss

Was aus dem Vorhergehenden klar geworden sein dürfte, ist einerseits, dass die Freimaurerei niemals etwas Statisches war und sich immer weiter entwickelt hat, und andererseits, dass dabei nicht nur die Traditionen der Steinmetze und des Christentums, sondern auch die der Westlichen Esoterik immer eine bedeutende Rolle gespielt haben. Die besonders im deutschsprachigen Raum übliche Tendenz, die Freimaurerei einseitig als Phänomen der Aufklärung zu betrachten, ist denn auch völlig fehl am Platz; eine bewusst so gestaltete Freimaurerei stellt eine Ausnahmeform und Abzweigung von dem Hauptstrom der Freimaurerei dar. Wer also mehr der unterschiedlichen Bedeutungsebenen der einzelnen Aspekte und Symbole der Freimaurerei entdecken will, tut gut daran, sich auch in die Literatur der unterschiedlichen westlich-esoterischen Strömungen einzulesen, wo er vieles finden wird, was sein Verständnis für die Freimaurerei vertiefen kann. Wenn dieses einführende Büchlein einige Leser dazu anreizt, hat es sein Ziel erreicht.

[84] In der Freimaurerei wurde bis dahin die Umkreisung der Mitte – nach dem Muster des klassischen Labyrinths (der ‹Troja-Burg›) – abwechselnd rechtsherum und linksherum durchgeführt. Die Theosophie lehrte, auf Grund von indischem Gedankengut, dass rechtsherum die Richtung des Lebens, linksherum die Richtung des Todes sei, und vergass dabei, dass die Loge Abbild der ‹anderen Welt›, des ‹Spiegellandes› ist.

Bibliographie

Amadou, Robert, 1971, *Franz Anton Mesmer. Le magnétisme animal*, Payot: Paris.

——, 1987, «Mesmer (Franz Anton)», in: Daniel Ligou (Hg.): *Dictionnaire de la franc-maçonnerie*, PUF: Paris, 814-817.

Bergé, Christine & Bertrand Méheust, 2000, «Mesmérisme», in: Eric Saunier (Hg.): *Encyclopédie de la Franc-Maçonnerie*, La Pochothèque/Librairie Générale Française, [Paris], 566-569.

Bernheim, Alain [unter dem Pseudonym Henri Amblaine], 1993: «Masonic Catechisms and Exposures», *Ars Quatuor Coronatorum* 106, 141-153.

Bogdan, Henrik, 2006, «Kabbalistic influence on the early development of the Master Mason degree of Freemasonry», in Trevor Stewart (Hg.): *Freemasonry and Religion. Many Faiths, One Brotherhood* (The Canonbury Papers 3), CMRC: London, 122-131.

Carr, Harry (Hg.), 1971, *The Early French Exposures*, The Quatuor Coronati Lodge No. 2076: London.

Coudert, Allison P., 2005, «Alchemy IV: 16th-18th Century», in Wouter J. Hanegraaff (Hg.): *Dictionary of Gnosis & Western Esotericism*, Brill: Leiden & Boston, I 42-50.

Gilbert, R.A., 1995, «Chaos out of Order: The Rise and Fall of the Swedenborgian Rite», *Ars Quatuor Coronatorum* 108, 122-149.

Henkel, Arthur & Albrecht Schöne, 1967, *Emblemata: Handbuch zur Sinnbildkunst des XVI. und XVII. Jahrhunderts*, Metzler: Stuttgart.

Howe, Ellic, 1972, «Fringe Masonry in England 1870-85», *Ars Quatuor Coronati* 85, 242-295.

Hugan, William James (Hg.), 1913, *Memorials of the Masonic Union of A.D. 1813*, Johnson, Wykes & Paine: Leicester.

Jackson, A.C.F., 1984, «Rosicrucianism and its Effect on Craft Masonry», *Ars Quatuor Coronatorum* 97, 115-150.

Knoop, Douglas, Gwilym Peredur Jones & Douglas Hamer (Hg.), 1943, *The Early Masonic Catechisms*, Manchester University Press: Manchester. Zweite Edition 1963.

——, 1945, *Early Masonic Pamphlets*, Manchester University Press: Manchester. Zweite Edition 1978.

Manuel, Frank E., 1959, *The Eighteenth Century Confronts the Gods*, Harvard University Press: Cambridge (Mass.).

Neugebauer-Wölk, Monika, 2010, «Esoterische Religiosität und ihre Bedeutung für die Freimaurerei», *Quatuor Coronati Jahrbuch für Freimaurerforschung* 47 (erwartet).

Ottoson, Magnus, 2010, «Kristusmystik under 1700-talet», in Hans Berg, Dan Eklund & Sten Svensson (Hg.): *Hertig Carl och det svenska frimureriet*, Uppsala 103-136.

Prescott, Andrew, 2005, «Some literary contexts of the Regius and Cooke manuscripts», in: T. Stewart (Hg.): *Freemasonry in Music and Literature* (The Canonbury Papers 2), CMRC: London, 43-77.

——, 2008, «‹Builders of the Temple of the New Civilisation›: Annie Besant and Freemasonry», in: Alexandra Heidle & Jan A.M. Snoek (Hg.): *Women's Agency and Rituals in Mixed and Female Masonic Orders*, Brill: Leiden & Boston 359-391.

Reinhold, Carl Leonhard (Br. Decius), 1788, *Die Hebräischen Mysterien oder die älteste religiöse Freymaurerey*, Göschen: Leipzig.

Snoek, Joannes A.M., 2003a, «Die historische Entwicklung der Auffassungen über Geheimhaltung in der Freimaurerei», in *Quatuor Coronati Jahrbuch* 40 (2003) 51-59.

——, 2003b, «Swedenborg, Freemasonry, and Swedenborgian Freemasonry: An Overview», in Mikael Rothstein & Reender Kranenborg (Hg.): *New Religions in a Postmodern World*, Aarhus University Press: Aarhus 23-75.

——, 2004, «Drei Entwicklungsstufen des Meistergrads», in *Quatuor Coronati Jahrbuch für Freimaurerforschung* 41, 21-46.

——, 2006, «‹De vele énorme en schreeuwende faiten teegen de broederschap begaan› door [John] George Smith (ca. 1728 - ca. 1785)», in: C. van Heertum, T. Jongenelen & F. van Lamoen (eds): *De andere achttiende eeuw. Opstellen voor André Hanou*, Nijmegen 2006, 201-229.

——, 2008a, «Introduction», in: Alexandra Heidle & Jan A.M. Snoek (Hg.): *Women's Agency and Rituals in Mixed and Female Masonic Orders*, Brill: Leiden & Boston 1-19.

——, 2008b, «Researching Freemasonry; Where are we?» in *CRFF working paper series* (Internet Journal: http://www.freemasonry.dept.shef.ac.uk/ ==> Working Papers) 2 (2008) 1-28.

——, 2009, «Vorwort», in: Kristiane Hasselmann: *Die Rituale der Freimaurer. Zur Konstitution eines bürgerlichen Habitus im England des 18. Jahrhundert*, Transcript: Bielefeld.

——, 2013, «Smith, George (= Jean / John George de Schmidt / Smith) (vers 1722 - vers 1785)», in: C. Porset & M.-C. Révauger (Hg.): *Le Monde Maçonnique des Lumières.*

Stevenson, David, 1988, *The Origins of Freemasonry: Scotland's century 1590-1710*, Cambridge University Press: Cambridge (UK).

Terrasson, Abbé Jean, 1731, *Sethos, Histoire ou vie tirée des monumens anecdotes de l'ancienne Egypte* (drei Bände), Guerin: Paris. Deutsche Übersetzung 1777/1778.

Von Born, Ignaz, 1784, «Über die Mysterien der Aegyptier», *Journal für Freimaurer* 1, 17-132.

Wind, Edgar, 1958 (revised edition 1968), *Pagan Mysteries in the Renaissance*, Faber & Faber: London. Verwendete Edition: Oxford University Press (Paperback) 1980. Deutsche Übersetzung: *Heidnische Mysterien in der Renaissance*, Suhrkamp: Frankfurt a. M. 1981.

Yates, Frances A., 1972, *The Rosicrucian Enlightenment*, Routledge & Kegan Paul: London.

Zander, Helmut, 2007, *Anthroposophie in Deutschland: Theosophische Weltanschauung und gesellschaftliche Praxis 1884 - 1945*, 2 Bände, Vandenhoeck & Ruprecht: Göttingen.

INDEX